U0575095

华侨大学 哲学社会科学文库·法学系列

中国文化的印度影响力调查

A SURVEY OF THE CHINESE CULTURE'S
INFLUENCE IN INDIA

游国龙　尚会鹏　关世杰　著

社会科学文献出版社
SOCIAL SCIENCES ACADEMIC PRESS (CHINA)

发展哲学社会科学　推动文化传承创新

——《华侨大学哲学社会科学文库》总序

　　哲学社会科学是研究人的活动和社会历史发展规律、构建人类价值世界和意义世界的科学，是人类文化的核心组成部分，其积极成果有助于提升人的素质、实现人的价值。中国是世界文明古国，拥有丰富的文化历史资源，中华文化的发展是世界文化发展进程中不可或缺的重要一环。因此，努力打造具有中国特色的哲学社会科学，全面继承和发展中华文化，对于推动中华文明乃至世界文明进程具有深远的意义。

　　当代中国，全面深化改革已经进入关键时期，中国特色社会主义建设迫切需要对社会历史发展规律有科学的认识，需要哲学社会科学发挥其认识世界、传承文明、创新理论、资政育人和服务社会的作用。因此，深化文化体制改革、繁荣哲学社会科学，不仅是建设社会主义文化强国、丰富人民精神世界的需要，也是实现中华民族伟大复兴中国梦的必由之路。中共中央高度重视哲学社会科学在实现中华民族伟大复兴的历史进程中的重要作用，先后出台《中共中央关于进一步繁荣发展哲学社会科学的意见》《中共中央关于深化文化体制改革、推动社会主义文化大发展大繁荣若干重大问题的决定》《中共中央办公厅、国务院办公厅转发〈教育部关于深入推进高等学校哲学社会科学繁荣发展的意见〉的通知》《高等学校哲学社会科学繁荣计划（2011—2020 年）》等一系列重要文件，全面部署繁荣哲学社会科学、提升中华文化软实力的各项工作，全面深化教育体制改革，为我国哲学社会科学事业的繁荣和发展创造了前所未有的历史机遇。

　　高等学校是哲学社会科学研究的重要阵地，高校教师和科研人员是哲学社会科学研究的主要承担者。因此，高校有责任担负起繁荣哲学社会科学的使命,激发广大教师和科研人员的科研积极性、主动性和创造性,为哲学社会科学发展提供良好的制度和环境,致力于打造符合国家发展战略和经济社会发展需要的精品力作。

华侨大学是我国著名的华侨高等学府,也是中国面向海外开展华文教育的重要基地,办学 55 年以来,始终坚持"面向海外、面向港澳台"的办学方针,秉承"为侨服务,传播中华文化"的办学宗旨,贯彻"会通中外,并育德才"的办学理念,坚定不移地走内涵发展之路、特色兴校之路、人才强校之路,全面提升人才培养质量和整体办学水平,致力于建设基础雄厚、特色鲜明、海内外著名的高水平大学。

在这个充满机遇与挑战的历史时期,华侨大学敏锐洞察和把握发展机遇,贯彻落实党的十七大、十七届六中全会、十八大、十八届三中全会、十八届四中全会精神,发挥自身比较优势,大力繁荣哲学社会科学。

一方面,华侨大学扎根侨校土壤,牢记侨校使命,坚持特色发展、内涵发展,其哲学社会科学的发展彰显独特个性。"为侨服务,传播中华文化"是华侨大学的办学宗旨与神圣使命,其办学活动及其成果直接服务于国家侨务工作与地方经济社会发展。为此,华侨大学积极承担涉侨研究,整合、利用优势资源,努力打造具有侨校特色的新型智库,在海外华文教育、侨务理论、侨务政策、海上丝绸之路研究、海外华人社团、侨务公共外交、华商研究、海外宗教文化研究等诸多领域形成具有特色的研究方向,推出了以《华侨华人蓝皮书:华侨华人研究报告》《世界华文教育年鉴》等为代表的一系列标志性成果。

另一方面,华侨大学紧紧抓住国家繁荣哲学社会科学的时代机遇,积极响应教育部繁荣哲学社会科学的任务部署,颁布实施《华侨大学哲学社会科学繁荣计划(2012—2020)》,为今后学校哲学社会科学的发展提供发展纲领与制度保障。该计划明确了学校哲学社会科学发展的战略目标,即紧抓国家繁荣发展哲学社会科学的战略机遇,遵循哲学社会科学的发展规律,发挥综合大学和侨校优势,通过若干年努力,使华侨大学哲学社会科学学科方向更加凝练,优势更加突出,特色更加鲜明,平台更加坚实;形成结构合理、素质优良、具有国家竞争力的高水平学术队伍;研究创新能力显著增强,服务国家侨务工作的能力明显提升,服务经济社会发展的水平不断提高，适应文化建设新要求、推进文化传承创新的作用更加凸显；对外学术交流与合作的领域不断拓展，国际文化对话与传播能力进一步增强。到 2020 年，力争使华侨大学成为国内外著名的文化传承与知识创新高地，国家侨务工作的核心智库，提供社会服务、解决重大理论和现实问题的重要阵地。

为切实有效落实《华侨大学哲学社会科学繁荣计划（2012—2020）》，学校先后启动了"华侨大学哲学社会科学青年学者成长工程""华侨大学哲学社会科学学术论文专项资助计划""华侨大学哲学社会科学学术著作专项资助计划""华侨大学哲学社会科学百名优秀学者培育计划""华侨大学人文社会科学研究基地培育与发展计划"五大计划，并制定了相应的文件保障计划的有效实施，切实推进学校哲学社会科学的繁荣发展。

"华侨大学哲学社会科学学术著作专项资助计划"作为《华侨大学哲学社会科学繁荣计划（2012—2020）》的重要配套子计划，旨在产出一批在国内外有较大影响力的高水平原创性研究成果，打造学术精品力作。作为此资助计划的重要成果——《华侨大学哲学社会科学文库》将陆续推出一批具有相当学术参考价值的学术著作。这些著作凝聚着华侨大学文科学者的心力、心气与智慧：他们以现实问题为导向，关注国家经济社会发展；他们以国际视野为基础，不断探索开拓学术研究领域；他们以学术精品为目标，积聚多年的研判与思考。

《华侨大学哲学社会科学文库》按学科门类划分系列，共分为哲学、经济学、法学、教育学、文学、历史学、管理学、艺术学八个系列，内容涵盖哲学、应用经济、法学、国际政治、华商研究、旅游管理、依法治国、中华文化研究、海外华文教育等基础理论与特色研究，其选题紧跟时代问题和人民需求，瞄准学术前沿，致力于解决国家面临的一系列新问题、新困境，其成果直接或间接服务于国家侨务事业和经济社会发展，服务于国家华文教育事业与中华文化软实力的提升。可以说，该文库的打造是华侨大学展示自身哲学社会科学研究力、创造力、价值引领力，服务中国特色社会主义建设事业的一次大胆尝试。

《华侨大学哲学社会科学繁荣计划（2012—2020）》已经实施近两年，经过全校上下的共同努力，华侨大学的文科整体实力正在逐步提升，一大批高水平研究成果相继问世，一批高级别科研项目和科研成果奖成功获评。作为华侨大学繁荣哲学社会科学的成果，《华侨大学哲学社会科学文库》集中反映了当前华侨大学哲学社会科学的研究水平，充分发挥了优秀学者的示范带动作用，大力展示了青年学者的学术爆发力和创造力，必将鼓励和带动更多的哲学社会科学工作者尤其是青年教师以闽南地区"爱拼才会赢"的精神与斗志，不断营造积极向上、勇攀高峰的学术氛围，努力打造更多造福于国家与人民的精品力作。

当然，由于华侨大学面临的历史和现实等主客观因素的限制以及华侨大学哲学社会科学工作者研究视野与学术积累的局限性，《华侨大学哲学社会科学文库》在研究水平、研究方法等方面难免存在不足之处，我们在此真诚地恳请各位读者批评指正。

最后，让我们共同期待《华侨大学哲学社会科学文库》付梓，为即将迎来55岁华诞的华侨大学献礼！让我们一起祝福华侨大学哲学社会科学事业蒸蒸日上！让我们以更大的决心、更宽广的视野、更精心的设计、更有效的措施、更优质的服务，培育华大社科的繁花硕果，以点滴江河的态势，加速将华侨大学建设成基础雄厚、特色鲜明、海内外著名的高水平大学，从而更好地服务海外华侨华人，支持国家侨务工作，配合国家发展战略！

华侨大学校长、教授、博士生导师　贾益民

2015 年 4 月 28 日于华园

序　言

　　这本著作前后历时十年，汇集了两个国家级项目的研究成果，完成十分不易。2009 年，当时我还在北京大学攻读博士学位，北京大学新闻传播学院关世杰教授组建了一个团队，申报国家社科基金重大项目"我国对外传播文化软实力研究"，我的导师尚会鹏教授是印度研究专家，被邀请负责这个项目的印度子课题（其他子课题还有美国、俄罗斯、德国、日本），因此接触了这方面研究。

　　2013 年，我在北京大学进行博士后研究期间，尚会鹏教授成立了北京大学文化与国家行为研究中心，我担任中心副主任。为满足北京大学对科研机构的考核要求，我们申请了一个北京哲学社会科学规划重点课题"印度人对中国形象和文化软实力的认知研究"。这个课题是前一个课题研究的延伸。我们认为要全面了解印度民众对中国软实力的看法，仅仅是大规模的问卷调查还不够，有必要再通过其他途径进行深入挖掘。因此，从报纸、网络论坛、论文、书籍等途径，分析网民、学者、诺贝尔奖得主等对中国文化的看法，尝试更为全面地呈现印度民众对中国软实力的认知。在这个课题中，我利用新的材料检验了大规模问卷调查的材料，奠定了印度调查研究的基础。

　　2014 年关世杰教授又申请了国家社科基金重大项目"增强中国对外传播文化软实力深度研究"。这是第一个课题的深入研究项目，旨在利用新的调查结果与原有数据进行比较。这次尚会鹏教授仍旧主持印度子课题，但由我负责主要工作。课题立项之后，我们做了许多前期工作，调查的内容也作了多次讨论，在 2016 年底设计出调查问卷内容，委托专业的咨询公司进行调查。2017 年拿到数据之后开始进行分析，最终做出了这个研究成果。

有很多人恐怕会问，你不是研究心理文化学的吗？为什么会从事这种数据分析呢？是不是为了国家社科基金项目这个名头，改变自己的研究兴趣呢？

首先，我必须强调，尽管我认为文化因素对人类行为的影响是根本性的，但是，这并不否定数据分析的重要性。我发表的第一篇论文就是利用数据分析做出来的研究成果。当时，我要探索日本自民党长期执政的原因。一般而言，政党政治总是伴随着"政党轮替"这一规律，但是，日本虽然采用了西方的政党政治，却没有发生政党轮替，而且自民党连续38年长期执政（1955—1993）。我调查了日本政府制定稻米价格的过程，分析它与自民党得票率之间的因果关系，最终总结出一个规律。我发现自民党依靠对种植稻米农民的补贴，博取农民的好感，但是，没有种植稻米的农民并不会把他们的票投给自民党。这个研究细化了当时人们的认识。因为当时学界的主要观点是：自民党主要依靠财阀的金钱与农民的选票来维持政权。但是，我的研究则进一步指出，农民生产的作物各式各样，唯有种植稻米的农民才支持自民党，种植其他作物的农民，如种植玉米、水果的并不支持自民党。这是完全依靠数据分析来支撑论点的结论。我后来走向心理文化学研究完全是为了探索影响人类行为的更根本因素。

数据分析本身并没有问题，靠数据说话是好的，定量研究经常出现的问题是研究者冻结人类的情感因素，假定人人都在追求自身利益的最大化，换言之，是以一种理性人假设来分析人的行为。但是，人的行为动机是相当复杂的，经常受到嫉妒、愤怒、吃醋等情感的影响，因而采取不理智的举动。在生活中，我们会把"羡慕、嫉妒、恨"挂在嘴边，但是在从事科研的时候，很多学者就忘了人还有七情六欲，其他因素会影响人们的行为。事实上，在科研中强调人类情感因素的作用，也可以从数据分析中得到支持。在2013年，我基于"情感人假设"曾提出一种新的方法，对两岸民众进行大规模的调查，研究海峡两岸中国人情感模式的差别，尝试挖掘他们在分隔了50年后，在不同制度下心理与行为存在的差异。

关于文化影响力（软实力）的调查，目前国际上盛行的是冻结人类的情感因素研究。许多调研机构提出若干数据，如教育、文化、娱乐方面等等，然后赋予不同的权重，进行计算，最后排名。这是我不赞同的研究。

首先，它采取的统计数据有很大问题。例如，欧美国家统计一个国家数字化程度的调查，通常会调查每百名居民的互联网用户数、每百万人的互联网安全服务、每百人手机数、互联网带宽等，但它们不会考虑使用线上支付的人数、网上购物的成交总额、网络提供的生活便利程度等。这个理由很简单，选择前者有利于欧美国家的软实力排名，而后者是中国的强项，中国的线上支付、网络生活非常发达，如果参考这些数据，中国的软实力将大大提高，而这是欧美国家所不愿意见到的。

其次，这些数据不能体现人们的情感作用。我们不能说到美国留学的人数多，就是因为美国软实力更强。去美国的留学生，有一大部分可能是为去那里打工赚钱，到中国的留学生，也可能不是喜欢中国，而是因为中国提供了高额的奖学金。他们去留学有各种各样的原因，我觉得这并不是很难理解的道理。人们选择这样的调查，可能只是它更容易出成果，而且结果更容易为人所控制，而要去调查人们心里真正所想的东西要费劲得多。

这本著作是针对印度民众进行大样本概率抽样问卷调查的分析结果。它的调查要比单纯的数据统计困难得多。我们委托美国最权威的专业咨询公司，对印度民众进行调查，最后经过筛查，获得1013份有效样本。我知道一定有不少人会从样本数来挑它的毛病，事实上，针对印度这样一个人口众多的国家，不论调查多少样本，都会被批评样本数不足。但我们从各个方面进行补充，尝试让这种耗时耗钱的调查结果变得更有价值。我们前后几年进行了两次调查，使得数据可以进行历时性的比较，分析印度民众对中国软实力认识的发展变化（第一次的调查结果请参见附录）。此外，还有其他国家的调查结果，可以进行横向比较。这样的方式应该说会比单纯的数据统计更能呈现印度民众的看法。

印度是一个神奇的国度，它发展了一个与中国完全不同的文明，在处理人与人之间的关系、人与大自然之间的关系等方面，与中国呈现出极大差异。要使世界上不同民族之间能够相互理解、和睦相处，是十分困难的（如果你见过各民族以自我为中心的角度去歧视异族，你会同意我说的）。

本书的目的是尝试说明印度教徒为什么会这样看中国，呈现印度民众心中的想法，以及他们主要的生活方式。当然，借由这样的分析，你也会明白中国人的生活方式，进而了解两个文明的差异。因此，本书的书名虽然是《中国文化的印度影响力调查》，其实也涉及两个文明的比较。这是读者在阅读本书之前必须先了解的。

最后，这本书的出版要感谢关世杰老师的辛苦付出，他作为课题的首席专家，除了负责自己的美国部分，还要协调我们几个子课题的工作。没有他的付出，本书的出版是不可能的。另外，本书也是在他的大作《中华文化国际影响力调查研究》（2016）的框架下进行的，有必要对他这部分的贡献予以交代。

尚会鹏教授从头到尾，为文章的撰写、课题的结项、著作的出版把关。他的付出为本书的质量奠定了基础。华侨大学心理文化学研究所/国际关系学院的研究生林伦敏、周伊倩、沈思杰等在数据统计上也做了细致的分析工作，尤其是林伦敏，他反复计算了数据的分析结果，并多次进行了校对。著作出版前匿名审稿专家也提出宝贵的修改建议，他们使得本书的内容更加完善。社会科学文献出版社的编辑曹长香，在出版的过程中也做了细致的工作。这都是笔者由衷感谢的。

游国龙

2019 年 2 月 6 日

目　录

第一章　数据收集与样本分析

本次问卷调查是北京益派市场咨询有限公司利用美国全球交互数据解决方案公司（Lightspeed Research）的样本库采集样本，提供调查数据①。在分析调查结果之前，有必要说明数据搜集的过程，并对样本的成分进行分析，它关系到调查数据的信度和效度以及样本的代表性。

一　数据搜集过程

（一）样本来源

全球交互数据解决方案公司于 1996 年在美国新泽西成立，是最早进行全球样本采集的公司之一，与北京益派市场咨询有限公司有过多次的境外数据采集合作。该公司除了自己多年建立的全球样本库，还于 2008 年收入了具有 60 年历史的 TNS 在线样本库，于 2012 年并购 GMI。整合三家公司的样本库后，全球交互数据解决方案公司已成为目前全球线上样本库极为丰富和全面的大型公司之一，在全球 14 个国家拥有办事处，在 45 个国家拥有总计超过 500 万的市场研究样本。本次境外调查的国家中，俄罗斯在 2017 年颁布了调查法令，禁止境外公司在本国进行调研活动，而全球交互数据解决方案公司在俄罗斯境内建有自己的服务器并作了处理，依旧可以获取俄罗斯的样本。因此，综合评估项目的总体实施能力，工作组最终选取了全球交互数据解决方案公司负责本次境外 8 个国家的样本采集。

---

① 北京大学新闻与传播学院跨文化交流与管理研究中心从 2011 年开始进行中华文化印象调查，并分别在 2011 年和 2013 年对美国、德国、俄罗斯、印度、日本、韩国、越南、印度尼西亚进行了调查。2017 年，为进一步验证和丰富中华文化国际影响力理论，研究中心对 8 个国家进行了第三次中华文化印象调查。鉴于前两次与北京益派市场咨询有限公司良好的合作经验，本次调查依旧委托益派咨询具体实施。

（二） 执行流程

为使本次调查结果客观、严谨和真实，在符合市场研究行业规范标准的前提下，工作组还对调查对象、调查方法、数据清理各环节均进行了严格设计并制定了详细的执行规范，具体如下。

1. 样本抽样

根据各个国家的样本需求，依据样本总量、年龄、性别、教育程度、民族、收入等条件标准进行调查。采用定额抽样的抽样方法，以各国会员总量和配额条件进行随机抽取。

2. 程序编制

在线程序编制过程中，各个国家负责老师与程序编制人员经过多次深入沟通和紧密配合，对问卷的逻辑表达、题目的视觉呈现、语言的描述方式、文字的排版格式等内容进行了严格的修改与完善，为此次调查的最终完成提供了良好的调查环境。

3. 样本回收

2016 年 12 月初开展对各个国家的调查，每个国家样本收集完成时间有些许差异。印度的样本收集完成时间是 2017 年 1 月 22 日，邀约数量18000 份，回收率为 6%，合格率为 93.8%。

益派咨询利用多元样本整合系统，在与全球交互数据解决方案公司的对接过程中，通过 IP 地址、Cookie 参数和设备标识等有效验证手段防止相同用户的参与。系统邀约发送的网页链接，同一会员特征只能完成一次作答，从而确保了调查参与的唯一性。

为保证目标样本均能在计划时间内成功回收，益派咨询对整个数据回收过程进行实时监控。监控中如发现响应速度低的数据样本情况，会及时进行人工催收或增加抽样样本，确保计划样本的完整性。

项目中邀约发送数量和回收情况参见表 1-1，调研时间情况见图 1-1。

表 1-1　对 7 个国家中华文化印象调查的邀约发送数量和回收情况

单位：份，%

国　　家	邀约数量	回收率	合格率	提交样本数量	收集完成时间
日　　本	16400	6.3	979.0	1007	2016/12/31

续表

国　家	邀约数量	回收率	合格率	提交样本数量	收集完成时间
德　国	15000	7.0	96.1	1004	2017/1/5
印　度	18000	6.0	93.8	1013	2017/1/22
俄罗斯	24000	4.3	98.1	1010	2017/1/15
美　国	36700	2.9	96.4	1012	2017/1/18
沙　特	25400	3.6	94.5	852	2017/2/26
中　国	38500	3.3	97.3	1235	2017/3/5

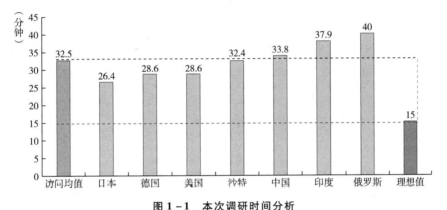

图 1-1　本次调研时间分析

4. 质量控制

任何调研中，驳杂样本的出现都是不可避免的，益派咨询项目组依托自有的质量控制体系，对这一问题进行了严格把控。对样本条件缺失或不符的不合格样本，一经发现立即进行追加补充工作，并及时与双方项目组进行交流沟通，为最终数据的质量稳定提供了有效保障。

（三）数据整理

调研数据回收后，益派工作组对其进行100%的有效性检查。按照既定的样本筛查和清理条件对异常数据进行追踪、确认或清除工作，如确认该条数据无效，则会替换为备份数据样本。

样本清理条件：①根据逻辑陷阱设定的错误条件，如超过错误情况达到20%或者数据质量合格率低于30%，对样本进行清除；②根据系统记录的问卷填答时长，对低于10分钟的样本进行清理。

（四）数据验收

益派公司 2017 年 3 月 20 日提供给课题组受访者填写的 1013 份问卷的 SPSS 格式原始数据。课题组对获取问卷的数据再一次进行了逻辑检验，没有发现有严重逻辑问题的样本，获得有效样本 1013 份，样本有效率 100%。有效问卷中受访者的人口统计特征如下。

二 样本基本分布

（一）年龄

受访者岁数最小者是 15 岁，最大者为 75 岁。15～24 岁占比 26%。25～34 岁、35～44 岁和 45～54 岁年龄段的样本分布差别不大，分别是 23%、20% 和 18.1%。55 岁及以上的受访者比例较小，仅占 13%。所有样本年龄均值为 36.71 岁，众数为 24 岁（70 名），中位数为 37 岁。由表 1-2、图 1-2 可以看出，印度样本中以中青年人群为主。

表 1-2 受访者年龄段分布

年龄（岁）	15～24	25～34	35～44	45～54	55～64	65 以上
百分比（%）	26	23	20	18.1	10.1	2.9

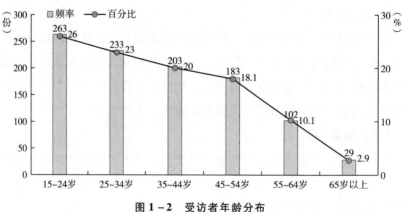

图 1-2 受访者年龄分布

（二）性别

性别是了解样本基本情况必不可少的部分，也是最重要的人口学变量之一。受访者中男性和女性分布相近，男性为 52.1%，女性为 47.9%，仅差 4.2 个百分点（见图 1-3）。

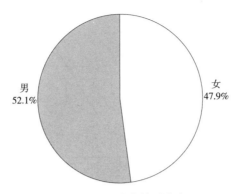

图 1 – 3 受访者性别分布

（三）家庭收入

由图 1 – 4 可知，税前年收入为 100000 ~ 399999 卢比的家庭最多，占 29.7%，低于 100000 卢比的最少，仅占 10.1%。1000000 卢比以上的占 17%，800000 ~ 999999 卢比的占 18.2%，400000 ~ 799999 卢比的占 25.1%。

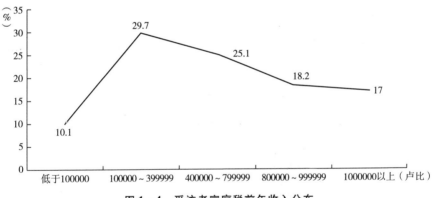

图 1 – 4 受访者家庭税前年收入分布

（四）受教育水平

受过高等教育（大学毕业及以上）的受访者所占比例最大，研究生占 35.3%，本科学历占 48.7%，在校大学生占 11.5%。学历为中学毕业（大学肄业、中专类中学毕业、中学毕业）的受访者占 3.1%，中学以下学历（没学历、小学肄业、小学毕业、中专类中学肄业、中学肄业）的受访者占 1%。可以看出，整体样本中，受过高等教育的受访者占比最大（见图 1 – 5）。

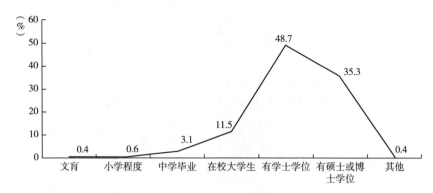

图 1-5　受访者受教育情况

（五）职业

现实社会生活中，职业既是个人为取得经济收入作为生活资料来源，也是一个集合了个人教育水平、经济状况等的综合指标，人们平时从事的工作能够反映其生活环境，同时职业的存在和职业活动构成了人类社会的存在和社会活动，为社会的存在和发展奠定物质基础。

受访者中，雇主/经理的比重较大（37.6%），其次是专业技术人员（23%），其他人员（10.6%）居第三，大学生（9.9%）居第四，办公室中层管理人员（9.7%）居第5（见图1-6）。

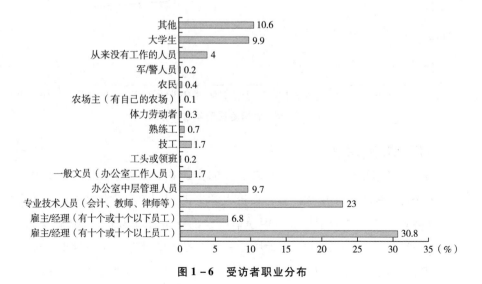

图 1-6　受访者职业分布

（六）居住区域

样本中，居住在安德拉邦的最多，占 13.2%，德里有 11.4%，其余如北方邦、中央邦、泰米尔纳德邦等，占 6% 左右，居民的地域分布相当均衡（见图 1-7）。

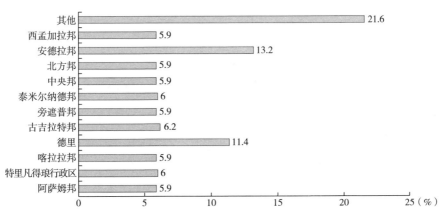

图 1-7 受访者居住地分布

（七）民族/种族

本次样本中，印度斯坦人最多，占 24.6%，泰鲁固人其次，占 12.8%，马拉雅拉姆人第三，占 10.6%，旁遮普人占 8.9%，马拉提人、卡纳塔克人、古吉拉特人占 7% 上下，奥里雅人、阿萨姆人、孟加拉人约占 5%（见图 1-8）。

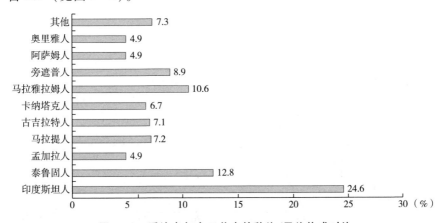

图 1-8 受访者与人口普查的种族/民族构成对比

（八）信仰

尽管调查对象的民族分布很广，但宗教信仰集中在印度教，印度教占73%，其次是伊斯兰教，占6.9%，天主教占5.8%，其余信仰的只占一小部分（见图1－9）。

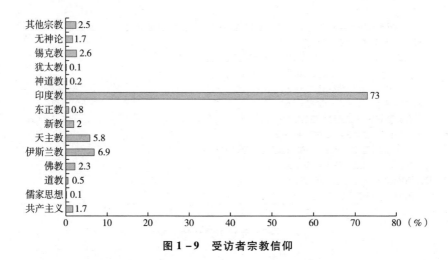

图1－9 受访者宗教信仰

（九）党派倾向

本次调查通过"您更赞成以下哪个党派的主张"这个问题调查了受访者的党派倾向。结果如下：受访者中赞成印度人民党的占53.9%，不赞成任何党的无党派的占20.7%，赞成国大党的占8.7%（见图1－10）。

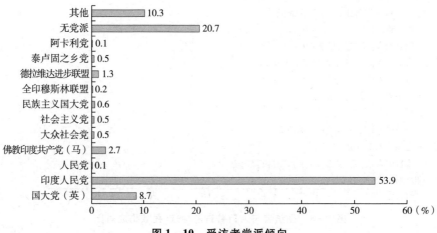

图1－10 受访者党派倾向

（十）母语

印度语占29.8%，泰鲁固语占14.3%，马拉雅姆语占9.2%，古吉拉特语占6.7%，泰米尔语占6.5%，孟加拉语占6.1%，使用其他语言的也占一小部分。值得一提的是，4.1%的受访者将母语选择了英语。

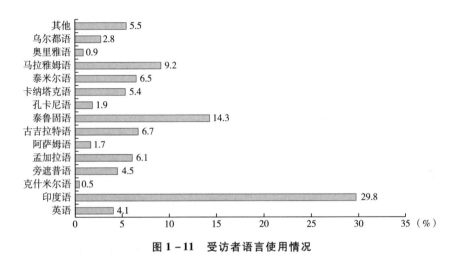

图 1-11　受访者语言使用情况

以下各章将依照中华文化国际影响力评估体系的13个二级指标（文化符号、文化产品、价值观、思维方式、信仰、中国媒体、文化团体和企业、中国人、中国经济、国家形象、文化形象）的顺序，通过问卷设计、调查数据描述性分析、调查数据横向对比和调查后的思考四个方面，叙述对印度两次问卷调查的研究结果。

第二章　中国文化符号在印度的影响力[*]

一　问卷设计

"文化符号"指代表一国文化的突出而具高度影响力的象征形式系统。文化影响可以通过文化符号表现出来。"中国文化符号",指代表中国文化的突出而具高度影响力的象征形式系统。通过调查外国受访者对中国文化符号的认知、态度和行为,可以检测中国文化符号对受访者的影响力,是考察中华文化海外影响力状况的一条可行途径。

中国五千多年的文明发展过程中,产生了很多具有特色的文化符号,如汉字、中国画、龙、长城、孔子等。如何在这些不胜枚举的符号中确定最具特色的中国文化符号?本课题组阅读了相关文献,主要参阅了:2008年秋美国《新闻周刊》根据美国、加拿大、英国等国网民投票,评选出12个国家文化的二十大形象符号中的中国符号①;2011年1月,北京师范大学国家社科基金重大项目"中国文化软实力发展战略研究"研究者提出的中国文化符号名单②。

---

*　本章部分内容发表在游国龙、林伦敏《近五年印度受访者对中国符号喜爱度大幅攀升——中华文化国际影响力问卷调查之六》,《对外传播》2018年第7期。其中计算喜爱度时,去掉了4个对27个文化符号(V2-1—V2-27)全部回答不知道的数据。在本书中还有其他相关问题的调查,所以没有去掉这4个人,喜爱度的数据有些微差异。

① 中国文化符号为:汉语、北京故宫、长城、苏州园林、孔子、道教、孙子兵法、兵马俑、莫高窟、唐帝国、丝绸、瓷器、京剧、少林寺、功夫、西游记、天坛、毛主席、针灸、中国烹饪。

② 该课题组根据对全国大学生的调查,在270项中国文化符号中选出最具代表性的汉语(汉字)、孔子、书法、长城、五星红旗、中医、毛泽东、故宫、邓小平、兵马俑、黄河、《论语》、圆明园、文房四宝、敦煌莫高窟、《史记》、造纸术、古典诗词和京剧。其研究将文化符号分为4个层面:第一层为核心价值系统的吸引力,第二层为社会行为模式的凝聚力,第三层为传统典范及遗产的影响力,第四层为文化传播机制的感染力。从得分最高的前50项来看,最多的是第三层即传统典范及遗产(转下页注)

课题组在 2011 年和 2013 年调查问卷的基础上，对 2016 年调查的中国文化符号选项进行了增删，增加了符号类别：现代科技类符号、娱乐类符号、农业文明类符号；补充了代表中华文化的少数民族文化符号；删减了同类符号选项，如删减生活符号中节庆类的符号端午节、清明节。调整后分为 11 个类型：建筑类符号（长城、布达拉宫）、动物类符号（龙、大熊猫）、生活类符号（中国烹饪、茶、中华医药、春节、丝绸、唐装/旗袍）、体育类符号（功夫/太极拳①）、艺术类符号（书法、瓷器、京剧、中国画、中国园林、兵马俑、中国民乐）、哲学思想类符号（儒家思想、道教、太极阴阳图）、教育类符号（北京大学、清华大学）、语言文学类符号（汉语/汉字、唐诗宋词）、现代科技类符号（中国高铁）、游戏类符号（围棋）、农耕文明类符号（红河哈尼梯田）。为使受访者更直观地看到各种符号，2016 年问卷中各种符号的文字右边全部配添了彩色图片，2011 年问卷太极阴阳图只有图没有文字，其余符号只有文字没有图。

二　知道和喜欢哪些中国文化符号

（一）问卷内容

问卷设置了 11 类 27 种中国文化符号，调查了受访者对这些符号的知晓度和喜爱度。问题的编号和具体内容如下。

V2. 以下都是中国文化符号，您知道吗？若知道，喜欢它们吗？【受访者回答时各符号循环出示，单选】

中国文化符号		0 没听说过	听说过				
			1 很不喜欢	2 较不喜欢	3 中立	4 较喜欢	5 很喜欢
1. 长城		0	1	2	3	4	5

(接上页注②) 类符号，如汉字、书法、长城。其次是第一层，即核心价值系统符号，如毛泽东、邓小平等。另外两层均没有进入前 50 名的选项。

① 我国传统的体育项目正式称谓为武术，其中一种以拳脚打斗的在海外被称为功夫，太极拳是功夫的一种。在英语中，功夫和太极拳有专门的音译单词 kun fu 和 t'ai chi。由于功夫和太极拳在海外传播较广，问卷设计时为使武术更加通俗易懂和统计更加准确，将功夫和太极拳并列。

中国文化符号		0 没听说过	听说过				
			1 很不喜欢	2 较不喜欢	3 中立	4 较喜欢	5 很喜欢
2. 布达拉宫		0	1	2	3	4	5
3. 红河哈尼梯田		0	1	2	3	4	5
4. 中国园林		0	1	2	3	4	5
5. 兵马俑		0	1	2	3	4	5
6. 中国烹饪		0	1	2	3	4	5
7. 中华医药		0	1	2	3	4	5
8. 丝绸		0	1	2	3	4	5
9. 唐装/旗袍		0	1	2	3	4	5
10. 瓷器		0	1	2	3	4	5
11. 汉语		0	1	2	3	4	5
12. 唐诗宋词		0	1	2	3	4	5
13. 中国画		0	1	2	3	4	5
14. 中国民乐		0	1	2	3	4	5

中国文化符号		0 没听说过	听说过				
			1 很不喜欢	2 较不喜欢	3 中立	4 较喜欢	5 很喜欢
15. 京剧		0	1	2	3	4	5
16. 功夫/太极拳		0	1	2	3	4	5
17. 道教		0	1	2	3	4	5
18. 儒家思想		0	1	2	3	4	5
19. 春节		0	1	2	3	4	5
20. 北京大学		0	1	2	3	4	5
21. 清华大学		0	1	2	3	4	5
22. 大熊猫		0	1	2	3	4	5
23. 茶		0	1	2	3	4	5
24. 太极阴阳图		0	1	2	3	4	5
25. 中国高铁		0	1	2	3	4	5
26. 书法		0	1	2	3	4	5
27. 围棋		0	1	2	3	4	5

（二）数据分析

1. 知名度：大熊猫、长城、中国烹饪、汉语、太极阴阳图名列前五

"知道"所列中国文化符号者占整个受访者的比例为知名度。从符号整体排名和符号类别排名两个角度，来考察中国文化符号在印度的知名度。受访者对中国文化符号的认知和态度调查数据见表2-1。

表2-1　受访者对中国文化符号的认知和态度

单位：%

中国文化符号	没听说过	很不喜欢	较不喜欢	中　立	较喜欢	很喜欢
1. 长城	1.8	1.5	1.6	10	31	54.2
2. 布达拉宫	25.1	2.5	3.6	21.8	27.6	19.4
3. 红河哈尼梯田	31.6	2.2	4.6	25.6	22.3	13.7
4. 中国园林	13	2.7	2.2	20.8	34.9	26.4
5. 兵马俑	19.1	3.9	5.2	26.9	27	17.8
6. 中国烹饪	6.5	4.3	4.8	20.2	32.8	31.3
7. 中华医药	9.1	2.8	4.8	30.3	29.1	23.9
8. 丝绸	9	3.8	4.9	20.7	34.5	27.1
9. 唐装/旗袍	8.3	3.7	5.2	29.3	33.4	19.5
10. 瓷器	12.1	2.6	3.5	20.9	35.6	25.3
11. 汉语	8.4	6.5	9.2	44.4	22.7	8.8
12. 唐诗宋词	24.8	4.9	6.9	38	17	8.4
13. 中国画	16.4	3.3	4.4	24.7	33.6	17.7
14. 中国民乐	17.3	3.7	8.1	33.1	24.4	13.5
15. 京剧	21.9	3.4	5.4	31.6	26.1	11.6
16. 功夫/太极拳	4.6	2.1	2.4	20.1	35.4	35.3
17. 道教	23.9	3.3	6.5	33.1	20.5	12.7
18. 儒家思想	22	4.2	5.7	31.7	23.3	13
19. 春节	11.5	2.8	2.1	21.5	36.5	25.6
20. 北京大学	22.5	3.9	3.4	30.2	27.1	12.8
21. 清华大学	27.5	2.9	3.8	29.1	23.3	13.4
22. 大熊猫	3.7	1	1.8	12.1	33.4	48.1
23. 茶	9.2	2.1	6.2	24.7	34.4	23.4
24. 太极阴阳图	19.8	2.9	4.7	25.9	27.5	19.2
25. 中国高铁	5.8	1.8	1.6	17	31.8	42.1
26. 书法	17	4.4	5.8	34	27	11.7
27. 围棋	29.6	3.8	4.2	31.2	21.1	10.1

（1）整体排名

"长城"知名度达98.2%，名列榜首，熊猫排名第2，96.3%，功夫/太极拳第3，95.4%，中国高铁第4，中国烹饪第5；知名度最低的三项是红河哈尼梯田（68.4%）、围棋（70.4%）、清华大学（72.5%）；27项平均为84.39%。

（2）符号类排名

11类文化符号中，有的类别有多项，有的只有一项，将各类中排名第一的符号参与排序，各类符号知名度情况见图2-1。

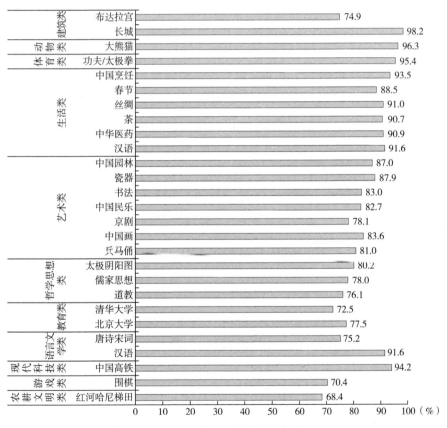

图2-1　中国文化符号知名度

2. 喜爱度：长城、大熊猫、中国高铁、功夫/太极拳

去除受访者回答"不知道"者，用两种方法计算对中国文化符号的喜爱度。一是计算比例，将回答"较喜欢"和"很喜欢"的比例相加，

得出喜欢的比例，比例对比更为直观；二是计算均值，将选择"很不喜欢"赋值 1，"较不喜欢"赋值 2，"中立"赋值 3，"较喜欢"赋值 4，"很喜欢"赋值 5，计算各选项的均值，均值越接近 1 喜爱度越低，均值越接近 5 喜爱度越高，均值对比更为准确，众数和标准差分别表示集中趋势和离中趋势。

（1）喜好的比例：长城、大熊猫、中国高铁、功夫/太极拳、中国园林名列前五

从整体排名看，"长城"喜爱度达 86.8%，名列榜首，排名第 2～5 位的是大熊猫（84.6%）、中国高铁（78.5%）、功夫/太极拳（74.3%）、中国园林（70.5%）；喜爱度最低的三项是唐诗宋词（33.8%）、汉语（34.4%）、道教（43.6%）；27 项平均为 58.7%。

从符号类排名看，11 类文化符号中，将各类中排名第一的符号予以排序，各类符号喜爱度情况如下：动物类"大熊猫"（84.6%）、生活类"春节"（70.2%）、艺术类"中国园林"（70.5%）、建筑类"长城"（86.8%）、现代科技类"中国高铁"（78.5%）、哲学思想类"太极阴阳图"（58.2%）、体育类"功夫/太极拳"（74.3%）、农耕文明类"红河哈尼梯田"（52.6%）、语言文学类"汉语"（34.4%）、教育类符号"北京大学"（51.5%）、游戏类"围棋"（44.3%）。

（2）喜好的均值：长城、大熊猫、中国高铁、功夫/太极拳、中国园林名列前五

从整体排名看，"长城"喜爱度达 4.37，名列榜首，排名第 2～5 位的是大熊猫（4.31）、中国高铁（4.18）、功夫/太极拳（4.04）、中国园林（3.92），这五项基本为"较喜欢"。喜爱度最低的五项是中国民乐（3.44）、道教（3.43）、围棋（3.42）、唐诗宋词（3.23）、汉语（3.20），这五项基本为"中立"。27 项平均为 3.70。

从符号类排名看，11 类文化符号中，将各类中排名第一的符号予以排序，各类符号喜爱度情况如下：动物类"大熊猫"（4.31）、生活类"春节"（3.91）、艺术类"中国园林"（3.92）、建筑类"长城"（4.37）、现代科技类"中国高铁"（4.18）、体育类"功夫/太极拳"（4.04）、哲学思想类"太极阴阳图"（3.69）、农耕文明类"红河哈尼梯田"

（3.60）、语言文学类"唐诗宋词"（3.23）、教育类符号"清华大学"
（3.56）、游戏类"围棋"（3.42）（见表2-2）。

表2-2　中国文化符号的喜爱度（喜好度排名与均值排名对比）

文化符号	喜爱度（%）	喜爱度排名	均　值	均值排名
长城	86.8	1	4.37	1
大熊猫	84.6	2	4.31	2
中国高铁	78.5	3	4.18	3
功夫/太极拳	74.3	4	4.04	4
中国园林	70.5	5	3.92	5
春节	70.2	6	3.91	6
瓷器	69.3	7	3.88	7
中国烹饪	68.6	8	3.88	7
丝绸	67.7	9	3.84	8
茶	63.7	10	3.78	9
布达拉宫	62.8	11	3.77	10
中国画	61.4	12	3.69	12
中华医药	58.3	13	3.73	11
太极阴阳图	58.2	14	3.69	12
旗袍/唐装	57.7	15	3.65	13
兵马俑	55.4	16	3.61	14
红河哈尼梯田	52.6	17	3.60	15
北京大学	51.5	18	3.54	17
清华大学	50.6	19	3.56	16
京剧	48.3	20	3.48	18
书法	46.6	21	3.43	21
儒家思想	46.5	22	3.45	19
中国民乐	45.8	23	3.44	20
围棋	44.3	24	3.42	22
道教	43.6	25	3.43	21
汉语	34.4	26	3.20	24
唐诗宋词	33.8	27	3.23	23
27项平均	58.7	—	3.70	—

3. 受访者对中国文化符号认知和态度的特点

总体上看，知名度和喜爱度都高的是"长城""大熊猫""中国高铁""功夫/太极拳"。"长城"知名度和喜爱度均第一，均值4.37，"大熊猫"知名度和喜爱度均第二，均值为4.31；"功夫/太极拳"知名度第三，喜爱度第四，均值为4.04；"中国高铁"知名度第四，喜爱度第三，均值为4.18。尤其是"长城"深受印度受访者喜爱，喜爱度最高为86.8%，不喜欢（包括很不喜欢和较不喜欢）比例也最低，仅为3.1%。

建筑类符号"长城"知名度和喜爱度都很高，均值为4.37；而"布达拉宫"知名度和喜爱度很低，均值为3.77。

生活类符号整体上知名度均很高。"中国烹饪"可以媲美"大熊猫"和"长城"，知名度和喜爱度均很高，均值3.88；"茶"和"丝绸"知名度和喜爱度也较高，均值分别为3.78和3.84，"中华医药"知名度第9，喜爱度第13，均值为3.73；"春节"知名度较低，排第11，为88.5%，但喜爱度颇高，70.2%，排第6，均值为3.91；"唐装/旗袍"知名度较高，排第6，但喜爱度却较低，排名第15，均值为3.65。

体育类符号"功夫/太极拳"知名度排第3，喜爱度排第4，均值为4.04。

艺术类符号知名度还可以，但喜爱度一般。其中瓷器的知名度最高，为87.9%，排第12，喜爱度69.3%，排第7，均值3.88。中国园林知名度为87%，排名第13，喜爱度70.5%，排名第5，均值为3.92。中国画知名度83.6%，排名第14，喜爱度61.4%，排第12。兵马俑知名度80.9%，喜爱度55.4%，均值3.61。但作为中国国粹"京剧"，知名度只有78.1%，排名第19，喜爱度48.3%，排名第20，均值为3.48。中国民乐知名度82.7%，喜爱度45.8%，均值3.44。书法知名度83%，排第15，喜爱度46.6%，排第21，均值3.43。唐诗宋词知名度75.20%，排名第23，喜爱度33.8%，排第27，均值3.23。

中华文化的哲学思想类符号的喜爱度都较低。儒家思想知名度排名第20（78%），喜爱度第22（46.5%），均值为3.45；道教知名度第22（76.1%），喜爱度第25（43.6%），均值为3.43；太极阴阳图知名度排名第18（80.2%），但是喜爱度排名第14（58.2%），均值为3.69。

语言文学类符号仅"汉语"知名度高，排名第7（91.6%），而和汉语相关的书法和唐诗宋词知名度较低，分别排名第 15 和第 23（83% 和 75.2%）。此外，语言文学类符号喜爱度均较低，其中汉语的喜爱度排名第 26（34.4%），均值为 3.20，书法喜爱度稍高，46.6%，均值 3.43。

作为中国教育类文化符号，北京大学知名度（77.5%）高于清华大学（72.5%），喜爱度 51.5%，也高于清华大学（50.6%）。

"中国高铁"知名度排名第 4（94.2%），喜爱度排名第 3（78.5%），均值为 4.18。

27 项中国文化符号的知名度均超过 50%，以喜爱度来衡量，没有超过 50% 的有 8 项，为书法、京剧、中国民乐、儒家思想、道教、汉语、唐诗宋词、围棋。知名度与喜爱度详情见表 2 - 3。

表 2 - 3　受访者对文化符号知名度、喜爱度及排名情况

符号分类	文化符号	知名		喜爱			
		（%）	排名	（%）	排名	均值	均值排名
建筑类	长城	98.2	1	86.8	1	4.37	1
	布达拉宫	74.9	24	62.8	11	3.77	10
动物类	龙	—					
	大熊猫	96.3	2	84.6	2	4.31	2
生活类	中国烹饪	93.5	5	68.6	8	3.88	7
	茶	90.7	10	63.7	10	3.78	9
	中华医药	90.9	9	58.3	13	3.73	11
	春节	88.5	11	70.2	6	3.91	6
	丝绸	91	8	67.7	9	3.84	8
	唐装/旗袍	91.7	6	57.7	15	3.65	13
体育类	功夫/太极拳	95.4	3	74.3	4	4.04	4
艺术类	书法	83	15	46.6	21	3.43	21
	瓷器	87.9	12	69.3	7	3.88	7
	京剧	78.1	19	48.3	20	3.48	18
	中国画	83.6	14	61.4	12	3.69	12
	中国园林	87.0	13	70.5	5	3.92	5
	兵马俑	80.9	17	55.4	16	3.61	14
	中国民乐	82.7	16	45.8	23	3.44	20

续表

符号分类	文化符号	知名		喜爱			
		（%）	排名	（%）	排名	均值	均值排名
哲学思想类	儒家思想	78	20	46.5	22	3.45	19
	道教	76.1	22	43.6	25	3.43	21
	太极阴阳图	80.2	18	58.2	14	3.69	12
教育类	北京大学	77.5	21	51.5	18	3.54	17
	清华大学	72.5	25	50.6	19	3.56	16
语言文学类	汉语	91.6	7	34.4	26	3.20	24
	唐诗宋词	75.2	23	33.8	27	3.23	23
现代科技类	中国高铁	94.2	4	78.5	3	4.18	3
游戏类	围棋	70.4	26	44.3	24	3.42	22
农耕文明类	红河哈尼梯田	68.4	27	52.6	17	3.60	15
平均		84.39		58.7		3.70	

注：问题 V2 中未问及受访者对龙的知名度。在问题 V3 - 1 中询问了受访者对"龙"的喜爱度（5 级量表），为方便对比，将对龙的喜爱度插入表中。下表及下图同。

4. 知名度不等同于喜爱度

受访者对中国文化符号的认知度与喜爱度存在差异（见图 2 - 2）。一种是知名度排名低于喜爱度排名。例如，艺术类符号，"中国园林"知名度排名第 13（87%），但喜爱度排名第 5（70.5%），均值为 3.92。"春节""瓷器"和"布达拉宫"知名度排名分别为第 11、12 和 24（88.5%、87.9% 和74.9%），但是喜爱度分别排名第 6、7 和 11（70.2%、69.3% 和 62.8%）。

另一种是知名度排名高于喜爱度排名。例如，"汉语"知名度排名第7（91.6%），可喜爱度排名却很低，排名第 26（34.4%），均值为 3.20。唐装/旗袍知名度排名第 6（91.7%），喜爱度排名第 15（57.7%），均值为 3.65。

2011 年底课题组曾经对印度做过第一轮的中华文化印象调查。5 年之后，课题组在 2016 年底又对印度进行了第二轮的中华文化印象调查，这两轮调查的问卷内容虽有修改，但有些内容是一样的。两次调查的方法（在线可访问样本库方法）大致相当，样本量相当（2011 年为 1039 份，2016 年为 1013 份）。两次调查的结果具有可比性。对这两次调查中相同

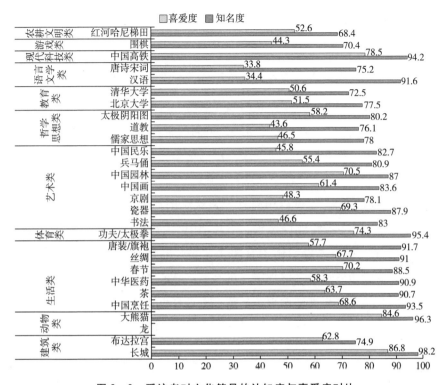

图 2 - 2　受访者对文化符号的认知度与喜爱度对比

问题的调查结果进行历时性对比，可以看出印度民众对中华文化认知和态度的变化。

2011 年关于印度受访者对中国文化符号认知和态度的问题如下。

V2. 您认为以下各项中哪些文化符号最能代表中国？（可多选，请在所选项目前打 √）

1. 中国历史　　2. 中国哲学　　　3. 中国宗教　　　4. 中国文学

5. 汉字　　　　6. 中国的名胜古迹　7. 中国建筑与园林 8. 中医

9. 中国工艺品　10. 中国式服装　　11. 中餐　　　　12. 中国春节

13. 功夫　　　　14. 中国影视明星　15. 中国体育明星 16. 中国电影

17. 电视剧　　　18. 戏剧　　　　19. 音乐　　　　20. 中国杂技

21. 舞蹈　　　　22. 中国绘画　　　23. 中国图书　　24. 动漫

25. 对以上都不感兴趣

V3. 您喜欢下列文化符号吗？（可多选）

问题同上，略。

2016 年关于印度受访者对中国文化符号态度的问题如下。

V2. 以下都是中国文化符号，您知道吗？若知道，喜欢它们吗？

对比 2011 年和 2016 年两轮的调查问题，对中国文化符号态度的题干相同，所列选项中有 11 个符号相同。不同的有两点。一是 2011 年用 0 ~ 1 两级量表（"喜欢"和"不喜欢"）的测量方法，而 2016 年是用 1 ~ 5 级量表（"很不喜欢""较不喜欢""中立""较喜欢""很喜欢"）方法。尽管方法有所不同，但可以用前者"喜欢"的比例与后者"较喜欢"和"很喜欢"的比例之和进行比较。二是 2016 年各选项都配了彩图，更直观，2011 年各选项太极阴阳图有图无文字，其余各项只有文字无配图，这可能影响受访者对符号的理解。尽管有这两点不同，但 2011 年与 2016 年对中国文化符号态度的调查结果基本上具有可比性。两次调查中受访者对中国文化符号的喜爱度对比结果见表 2 - 4、图 2 - 3。

表 2 - 4　2016 年与 2011 年受访者对文化符号的喜爱度对比

单位:%

文化符号	2011 年喜爱度	2016 年喜爱度	2016 年比 2011 年增长	增长排名
功夫/太极拳	52	74.3	22.3	8
中国烹饪	47.4	68.6	21.2	9
春节	10.9	70.2	59.3	1
中国园林	15.8	70.5	54.7	2
瓷器	21.1	69.3	48.2	3
中华医药	18.8	58.3	39.5	6
汉语	11.6	31.5	19.9	10
唐装/旗袍	14.1	57.7	43.6	4
中国民乐	10.6	45.8	35.2	8
京剧	4.8	48.3	43.5	5
中国画	13.6	51.3	37.7	7
平均	20.1	58.7	38.6	—

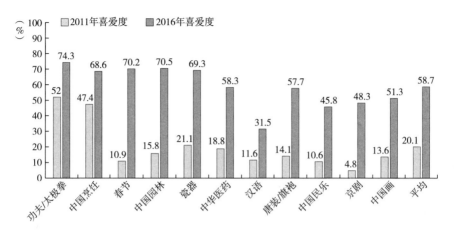

图2-3　2016年与2011年受访者对中国文化符号的喜爱度对比

三　对龙、汉语、春节、中餐、中医、武术的进一步调查

龙、汉语、春节、中餐、中医、武术6种符号在中国文化中占有重要地位，因而需要对它们进一步加以调查。其中龙、汉语、中餐在2011年就进行过调查，春节、中医、武术是新增的调查项目，调查了受访者对龙的感知和态度，对其他5项不仅调查了认知和态度，而且调查了行为。

（一）龙

1. 问卷内容

中国人自称是龙的传人，龙也是中国文化的代表符号之一。然而，中国独有的"龙"在翻译成西方文字时，张冠李戴，被误译成西方独有的"dragon"。Dragon在《圣经》中是恶的化身，与中国文化寓意相反。印度民众目前对dragon的印象如何？课题组首先调查了龙在印度民众心目中的寓意，包括正、反两方面的寓意。正面的含义为吉祥，负面的含义为邪恶；然后调查了受访者对dragon的态度。

V3. 龙在贵国的寓意是什么？【单选】

邪恶　1　2　3　4　5　6　7　吉祥

V3-1. 您喜欢龙吗？【单选】

1. 很不喜欢　2. 较不喜欢　3. 中立　4. 较喜欢　5. 很喜欢

2. 数据分析

（1）对 dragon 的认知

以 1 为邪恶的一端，以 7 为吉祥的另一端，4 为中立。受访者在 1～7 中选择 dragon 寓意的位置。1013 名受访者中，39.5% 认为 dragon 的含义为吉祥（选择 5、6、7 选项），26.5% 为中立，34% 为邪恶（选 3、2、1 选项），众数为 4。7 级量表中均值为 4.11（见图 2-4）。

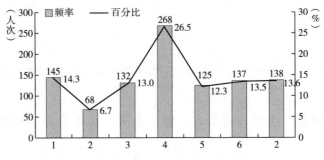

图 2-4　dragon 在印度的寓意调查情况

（2）对 dragon 的喜好

在喜爱度方面，12% 的受访者不喜欢 dragon（包括"很不喜欢"和"较不喜欢"），53.5% 的受访者喜欢（包括"较喜欢"和"很喜欢"），34.5% 的受访者选择中立。众数为 4（较喜欢）（见图 2-5）。把"很不喜欢"赋值 1，"很喜欢"赋值 5，以此类推，计算出受访者对 dragon 好感度的均值，均值越高，好感度越高。均值为 3.53，处于"中立"与"较喜欢"之间。

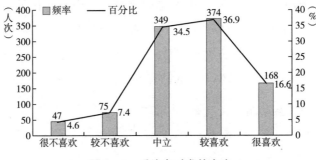

图 2-5　受访者对龙的态度

（二）汉语

1. 问卷内容

汉语是中国符号系统中最重要的符号，是传播中华文化的主要媒介。印度人要深入了解中国文化，需要学习汉语。问卷用4个问题调查受访者对汉语的认知、态度和行为。问题的编号和具体内容如下。

V2-11. 以下都是中国文化符号，您知道吗？若知道，喜欢它们吗？

	0 没听说过	听说过				
		1. 很不喜欢	2. 较不喜欢	3. 中立	4. 较喜欢	5. 很喜欢
22 汉语						

V5. 您学习过汉语吗？【单选】

1. 没学过，不想学　2. 没学过，但将来想学　3. 学过

V5-1. 若学过，您使用汉语的情况是：【单选】

1. 不使用　2. 偶尔使用　3. 经常使用　4. 每周使用　5. 每天使用

2. 数据分析

（1）对汉语的认知度和好感度

受访者对汉语是中国文化符号的认知度为91.6%（见图2-6）。

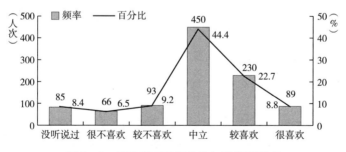

图 2-6 受访者对汉语的认知度与好感度

去除不知道者，知道的928人对汉语的态度情况见表2-5。其中喜欢（包括"较喜欢"和"很喜欢"）占34.4%，众数为中立（44.4%）。将"很不喜欢"赋值1，"很喜欢"赋值5，以此类推，计算出好感度的均值为3.20，处于"中立"和"较喜欢"之间，倾向中立。

表 2 - 5 受访者对汉语的态度

单位：人次，%

		频　率	百分比	有效百分比	累积百分比
有效	没听说过	85	8.4	8.4	8.4
	很不喜欢	66	6.5	6.5	14.9
	较不喜欢	93	9.2	9.2	24.1
	中　立	450	44.4	44.4	68.5
	较喜欢	230	22.7	22.7	91.2
	很喜欢	89	8.8	8.8	100.0
	合　计	1013	100.0	100.0	

（2）学习和使用汉语情况

1013 位受访者中，学习过汉语的为 89 人，占受访者总数的 8.8%。在没有学习过汉语的 924 人中，将来想学的 671 人，占 66.2%，不想学的 253 人，占 25%（见图 2 - 7）。

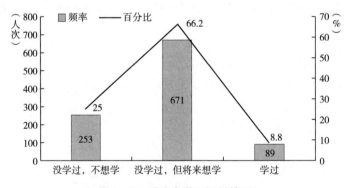

图 2 - 7 受访者学习汉语情况

学习过汉语者使用汉语的比例为 86.5%，其中每周使用（18.0%）和每天使用（14.6%）的共 29 人，占 32.6%（见图 2 - 8）。

（三）春节

1. 问卷内容

春节是中国文化中最重要的节庆活动，"欢乐春节"是近年来中国文化部力推的大型对外文化交流活动。在 2016 年问卷中增加了对春节的调查。问题 V2 除对春节的认知和态度进行了调查外，还调查了受访者参与

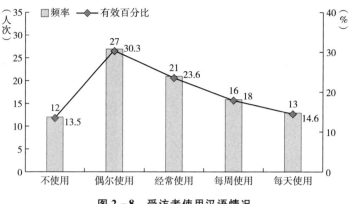

图 2 - 8　受访者使用汉语情况

春节的活动情况，并对"欢乐春节"的品牌认知和态度进行了调查。问卷具体内容如下。

V2 - 19. 以下都是中国文化符号，您知道吗？若知道，喜欢它们吗？

	0 没听说过	听说过				
		1. 很不喜欢	2. 较不喜欢	3. 中立	4. 较喜欢	5. 很喜欢
11 春节						

V4. 近五年中，您哪年参加过春节活动？（可多选）

1. 2012 年　2. 2013 年　3. 2014 年　4. 2015 年

5. 2016 年　6. 从未参加

V11 - 10. 您知道以下中国文化产品或服务的品牌吗？若知道，喜欢吗？【循环出示】

中国文化产品 或服务品牌	0 不知道	知　道				
		1 很不喜欢	2 较不喜欢	3 中立	4 较喜欢	5 很喜欢
10. 欢乐春节						

2. 数据分析

（1）对春节的认知与态度

有 88.5% 的受访者知道春节（见图 2-9）。

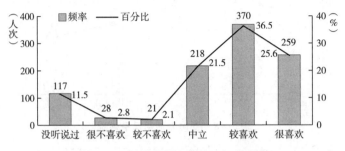

图 2-9　受访者对春节的认知和态度

去除不知道者，896 名知道者中 70.2% 为喜欢（包括"较喜欢"和"很喜欢"），众数 41.3%（见表 2-6）。把"很不喜欢"赋值 1，"很喜欢"赋值 5，以此类推，计算出受访者对春节的好感度均值，均值越高，说明对春节的好感度越高。均值为 3.91，介于"中立"和"较喜欢"之间，倾向较喜欢。

表 2-6　知道春节是中国文化符号者喜欢春节的情况

单位：人次，%

		频　率	百分比
有　　效	很不喜欢	28	3.1
	较不喜欢	21	2.3
	中　立	218	24.3
	较 喜 欢	370	41.3
	很 喜 欢	259	28.9
	合　计	896	100

（2）对"欢乐春节"的认知与态度

有 71.6% 的受访者知道"欢乐春节"（见图 2-10）。

去除不知道者，725 名知道者中 54.4% 为喜欢（包括"较喜欢"和"很喜欢"）。13.1% 为不喜欢（包括"很不喜欢"和"较不喜欢"），众数为较喜欢（36.6%）（见表 2-7）。把"很不喜欢"赋值 1，"很喜欢"赋值 5，以此类推，计算出受访者对春节的好感度的均值，均值越高，说

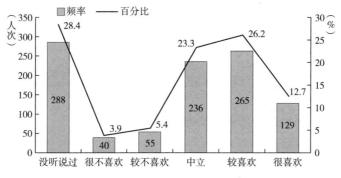

图 2 - 10 受访者对"欢乐春节"的认知和态度

明对"欢乐春节"的好感度越高。均值为 3.54。

表 2 - 7 知道"欢乐春节"是中国文化品牌者喜欢"欢乐春节"的情况

单位：人次,%

		频 率	百分比
有 效	很不喜欢	40	5.5
	较不喜欢	55	7.6
	中 立	236	32.6
	较 喜 欢	265	36.6
	很 喜 欢	129	17.8
	合 计	725	100.0

（3）对春节和"欢乐春节"的认知和态度对比

对节日"春节"的认知和态度与对文化品牌"欢乐春节"的认知和态度密切相关，将两者的数据进行对比，可以更全面地印证受访者对春节的认知和态度。数据对比显示（见图 2 - 11），两组数据基本吻合，对文化品牌"欢乐春节"的知晓度（71.6%）低于对春节的知晓度（88.5%）16.9 个百分点。在态度方面，对"欢乐春节"的喜爱度（包括"很喜欢"和"较喜欢"）（54.4%）远低于春节（70.2%），对"欢乐春节"的不喜爱度（包括"很不喜欢"和"较不喜欢"）（13.1%）高于春节（5.4%）7.7 个百分点。可见"欢乐春节"活动在印度没有产生显著的影响。

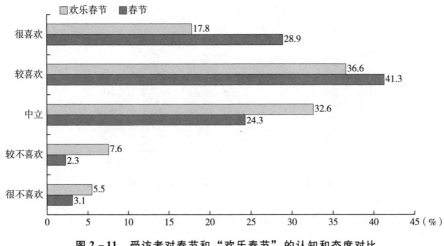

图 2-11 受访者对春节和"欢乐春节"的认知和态度对比

（4）参与春节行为

受访者参加春节活动的比例情况：2012 年为 5.7%、2013 年为 6.8%、2014 年为 10.4%、2015 年为 10.5%、2016 年为 3.9%，66.6% 的人从未参加。2012～2015 年呈现逐年上升趋势，但 2016 年大幅下降。

（5）小结 本章前面曾经对比过 2011 年和 2016 年受访者对春节的喜爱度差异，受访者对春节的喜爱度由 2011 年的 10.9% 提高到 2016 年的 70.2%，提高了 59.3 个百分点，提高幅度名列第一。本部分对春节的进一步调查显示，5 年来印度民众对春节喜爱度的这种增长趋势是可信的。

（四）中餐

1. 问卷内容

对中华烹饪的认知和态度同食用中餐的行为通过问题 V2 和问题 V6 分别调查，问题具体内容如下。

V2-6. 以下都是中国文化符号，您知道吗？若知道，喜欢它们吗？

中国文化符号	0 没听说过	听说过				
		1. 很不喜欢	2. 较不喜欢	3. 中立	4. 较喜欢	5. 很喜欢
6 中国烹饪						

V6. 在过去一年中，您吃过中餐吗？

1. 没有　2. 很少吃　3. 每月都吃　4. 每周都吃　5. 每天都吃

V6 - 1. 你喜欢的中餐类型是什么（可多选）

1. 面条类（各式面条）　2. 米食（盖浇饭、炒饭）　3. 北方面食（饺子、包子、烧饼）　4. 汤类（火锅、煲汤）　5. 中式炒菜（宫保鸡丁、西红柿炒鸡蛋）　6. 以上均无

V6 - 2. 你希望以下哪些快餐出现在超市供你选择购买？

1. 饺子　2. 包子　3. 泡面　4. 云吞　5. 汤圆　6. 葱油饼

7. 香肠　8. 油条　9. 以上均无

2. 数据分析

（1）对中国烹饪的认知和态度

受访者中对中国烹饪是中国文化符号的认知率为 93.5%（见图 2 - 12）。去除不知道者，知道的 947 人中，喜欢者（包括"较喜欢"和"很喜欢"）占 68.5%。众数为较喜欢（35.1%）。将"很不喜欢"赋值 1，"很喜欢"赋值 5，以此类推，计算出好感度的均值为 3.88，为"较喜欢"。

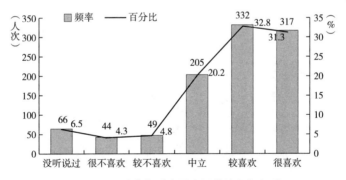

图 2 - 12　受访者对中国烹饪的认知与好感

（2）食用中餐

1013 位受访者中，一年中没有吃过中餐的占 15.2%，吃过的占 84.8%，经常吃的（包括每月、每周、每天）的占整体的 56.5%。每周都吃的占 21.8%。每天都吃的占 1.1%。众数为每月都吃（33.6%）（见图 2 - 13）。

（3）喜欢的中餐种类

在 1013 位受访者中，喜欢面条（各式面条）的占 82.3%，不喜欢面

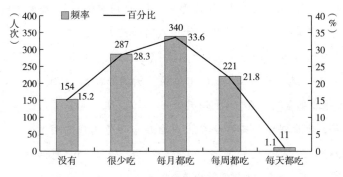

图 2 - 13　受访者食用中餐情况

条的只有 17.7% ；面条可以说是印度民众最能接受的中式餐点。其次是米食（盖浇饭、炒饭）与汤类（火锅、煲汤），喜欢的都占 55.3% ，不喜欢的也有 44.7% ，表现不相上下。接下来是北方面食（饺子、包子、烧饼），喜欢的只有 40.8% ，不喜欢的有 59.2% 。最后是中式炒菜（宫保鸡丁、西红柿炒鸡蛋），喜欢的只有 32.9% ，不喜欢的高达 67.1% 。其他的还有 4.6% （见图 2 - 14）。

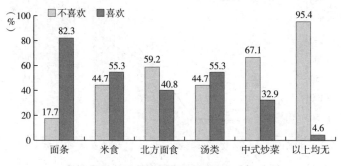

图 2 - 14　受访者喜欢的中餐种类

（4）喜欢的速食中餐

1013 人中喜欢泡面的最多，占 78.7% ，不喜欢的只有 21.3% 。其次是香肠、葱油饼、油条，喜欢的有三成左右，分别为 36.8% 、31.6% 、31% 。再次为饺子、包子，只有两成多喜欢，分别是 27.7% 与 26.6% 。而云吞与汤圆只有一成多受欢迎，占 18.7% 与 11.4% （见图 2 - 15）。

（5）小结

本章前面曾经对比过 2011 年和 2016 年受访者对中国烹饪的喜爱度差

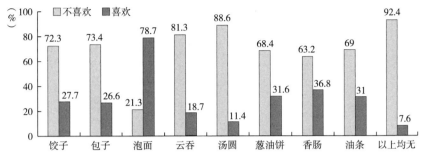

图 2 - 15　受访者喜欢的速食中餐

异，受访者对中国烹饪的喜爱度由 2011 年的 47.4% 提高到 2016 年的 68.5%，提高了 21.1 个百分点。本部分对中国烹调的进一步调查显示，5 年来印度民众对中国烹饪的这种增长趋势是可信的。

（五）中医

1. 问卷内容

中医中药在中国古老的大地上已经有了几千年的历史。然而，面对现代西方医学的挑战，国内外对中医疗效都有争论。本次调查将其作为重点调查符号，在调查受访者对中医药的认知和态度的基础上，进一步调查了受访者对中医药的医疗效果的态度和行为。具体问题如下。

V2 - 7. 以下都是中国文化符号，您知道吗？若知道，喜欢它们吗？

中国文化符号	0 没听说过	听说过				
		1. 很不喜欢	2. 较不喜欢	3. 中立	4. 较喜欢	5. 很喜欢
7 中华医药						

V7. 您认为中医药能治疗疾病吗？【单选】

1. 根本不能　2. 较不能　3. 中立　4. 较能　5. 很能　6. 不知道

V7 - 1. 您看过中医，或用过中药，或扎针灸/拔火罐吗？【单选】

1. 从不　2. 偶尔　3. 经常

2. 数据分析

（1）对中华医药的认知

受访者对中华医药的认知率为 90.9%，没有听说过中华医药是中国文化符号的仅占9.1%（见图2-6）。

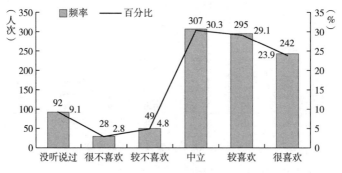

图2-16 受访者对中华医药的认知与好感

（2）对中华医药的态度

去除不知道者，知道的921人中，喜欢（包括"较喜欢"和"很喜欢"）占58.3%，不喜欢的（包括"很不喜欢"和"较不喜欢"）占8.3%。众数为中立（33.3%）。将很不喜欢赋值1，很喜欢赋值5，以此类推，计算出好感度的均值为3.73，介于"中立"和"较喜欢"之间（见表2-8）。

表2-8 受访者对中华医药的态度

单位：人次,%

		频 率	百分比	有效百分比	累积百分比
有 效	很不喜欢	28	3.0	3.0	3.0
	较不喜欢	49	5.3	5.3	8.4
	中 立	307	33.3	33.3	41.7
	较 喜 欢	295	32.0	32.0	73.7
	很 喜 欢	242	26.3	26.3	100.0
	合 计	921	100.0	100.0	

（3）知道中医药可以治病的为主流

1013名受访者中，不知道中医是否能治病的有114人，占11.3%，知道中医能治病的占88.7%（见图2-17）。

去除不知道中医药能治病者，受访者认为中医药不能治病的（包括"根本不能"和"较不能"）占4.5%；中立的占21.2%；能的（包括

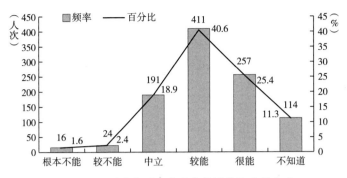

图 2 - 17 受访者对中华医药是否能治病的态度

"较能"和"很能")占 74.3%。众数为"较能"（45.7%）（见表 2 -
9）。将"根本不能"赋值 1，"很能"赋值 5，以此类推，平均值越高，
说明越相信中医能治病。受访者对中医疗效评价的均值为 3.97，在"中
立"和"较能"治病之间，倾向较能治病。

表 2 - 9 受访者对中医药能否治病的态度

单位:%

		频 率	百分比	有效百分比	累积百分比
有 效	根本不能	16	1.8	1.8	1.8
	较 不 能	24	2.7	2.7	4.4
	中 立	191	21.2	21.2	25.7
	较 能	411	45.7	45.7	71.4
	很 能	257	28.6	28.6	100.0
	合 计	899	100.0	100.0	

（4）实践中医药情况

1013 名受访者看过中医或用过中药的情况如下："从不"占 41.7%。
看过中医或用过中药的占 58.3%，其中"偶尔"占 43.4%，"经常"占
14.9%（见图 2 - 18）。把实践中医情况的三种选项看作定序变量，将
"从不"赋值 1，"偶尔"赋值 2，"经常"赋值 3.，受访者实践中医情况
的均值为 1.73，介于"从不"与"偶尔"之间。

（5）小结

本章前面曾经对比过 2011 年和 2016 年受访者对中华医药的喜爱度差

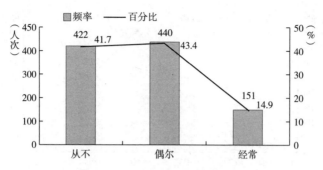

图 2 - 18　受访者看中医的情况

异，受访者对中医药的喜爱度由 2011 年的 18.8% 提高到 2016 年的 58.3%，提高了 39.5 个百分点。本部分对中华医药的进一步调查显示，5 年来印度民众对中华医药喜爱度的这种增长趋势是可信的。

（六）武术

1. 问卷内容

V2 的问题已经调查了印度对"功夫或太极拳"的认知和态度。V8 进一步调查了受访者生活中练习功夫或太极拳的行为。具体问题如下。

V2 - 16. 以下都是中国文化符号，您知道吗？若知道，喜欢它们吗？

中国文化符号	0 没听说过	听说过				
		1. 很不喜欢	2. 较不喜欢	3. 中立	4. 较喜欢	5. 很喜欢
16　功夫或太极拳						

V8. 在过去一年中，您练习过中国功夫或太极拳吗？【单选】

1. 从不　2. 很少　3. 经常　4. 每周都练　5. 每天都练

V8_ 1. 你喜欢中国功夫的原因是什么？

1. 表演优美　2. 激发人体潜力　3. 锻炼身体　4. 修炼可防身

5. 打架利器　6. 其他

2. 数据分析

（1）对功夫或太极拳的认知

受访者对功夫或太极拳是中国文化符号的认知率为 95.4%，不知道的占 4.6%（见图 2 - 19）。

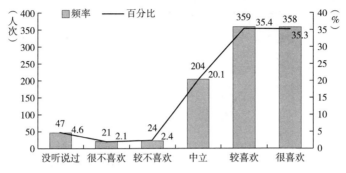

图 2 - 19 受访者对功夫或太极拳的认知与好感

（2）对功夫或太极拳的态度

去除不知道者，知道的 966 人中，喜欢（包括"较喜欢"和"很喜欢"）占 74.3%。众数为较喜欢（37.2%）（见表2 - 10）。将很不喜欢赋值1，很喜欢赋值5，以此类推，计算出好感度的均值4.04。

（3）练习武术情况

1013 位受访者中，一年中没有练习过功夫或太极拳的占 61.3%；练过的占 38.7%，其中经常练的（包括经常、每周、每天）占整个受访者的 16.5%；每周都练的占 5.1%；每天都练的占 1.4%（见图 2 - 20）。把练习功夫或太极拳的 5 个选项作为定序变量，将"从不"赋值1，将"每天都练"赋值5，以此类推。受访者练习的均值为 1.63。

表 2 - 10 受访者对功夫或太极拳的喜好情况

单位：人次,%

		频 率	百分比	有效百分比	累积百分比
有效	很不喜欢	21	2.2	2.2	2.2
	较不喜欢	24	2.5	2.5	4.7
	中 立	204	21.1	21.1	25.8
	较 喜 欢	359	37.2	37.2	62.9
	很 喜 欢	358	37.1	37.1	100.0
	合 计	966	100.0	100.0	

（4）喜欢武术的原因

1013 位受访者中，喜欢武术的原因，修炼可防身占比最多，达到

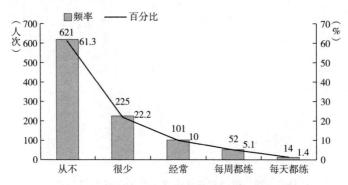

图 2 - 20　过去一年中受访者练习功夫或太极拳情况

64.5%，激发人体潜力其次，但只有 36.7%，锻炼身体第三，占 33.8%，表演优美排第四，占 27.5%，打架利器第五，占 12.3%，其他有 3.9%（见图 2 - 21）。

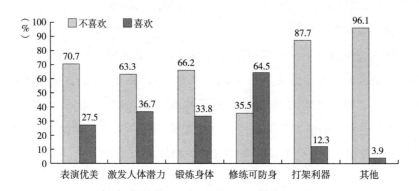

图 2 - 21　受访者喜欢武术的原因

（5）小结

本章前面曾经对比过 2011 年和 2016 年受访者对功夫或太极拳的喜爱度差异，受访者的喜爱度由 2011 年的 52% 提高到 2016 年的 74.3%，提高了 22.3 个百分点。本部分对功夫或太极拳的进一步调查显示，5 年来印度民众对功夫或太极拳喜爱度的这种增长是可信的。

四　调查后的思考

（一）近 5 年受访者对中国文化符号喜爱度大幅攀升的原因

将 2011 年和 2016 年调查中国文化符号的问题进行对比，对中国文符号态度的题干相同，所列选项中有 11 个符号相同（其中 4 个符号名称表述略有不同：2011 年称中国功夫，2016 年改为功夫或太极拳；2011 年称中国绘画，2016 年称中国画；2011 年称中国工艺品，2016 年称瓷器；2011 年称中国建筑与园林，2017 年称中国园林）。对比的结果令人意想不到，印度受访者对 21 个文化符号平均喜爱度由 2011 年的 20.1% 提高到 2016 年的 58.7%，提高了 38.6 个百分点。其中对春节的喜爱度由 2011 年的 10.9% 提高到 2016 年的 70.2%，提高了 59.3 个百分点，提高幅度名列第一。提高幅度最小的是汉语（19.9%）。这与中印近年来交流增加有一定关系。近年来，两国高层互动频繁，两国领导人在双边、多边场合十余次见面（最近一次是 2017 年 9 月在厦门举办的金砖会议），有力推动了双方务实合作，增进了政治互信。2016 年，两国人员往来突破 100 万人次，其中印度来华人数 80 多万人次，比前两年有很大的提高[①]。2017 年中印合拍电影《功夫瑜伽》在两国广受好评，两国的宗教、艺术、舞蹈、音乐、经贸交互传播，中国制造的手机在印度受到广泛欢迎。2018 年中国驻印度大使馆还在推动印度的旅游业者大会到中国召开，其他相关的文化节庆活动、青年互访、瑜伽合作、文学作品互译都在进行中。双方的广泛交流，与印度受访者对中国符号的喜爱度大幅攀升有关（见图 2 - 22）。

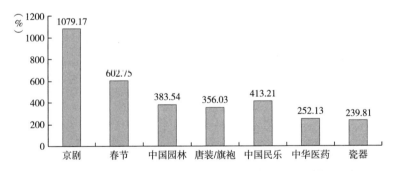

图 2 - 22　2011 年至 2016 年喜爱度提高幅度超过 100% 的文化符号

（二）宜与印度展开大熊猫的科研合作

2011 年没有调查大熊猫在印度的知名度，在 2016 年的调查中，大熊

①　《专访：中印合作潜力巨大》，http://money.163.com/17/0902/10/CTAPHF0O002580S6.html。

猫的知名度与喜爱度两方面都排在了第二：知名度96.3%，喜爱度84.6%。这个调查结果出乎意料。从1957年到1982年，我国共赠送给9个国家23只大熊猫，现在只剩下7只它们的后代了，日本2只、墨西哥3只、德国2只。1982年以后，我国取消了赠与方式，现在只有科技目的的交流合作一种途径。目前全球12个国家的17个动物园与我国有长期合作研究关系，包括英国、法国、比利时、奥地利、西班牙、新加坡、泰国、马来西亚、日本、澳大利亚、加拿大、美国。印度并不在这些国家之列。易言之，印度民众并没有与大熊猫亲身接触的经验，但是仅仅依靠电视、电影等其他渠道，大熊猫就在印度有这么高的知名度，且受到广泛喜爱。如果我国能与印度展开研究合作，送2只大熊猫去印度，大熊猫在印度的知名度会进一步提高，也会大幅提高大熊猫的喜爱度。目前大熊猫的喜爱度只有86.5%，与知名度有较大距离。一般来说，认识大熊猫的人，很少有不喜欢大熊猫的。在印度出现这么大的差异，与民众没有与大熊猫亲身接触的经验有关。因此，建议与印度开展大熊猫的科研合作。印度人口占全世界的1/5左右，超过了13亿，与人口如此众多的国家开展合作，对提高中国的国家形象会有很大的帮助。

（三）企业"走出去"中国美食有很大发展潜力

在2011年的调查中，印度民众对中餐的喜爱度排名第2，仅次于中国功夫，2016年的喜爱度虽然排在第5，但比2011年仍旧提升了36个百分点。这说明在印度民众心中，中国美食相当具有吸引力（见图2-23、图2-24）。中国美食种类繁多，2016年的调查进一步挖掘印度民众喜欢

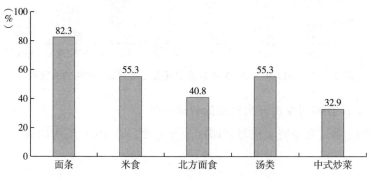

图2-23　印度民众对5种类型食物的喜爱度

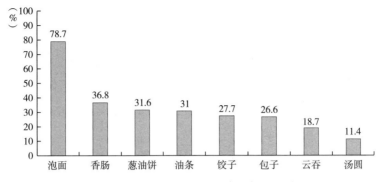

图 2-24 印度民众对各种速食中餐的喜爱度

的内容，调查了面条（各式面点）、米食（盖浇饭、炒饭）、北方面点（饺子、包子、烧饼）、汤类（火锅、煲汤）、中式炒菜（宫保鸡丁、西红柿炒饭）等受欢迎的程度，发现印度民众最喜欢的是面条。印度民众的饮食习惯有其特点，在这几种餐点中，除面条外，大多在印度菜中都能发现相对应的食物。例如，米食与印度米饭相近，北方面点中的烧饼与印度民众常吃的面饼也相似。印度人虽然不煲汤，但他们喜欢把菜做成糊状，与汤类的菜也相近。咖喱鸡与中式炒菜的若干菜色亦有相近之处。在印度传统食物中唯独没有面条的身影，印度民众对面条感兴趣也是可以理解的。在超市能买到的快餐中，某厂牌泡面的比例达到 78.7%，远超过香肠、葱油饼、油条、饺子、包子、云吞、汤圆。这说明泡面在印度具有相当大的市场潜力。近年来，许多企业去印度主推电子产品，如手机等，这的确是不错的途径。但是印度人口超过 13 亿，推广泡面有很大的前景。中国的泡面市场 1 年超过了 400 多亿元，印度人口总数与中国相当，泡面的潜在市场相当大。它或许是"一带一路"倡议中的一个重要增长点。

（四）根据知名度和喜爱度实际情况实施外宣策略

受访者对中国文化符号的知名度平均为 84.39%，喜爱度（"较喜欢"和"很喜欢"比例之和）平均为 58.7%。各种符号与这两个平均数相对照，出现以下两种情况。

1. 知名度好喜爱度也好

一些符号知名度高于 85%，喜爱度高于 60%。例如：长城知名度 98.2%，喜爱度 86.8%；大熊猫知名度 96.3%，喜爱度 84.6%；中国烹

饪知名度 93.5%，喜爱度 68.5%；功夫/太极拳知名度 95.4%，喜爱度
74.3%；茶知名度 90.7%，喜爱度 63.7%；中国园林知名度 87%，喜爱
度 70.5%；瓷器知名度 87.9%，喜爱度 69.3%；中华医药、汉语、丝绸、
春节等的知名度也在 90% 左右。这种情况说明，受访者不仅知道而且喜
欢这类中国文化符号，中国对这些符号传播的策略是成功的。外宣中宜实
施重点扩大文化内涵的策略。

2. 知名度差喜爱度也差

一些符号知名度低于 85%，喜爱度低于 60%。例如：清华大学知名
度 72.5%，喜爱度 50.6%；红河哈尼梯田知名度 68.4%，喜爱度
52.6%；围棋知名度 70.4%，喜爱度 44.3%；京剧知名度 78.1%，喜爱
度 48.3%；北京大学知名度 77.5%，喜爱度 51.5%；另外，还有唐诗宋
词、道教、太极阴阳图、兵马俑、中国民乐、书法、中国画等。这种情况
说明，多数受访者虽然知道但是不喜欢这类中国文化符号，中国对这些符
号传播的策略有待检讨。

第三章　中华文化产品在印度的影响力

一　问卷设计

随着经济全球化和文化产业的发展，文化产品不仅是文化的一种物化形式，也是影响国外民众的重要媒介。尽管可以通过文化产品进出口贸易额评估中华文化产品在海外的影响力，但贸易额只能反映文化影响力的一个方面。海外民众对中华文化产品的认知和态度需要通过问卷的方法深入调查。为此，课题组从文化产品消费者市场调查视角调查了受访者对中华文化产品的认知和态度、购买行为、购买渠道、购买意愿，对中华文化产品品牌的认知和态度。随着形势的发展和研究的深入，在2013年调查问卷的基础上，本次调查对个别选项进行了微调：传统的纸质期刊日益式微，因而被删除；音像制品改为音乐；增添了功夫/太极拳。购买过中华文化产品件数的下拉菜单由原来的0～15件，改为0～100件；购买的渠道由三条增加了选项"托朋友从中国购买"；购买中华文化产品的意愿由11级量表改为5级；对中华文化产品的品牌进行了较大调整，中华文化年/月/日、《少林雄风》和《云南映象》落选；保留了孔子学院、北京同仁堂、北京全聚德烤鸭、北京故宫博物院、欢乐春节；在俄、德、日保留了中华文化中心；在非伊斯兰国家保留了茅台酒；增加了中央电视台、华为手机、景德镇瓷器、博鳌论坛、淘宝等新品牌。为增强受访者对所选品牌的直观识别感受，在品牌文字旁增添了 logo 图片。对外文化演出、对外展览、大型交流活动的影响力情况，放在后面的文化传播渠道部分。

二　对中华文化产品感兴趣情况

（一）问卷内容

问卷开列了18种中华文化产品和服务的名单，调查受访者对这些文化产品和服务的感兴趣程度。具体内容如下。

V9. 您对以下中华文化产品和服务感兴趣的程度如何？【循环出示，行单选】

	1. 很不感兴趣	2. 较不感兴趣	3. 中立	4. 较感兴趣	5. 很感兴趣
1. 绘画作品					
2. 书法作品					
3. 手工艺品					
4. 文化展览					
5. 文化演出					
6. 图书					
7. 功夫/太极拳					
8. 电视剧					
9. 电影					
10. 动漫					
11. 音乐					
12. 纪录片					
13. 电子游戏					
14. 文化旅游					
15. 中华医药					
16. 中国烹饪					
17. 广告					
18. 时尚设计产品					

（二）数据分析

1. 感兴趣程度

用两种方法计算对中华文化产品和服务感兴趣的程度。一是计算比例，将回答"较感兴趣"和"很感兴趣"的比例相加，得出喜欢的比例，比例更为直观；二是计算均值，将选择"很不感兴趣"赋值 1，"较不感兴趣"赋值 2，"中立"赋值 3，"较感兴趣"赋值 4，"很感兴趣"赋值 5，计算各选项的均值，均值越接近 1 喜爱度越低，均值越接近 5 喜爱度越高，均值对比更准确，众数和标准差分别表示集中趋势和离中趋势（见表 3-1）。

（1）比例对比：中国烹饪、功夫/太极拳、文化旅游、手工艺品、中华医药名列前五

"中国烹饪"喜爱度达 73.2%，名列榜首，第 2～4 名为功夫/太极拳（68.5%）、文化旅游（67.8%）、手工艺品（66.6%）、中华医药（58.9%）。感兴趣度最低的五项是电视剧（40.4%）、图书（41%）、广告（42.4%）、书法作品（45.2%）、纪录片（47.3%），都没有超过 50%，为少数人感兴趣；18 项平均为 54.6%（见图 3－1）。

表 3－1　受访者对中华文化产品和服务兴趣度情况

	很不感兴趣	较不感兴趣	中立	较感兴趣	很感兴趣	喜爱度	均值	标准差
绘画作品	7.1	8.6	29.9	34.2	20.2	54.4	3.52	1.120
书法作品	10.9	11.9	32	29.8	15.4	45.2	3.27	1.182
手工艺品	6.7	6	20.7	42.1	24.5	66.6	3.72	1.103
文化展览	9.1	6.6	26.4	38.8	19.2	58.0	3.52	1.145
文化演出	9.7	7.2	28.8	36.1	18.2	54.3	3.46	1.157
图书	13.3	13.2	32.5	26	15	41.0	3.16	1.225
功夫/太极拳	6.6	5.3	19.5	43.1	25.4	68.5	3.75	1.094
电视剧	13.5	13.9	32.2	26.1	14.3	40.4	3.14	1.223
电影	9.3	8.8	26.4	32.7	22.3	55.0	3.50	1.196
动漫	10.6	8.7	24.9	36	19.8	55.8	3.46	1.206
音乐	10	11.6	29.8	32	16.6	48.6	3.34	1.178
纪录片	12.1	9.6	31	32.3	15	47.3	3.28	1.194
电子游戏	12.6	10.5	25.5	33.4	18.1	51.5	3.34	1.247
文化旅游	6.3	4.7	21.2	41.2	26.6	67.8	3.77	1.088
中华医药	7.8	6.6	26.7	38.4	20.5	58.9	3.57	1.121
中国烹饪	5.6	4.2	16.9	38.1	35.1	73.2	3.93	1.092
广告	13.3	11.9	32.3	27.4	15	42.4	3.19	1.222
时尚设计产品	10.7	8.1	27.9	34.4	19	53.4	3.43	1.195
18 项平均	9.8	8.7	27.0	34.6	20.0	54.6	3.46	1.166

（2）均值对比：中国烹饪、文化旅游、功夫/太极拳、手工艺品、中华医药名列前五

18 项中居前 5 名的为：中国烹饪（3.93）、文化旅游（3.77）、功

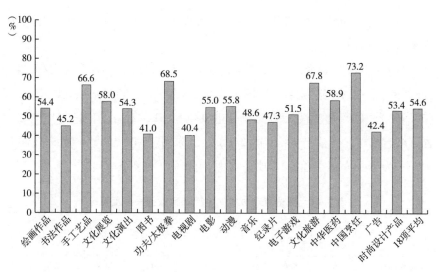

图 3 - 1   受访者对中华文化产品和服务感兴趣的比例

夫/太极拳（3.75）、手工艺品（3.72）、中华医药（3.57），基本处于"中立"，其中"中国烹饪"倾向于较感兴趣。喜爱度最低的五项是电视剧（3.14）、图书（3.16）、广告（3.19）、书法作品（3.27）、纪录片（3.28），这五项基本为"较不感兴趣"。18 项平均为 3.46，偏中立（见图 3 - 2）。

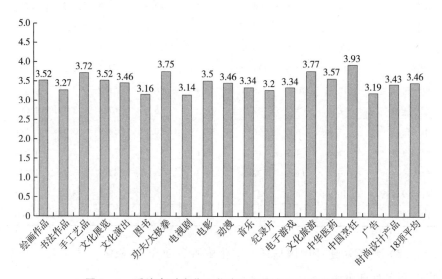

图 3 - 2   受访者对中华文化产品和服务感兴趣的均值

2. 与 2011 年数据对比

2011 年底课题组曾经就受访者"对哪些中华文化产品感兴趣"在印度做过调查。对两次调查中相同问题的调查结果进行历时性对比，可以看出印度民众对中华文化产品兴趣的变化。

2011 年关于印度受访者对中华文化产品感兴趣的问题如下。

V19. 您对哪些中华文化产品感兴趣？（可多选）

1. 艺术品	2. 书法	3. 手工艺品	4. 美工设计
5. 绘画	6. 雕塑	7. 表演艺术	8. 图书
9. 期刊	10. 电视片	11. 电子音像	12. 纪录片
13. 电影片	14. 动画片	15. 网络游戏	16. 文化培训
17. 文化旅游	18. 其他		

2016 年关于印度受访者对中华文化符号态度的问题如下。

V9. 您对以下中华文化产品和服务感兴趣的程度如何？【循环出示，行单选】

	1. 很不感兴趣	2. 较不感兴趣	3. 中立	4. 较感兴趣	5. 很感兴趣
18 项产品略					

对比 2011 年和 2016 年两轮的调查问题，对中华文化产品的题干相同，所列选项中有 4 个符号相同（其中 3 个符号名称表述略有不同）：手工艺品、绘画（绘画作品）、电影片（电影）、动画片（动漫）。不同的是 2011 年用挑选式方法请受访者选出感兴趣的文化产品（可多选），而 2016 年是用 1～5 级量表（很不感兴趣、较不感兴趣、中立、较感兴趣、很感兴趣）方法，对每种文化产品表明态度。尽管方法有所不同，但可以用前者的受访者感兴趣比例和后者的较喜欢比例和很喜欢比例之和进行比较。2011 年与 2016 年关于中华文化符号的态度调查结果基本上具有可比性。由于不是严格意义上的对比，结果仅供参考。两次调查中受访者对中华文化产品的兴趣度对比结果见表 3-2、图 3-3。

受访者对 4 种中华文化产品或服务感兴趣比例均上升，排名分别是：手工艺品、动漫、绘画、电影。

表 3 - 2　2016 年与 2011 年受访者对文化符号的兴趣度对比

	2011 年	2016 年	增长比例	增长率排名
电　　影	24. 5	55	30. 46	4
手工艺品	21. 1	66. 6	45. 5	1
动　　漫	13. 4	55. 8	42. 4	2
绘　　画	13. 6	54. 4	40. 8	3

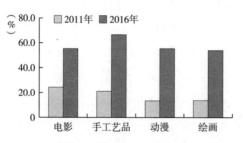

图 3 - 3　2016 年与 2011 年受访者对中华文化产品的兴趣度对比

三　接触中华文化产品状况

(一) 问卷内容

本问题调查了受访者能否接触到上文所列 18 种文化产品的情况。对某一产品感兴趣不一定能够接触到。具体内容如下。

V9. 您在生活中可以接触到以下中华文化产品或服务吗？（可多选）【循环出示，每行单选】

	1. 否	2. 能
1. 绘画作品		
2. 书法作品		
3. 手工艺品		
4. 文化展览		
5. 文化演出		
6. 图书		
7. 功夫/太极拳		
8. 电视剧		
9. 电影		
10. 动漫		

续表

	1. 否	2. 能
11. 音乐		
12. 纪录片		
13. 电子游戏		
14. 文化旅游		
15. 中华医药		
16. 中国烹饪		
17. 广告		
18. 时尚设计产品		

（二）数据分析

1. 接触到中华文化产品和服务情况

受访者回答自己生活中可以接触中华文化产品和服务情况的数据显示：可接触的比例在 26.4% ~ 59.43%，18 种平均接触度为 37%。排名前三的是中国烹饪（59.4%）、动漫（44.3%）和手工艺品（43%）。排名倒数三位是书法作品（29.1%）、广告（28.8%）和电视剧（26.4%）（见图 3 - 4）。

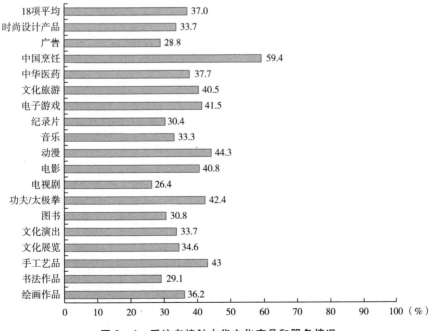

图 3 - 4　受访者接触中华文化产品和服务情况

四　接触度与兴趣度对比

1. 整体的接触度与兴趣度对比

以上调查了受访者对中华文化产品的兴趣度和接触度，受访者是因感兴趣而接触还是因接触而感兴趣呢？兴趣度高而接触度低，是否说明某文化产品的供给低于需求呢？两者对比，有助于我们从供给侧深入思考改进中华文化产品出口的策略。对比情况见表 3 - 3。

对比显示，对文化产品的感兴趣比例与可接触比例之差都比较大，均超过 10 个百分点。其中，"文化旅游"接触度（40.5%）比感兴趣度（67.8%）低 27.3 个百分点，意味着近一半感兴趣的人接触不到"文化旅游"。此外，"手工艺品"、"功夫/太极拳""绘画作品""书法作品""文化展览""文化演出"等也有近一半感兴趣的人接触不到。18 项平均，接触度（37.0%）比兴趣度（54.6%）小 17.6 个百分点。差距排前三名的是文化旅游（27.3 个百分点）、功夫/太极拳（26.1 个百分点）、手工艺品（23.6 个百分点），差距排后三名的是动漫（11.5 个百分点）、图书（10.2 个百分点）、电子游戏（10 个百分点）。民众对一种文化产品的接触度与兴趣度有较大差距，说明受访者对其感兴趣程度较高，但实际较少能接触到。从产品的供给侧思考，这是某种程度上的供需不平衡，需求大于供给。需要加大受访者接触这些文化产品的机会，以满足他们对这些文化产品的需求。具体数据见表 3 - 3、图 3 - 5、图 3 - 6。

表 3 - 3　受访者对中华文化产品的兴趣度与接触度对比

	兴趣度（%）	接触度（%）	兴趣度与接触度之差	排名	兴趣度与接触度之比	排名
文化旅游	67.8	40.5	27.3	1	1.67	2
功夫/太极拳	68.5	42.4	26.1	2	1.62	3
手工艺品	66.6	43.0	23.6	3	1.55	7
文化展览	58.0	34.6	23.4	4	1.68	1
中华医药	58.9	37.7	21.2	5	1.56	6
文化演出	54.3	33.7	20.6	6	1.61	4
时尚设计产品	53.4	33.7	19.7	7	1.58	5

续表

	兴趣度	接触度	兴趣度与接触度之差	排名	兴趣度与接触度之比	排名
绘画作品	54.4	36.3	18.1	8	1.50	9
纪录片	47.3	30.4	16.9	9	1.56	6
书法作品	45.2	29.1	16.1	10	1.55	7
音乐	48.6	33.3	15.3	11	1.46	11
电影	55.0	40.8	14.2	12	1.35	12
电视剧	40.4	26.4	14.0	13	1.53	8
中国烹饪	73.2	59.4	13.8	14	1.23	16
广告	42.4	28.8	13.6	15	1.47	10
动漫	55.8	44.3	11.5	16	1.26	14
图书	41.0	30.8	10.2	17	1.33	13
电子游戏	51.5	41.5	10.0	18	1.24	15
18 项平均	54.6	37.0	17.6	—	1.47	—

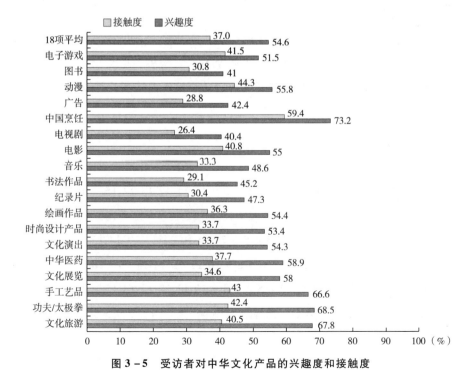

图 3-5　受访者对中华文化产品的兴趣度和接触度

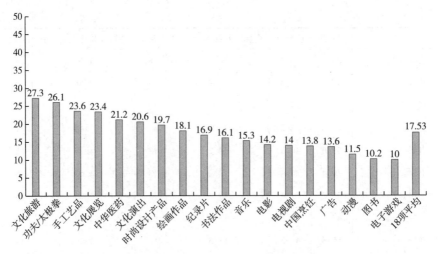

图3－6　受访者对中华文化产品的兴趣度与接触度之差

五　购买中华文化产品情况

（一）问卷内容

能接触到中华文化产品不等于购买中华文化产品，如在超市能接触到中国制造的原创玩具，这与将玩具买回家不同。购买中华文化产品更说明中华文化的吸引力。本问题调查了受访者是否购买过8类中华文化产品。

V10. 您购买过以下中华文化产品吗？若没购买过请填写"0"，若购买过，买过几件？

1. 图书　0 1 2 3 4 5 6 7 8 9 10 11 12 13 14 15…100

2. 电影音像制品　0 1 2 3 4 5 6 7 8 9 10 11 12 13 14 15…100

3. 音乐制品　0 1 2 3 4 5 6 7 8 9 10 11 12 13 14 15…100

4. 电视剧音像制品　0 1 2 3 4 5 6 7 8 9 10 11 12 13 14 15…100

5. 工艺美术品　0 1 2 3 4 5 6 7 8 9 10 11 12 13 14 15…100

6. 动漫游戏产品　0 1 2 3 4 5 6 7 8 9 10 11 12 13 14 15…100

7. 中国原创玩具（例如，风筝、空竹等）　0 1 2 3 4 5 6 7 8 9 10 11 12…100

8. 中国字画　0 1 2 3 4 5 6 7 8 9 10 11 12 13 14 15…100

（二）数据分析

从受访者整体平均购买量看，8类产品中人均购买量最高的前三类产品是中国原创玩具（6.65件）、中国字画（4.93件）、工艺美术品（4.55件）。倒数第一是图书（3.17件）。8类平均为4.37件。

从购买者占总体受访者比例看，排名前三类产品是中国原创玩具（55.8%）、工艺美术品（54.9%）、中国字画（46.2%）。倒数第一的是电视剧音像制品（10.5%）。8类平均为41.96%（见图3-7）。

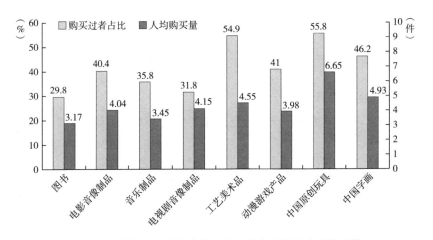

图3-7　受访者中购买中华文化产品者占比和人均购买量

受访者对问卷所列8类文化产品消费状况调查，结合前文的接触度与兴趣度，每种文化产品都有一定的消费人群，目前"工艺美术品"和"中国玩具产品"等在印度仍有一定潜力。

六　购买渠道

（一）问卷内容

受访者是通过什么渠道购买中华文化产品呢？对此本课题进行了调查。

V10-1. 若购买过，您通过哪种渠道？【多选】

1. 在本国　2. 到中国旅游或旅行　3. 网上购买

4. 托朋友从中国购买

（二）数据分析

买过中华文化产品的受访者中，在本国商场购买是首选渠道，84.1%的受访者选择这种方式；其后是到中国旅游或旅行时购买（17.5%）、托朋友从中国购买（12.6%）、网上购买（26%）（见表 3－4）。

表 3－4　受访者购买中华文化产品的渠道

单位:%

在本国	到中国旅游或旅行	网上购买	托朋友从中国购买
84.1	17.5	26.0	12.6

七　购买意愿

（一）问卷内容

受访者购买中华文化产品的意愿是否强烈？对此本课题用 5 级量表进行了调查。

V10－2. 您将来有购买中华文化产品的意愿吗？【单选】

没有　1　2　3　4　5　非常强烈

（二）数据分析

1013 位受访者中有购买意愿的（包括"较强烈"和"非常强烈"）占 48.1%（见表 3－10）。将购买中华文化产品的意愿量化为从 1 到 5 的量表，从而得出受访者购买中华文化产品意愿的均值，得分越高表示购买的意愿越强烈。数据显示：购买的意愿为 6.67，属于"强烈"。

表 3－5　受访者购买中华文化产品的意愿

	没有 1	2	3	4	非常强烈 5
频率（人次）	119	86	321	308	179
百分比（%）	11.7	8.5	31.7	30.4	17.7

八　对中华文化产品品牌的认知和态度

（一）问卷内容

众多中华文化产品和服务形成了中华文化产品品牌，它们在对外文化传播中发挥着重要作用。品牌植根于消费者心中，本次研究试探性调查了中华文化产品的品牌在受访者中的认知和态度。问卷选取了综合文化交流项目品牌"欢乐春节"、博物馆品牌"北京故宫博物院"、中医文化品牌"北京同仁堂"、中国对外媒体"中央电视台"、对外汉语教育品牌"孔子学院"、烹饪文化品牌"北京全聚德烤鸭"、瓷器文化"景德镇瓷器"、新媒体文化"华为手机"、论坛中的"博鳌论坛"、电商文化中的"淘宝"、饮品中的"茅台酒"等 11 个品牌作为调查内容。具体内容如下。

V11. 您知道以下中华文化产品或服务的品牌吗？若知道，喜欢吗？【循环出示，行单选】

中华文化产品或服务品牌		0 不知道	知道				
			1 很不喜欢	2 较不喜欢	3 中立	4 较喜欢	5 很喜欢
1. 孔子学院							
2. 北京同仁堂							
3. 中央电视台							
4. 茅台酒							
5. 北京全聚德烤鸭							
6. 华为手机							
7. 北京故宫博物院							

续表

中华文化产品或服务品牌		0 不知道	知　　道				
			1 很不喜欢	2 较不喜欢	3 中立	4 较喜欢	5 很喜欢
8. 景德镇瓷器	CHINA 景德						
9. 博鳌论坛	ASIA 博鳌亚洲论坛						
10. 欢乐春节	HAPPY CHINESE NEW YEAR 欢乐春节						
11. 淘宝	淘宝网 Taobao.com						

（二）认知度分析

受访者对中华文化产品品牌的认知度，11 个品牌中，对"华为手机"的认知度（89.6%）位列第一，其他品牌的认知度都在 55%~75%。排名第二和第三的是中央电视台（75.1%）和北京故宫博物院（73.1%）。排名后三位的是茅台酒（55%）、北京同仁堂（56.5%）和北京全聚德烤鸭（56.5%）。11 项的知名度平均值为 65.4%（见图 3-8）。

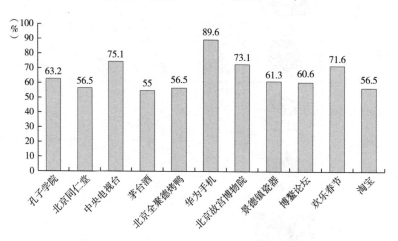

图 3-8　受访者对中华文化产品品牌的认知度

（三）喜爱度分析

对 11 种中华文化品牌的态度用两种方法计算。一是计算比例，将回答"较喜欢"和"很喜欢"的比例相加，得出喜欢的比例，比例比较更加直观；二是计算均值，去除回答"不知道"的受访者，将选择"很不喜欢"赋值 1，"较不喜欢"赋值 2，"中立"赋值 3，"较喜欢"赋值 4，"很喜欢"赋值 5，计算各选项的均值，均值越接近 1 喜爱度越低，均值越接近 5 喜爱度越高，均值比较更准确，众数和标准差分别表示集中趋势和离中趋势（见表 3－6）。

1. 喜爱度的比例

对华为手机的喜好度达 64%，名列榜首。排名第二和第三的为北京故宫博物院（62.5%）和"欢乐春节"（54.4%）。喜爱度最低的 3 项是淘宝（38.6%）、茅台酒（39.3%）和北京同仁堂（42.3%），低于平均值；11 项平均值为 49.7%（见图 3－9）。

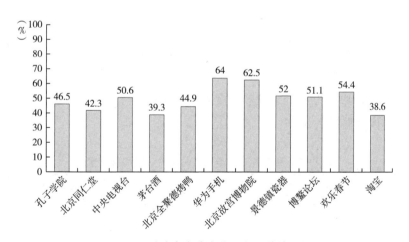

图 3－9　受访者喜欢中华文化品牌的比例

2. 喜好的均值

11 项中居前 3 名的为：华为手机（3.78）、北京故宫博物院（3.74），中央电视台和景德镇瓷器并列第三（3.59）。喜爱度最低的 3 项分别是茅台酒（3.23）、淘宝（3.27）、北京同仁堂（3.38），均处于"中立"和"较喜欢"之间，倾向于"中立"。11 项平均值为 3.50，介于"中立"和"较喜欢"之间（见图 3－10）。

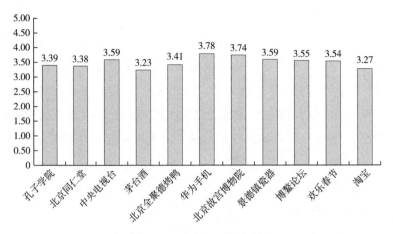

图3-10   受访者喜欢中华文化品牌的均值（5级量表）

3. 中华文化品牌知名度和喜爱度的特点

在11种中华文化品牌中，华为手机不论是认知度（89.6%）、喜爱度（64%）还是喜爱的均值（3.78），都位列第一。

中央电视台和北京故宫博物院认知度也很高，分别为75.1%和73.1%，喜爱度也很高，分别为50.6%和62.5%。

而茅台酒不论是知名度还是喜爱度均排名靠后，喜爱度排名倒数第一（39.3%），均值为3.23。这和印度人的饮食习惯有关。

具体数据见表3-6。

表3-6   受访者对中华文化品牌的认知和喜爱情况

品牌名称	样本量（份）	知名度（%）	态度比例（%）					喜爱度	均值（5级）	标准差
			很不喜欢	较不喜欢	中立	较喜欢	很喜欢			
孔子学院	1013	63.2	6.3	7.3	40	33.8	12.7	46.5	3.39	1.007
北京同仁堂	1013	56.5	5.9	7.5	44.2	26.7	15.6	42.3	3.38	1.028
中央电视台	1013	75.1	3.2	4.9	41.4	31.4	19.2	50.6	3.59	0.956
茅台酒	1013	55.0	9	11.7	40	25.7	13.6	39.3	3.23	1.107
北京全聚德烤鸭	1013	56.5	6.3	10.1	38.6	26.2	18.7	44.9	3.41	1.095
华为手机	1013	89.6	3.6	5.4	27	37.2	26.8	64.0	3.78	1.017
北京故宫博物院	1013	73.1	3.5	4.3	29.7	39.3	23.2	62.5	3.74	0.976
景德镇瓷器	1013	61.3	3.7	4.7	39.6	32.7	19.3	52.0	3.59	0.972

续表

品牌名称	样本量（份）	知名度（%）	态度比例（%）					喜爱度	均值（5级）	标准差
			很不喜欢	较不喜欢	中立	较喜欢	很喜欢			
博鳌论坛	1013	60.6	4.2	4.7	39.9	34	17.1	51.1	3.55	0.969
欢乐春节	1013	71.6	5.5	7.6	32.6	36.6	17.8	54.4	3.54	1.043
淘宝	1013	56.6	8.4	9.9	43.1	23.2	15.4	38.6	3.27	1.1
平　均	1013	65.4	5.4	7.1	37.8	31.5	18.1	49.7	3.50	1.02

4. 知名度不等同于喜爱度

知名度与喜爱度可以从两个方面对比。

（1）两者的排名对比

存在三种情况，第一种是两者排名相同。例如，华为手机知名度排名第1，喜爱度排名也第1（均值排名也第1）。第二种为知名度排名在喜爱度之前。例如，中央电视台知名度排名第2，喜爱度排名第6，孔子学院知名度排名第5，喜爱度排名第7。这说明受访者虽然知道一些中华文化符号，但是要让他们从心里更喜欢还要做更多的工作。第三种为知名度排名在喜爱度之后。例如，北京故宫博物院知名度排名第3，喜爱度排名为第2，博鳌论坛知名度排名第7，喜爱度排名第5，说明这类品牌还有进一步扩大知名度空间（见表3-7）。

表3-7　受访者对中华文化品牌的知名度与喜爱度对比排名

品　牌	知名度	排　名	喜爱度	排　名	比例之差	比例之比
华为手机	89.6	1	64.0	1	0	1.4
中央电视台	75.1	2	50.6	6	4	1.5
北京故宫博物院	73.1	3	62.5	2	-1	1.2
欢乐春节	71.6	4	54.4	3	-1	1.3
孔子学院	63.2	5	46.5	7	2	1.4
景德镇瓷器	61.3	6	52.0	4	-2	1.2
博鳌论坛	60.6	7	51.1	5	-2	1.2
淘宝	56.6	8	38.6	11	3	1.5
北京全聚德烤鸭	56.5	9	44.9	8	-1	1.3
北京同仁堂	56.5	10	42.3	9	-1	1.3
茅台酒	55.0	11	39.3	10	-1	1.4
11项平均值	65.4	—	49.7	—	—	1.3

（2）知名度与喜爱度的比例对比

知名度与喜爱度排名之差绝对值几乎都在 3 以内。其中华为手机知名度和喜爱度位列榜首。比例之差最大的 2 项是中央电视台（4）、淘宝（3），这两者都是知名度较高，但是喜爱度较低（见图 3－11）。

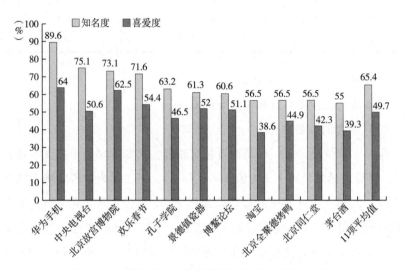

图 3－11　受访者对文化品牌的知名度与喜爱度对比

九　调查后的思考

（一）对中华文化产品的兴趣度、接触度、购买渠道、购买量、购买意愿解读

调查数据显示，对中国 18 类文化产品的兴趣度都大于接触度，平均兴趣度（54.6%）比接触度（37.0%）高 17.6 个百分点，没有兴趣度与接触度之比大于 2 的产品。与兴趣度和接触度之比最低的中国烹饪（1.23∶1）相对照，接触度有一些扩展空间。受访者有购买中华文化产品意愿的占 48.1%。8 类产品中人均购买量为 4.37 件。购买渠道调查显示，84.1% 的受访者是通过国内购买，网上购买为 2.6%，到中国购买为17.5%，托朋友从中国购买为 12.6%。这些数据说明，在印度市场，中国的文化产品仍有发展空间。

（二）华为手机品牌知名度和美誉度跃居新老品牌之首，但在智能手机领域表现不佳

调查显示，华为手机的知名度（89.6%）比第二名"中央电视台"的知名度（75.1%）高出 14.5 个百分点，喜爱度（64.0%）比第二名北京故宫博物院（62.5%）高出 1.5 个百分点。

列举的 11 个文化品牌中既有老牌的北京同仁堂、贵州茅台酒、北京全聚德烤鸭、景德镇瓷器、北京故宫博物院，也有新的文化品牌如孔子学院、中央电视台、博鳌论坛、淘宝。华为手机在 11 个品牌中脱颖而出，双双夺冠。但是在智能手机领域，华为手机的表现远不如其他国产手机品牌。根据 2017 年第 3 季度公布的数据，印度手机市场份额排名分别是三星、小米、VIVO、OPPO、联想，在中国市场排名第一的华为手机，却在印度市场连前五名都没有进入[①]。因此，作为一个消费性电子用品，我们不能过高估计其影响力。知名度高、喜爱度高，可能与大规模的市场广告投放有关，而像北京故宫博物院、景德镇瓷器等传统品牌是不会去打广告的。

（三）绝大部分中华文化品牌需要加大传播力度

增加中华文化产品的影响力，一方面要提高其知名度，另一方面要提高其喜爱度。目前调查的数据显示，对比受访者对 11 种中华文化产品和服务品牌的认知度与喜爱度发现：所有的产品都是知名度高于喜爱度。受访者对 11 项的平均喜爱度为 49.7%，平均知名度为 65.4%（见表 3 - 8）。但由于国情不同，有的品牌提高知名度难度较大，如知名度排名倒数第一的茅台酒，对于信仰宗教的印度人来说，并不太具有吸引力，即便做再多的广告，也不会有太多人喜欢喝。对于爱吃素的印度人而言，北京全聚德烤鸭也很难让印度人爱上。

---

① 《在印度市场掉队，华为还能打翻身仗吗?》，http://news.163.com/17/1103/10/D2AET4NM000197V8.html。

表 3-8　受访者对文化品牌的知名度与喜爱度对比

品　牌	知名度	排　名	喜爱度	排　名	比例之差	比例之比
华为手机	89.6	1	64.0	1	0	1.4
中央电视台	75.1	2	50.6	6	4	1.5
北京故宫博物院	73.1	3	62.5	2	-1	1.2
欢乐春节	71.6	4	54.4	3	-1	1.3
孔子学院	63.2	5	46.5	7	2	1.4
景德镇瓷器	61.3	6	52.0	4	-2	1.2
博鳌论坛	60.6	7	51.1	5	-2	1.2
淘宝	56.6	8	38.6	11	3	1.5
北京全聚德烤鸭	56.5	9	44.9	8	-1	1.3
北京同仁堂	56.5	10	42.3	9	-1	1.3
茅台酒	55.0	11	39.3	10	-1	1.4
11 项平均值	65.4	—	49.7	—	—	1.3

第四章　对中华价值观的态度

一　问卷设计

价值观是文化中最核心的要素之一，是决定人的行为的心理基础。调查这类数据非常重要，因为当一国文化具有特色的核心价值观被他国民众欣然赞同时，该文化就获得了深刻影响他国文化和社会的关键力量。

本次调查问卷中关于价值观的问题基于 2011 年问卷，与 2013 年问卷基本相同，调查了中华核心价值观、社会主义核心价值观和中国梦在印度的共享性情况。

1. 中华核心价值观

本次调查对中华核心价值观[①]进行了微调，删除了"社会责任"，保留了原来的 11 项价值观：仁、恕、孝、礼、义、和而不同、天人合一、共同富裕、和谐世界、以民为本、集体主义，以便与以前调查的美国、德国、俄罗斯、印度、日本、韩国、越南、印度尼西亚所获得的数据进行横向和纵向比较。对"孝"和"礼"的解释进一步突出中国特色：对孝的界定由"尊敬和善待父母"扩增为"尊敬和善待父母，奉养老人"；对礼的界定由"有礼貌、尊敬他人"改为"尊敬他人、礼貌，遵守社会生活中的风俗和社会仪式"。

2. 社会主义核心价值观

2012 年 11 月中共十八大以来，国家高度重视培育和践行社会主义核心价值观。富强、民主、文明、和谐是国家层面的价值目标，自由、平

[①] 关于中华核心价值观的遴选、阐释和英译，见关世杰著《中华文化国际影响力调查研究》，北京大学出版社，2016，第 277~295 页。

等、公正、法治是社会层面的价值取向，爱国、敬业、诚信、友善是公民个人层面的价值准则，问卷测试了受访者对社会主义核心价值观的赞同情况。

3. 中国梦

2012 年 11 月 29 日习近平总书记提出了中国梦，中国梦成为中国政府的重要执政理念。问卷调查了受访者对中国梦的基本内涵（国家富强、民族振兴、人民幸福）的赞同情况。

由于价值观是文化的核心，在数据分析时，除了对受访者整体进行了频率和均值分析外，还针对印度的国情，具体分析了不同年龄段、性别、家庭收入、种族/民族、受教育程度、居住地区、不同职业对各价值观的赞同情况。

二　中华核心价值观的共享性

（一）问卷内容

调查印度受访者对 11 项中华核心价值观的赞同情况，具体内容如下。

V12. 您是否赞同下列价值观？【行单选】①

价值观	非常不赞同　　　　　　　　　　　　　　非常赞同
1. 仁：人与人之间相互友爱、同情、互助	0 - 1 - 2 - 3 - 4 - 5 - 6 - 7 - 8 - 9 - 10

---

① 英文译文：

1. Ren：benevolence（love，sympathy and helping each others）.

2. Shu：reciprocity（Do not do to others what you don't want to be done to you. Consideration for others，forgiveness）.

3. Xiao：filial piety（respecting and being kind towards one's parents，and taking care of the old）.

4. Li：civility（respect for each other；observance of rituals，rites and proprieties）.

5. Yi：justice（be fair and morally right when treating people）.

6. Heerbutong：harmony without uniformity（striving for harmony while preserving diversity）.

7. Tianrenheyi：harmony between nature and human.

8. Common Prosperity（limitation of economic polarization，and the ultimate achievement of prosperity for all）.

9. Harmonious World（achieving peace，respect and development for all countries）.

10. People - oriented（always putting the interests of the vast majority of people in the first place）.

11. Communitarianism（emphasizing the responsibility of the individual to the community. When conflict arises within a community，the interests of an individual should be secondary to that of the whole）.

价值观	非常不赞同　　　　　　　　　　　　　　　非常赞同
2. 恕：己所不欲，勿施于人	0 – 1 – 2 – 3 – 4 – 5 – 6 – 7 – 8 – 9 – 10
3. 孝：尊敬和善待父母，奉养老人	0 – 1 – 2 – 3 – 4 – 5 – 6 – 7 – 8 – 9 – 10
4. 礼：尊重他人、礼貌，遵守社会生活中的风俗和社会仪式	0 – 1 – 2 – 3 – 4 – 5 – 6 – 7 – 8 – 9 – 10
5. 义：公正、合乎公益	0 – 1 – 2 – 3 – 4 – 5 – 6 – 7 – 8 – 9 – 10
6. 和而不同：尊重彼此的差异，和睦相处	0 – 1 – 2 – 3 – 4 – 5 – 6 – 7 – 8 – 9 – 10
7. 天人合一：尊崇自然，人与自然和谐	0 – 1 – 2 – 3 – 4 – 5 – 6 – 7 – 8 – 9 – 10
8. 共同富裕：消除经济上的两极分化，走向共同富裕	0 – 1 – 2 – 3 – 4 – 5 – 6 – 7 – 8 – 9 – 10
9. 和谐世界：国与国之间和平共处、彼此尊重、共同发展	0 – 1 – 2 – 3 – 4 – 5 – 6 – 7 – 8 – 9 – 10
10. 以民为本：尊重人民、依靠人民、为了人民	0 – 1 – 2 – 3 – 4 – 5 – 6 – 7 – 8 – 9 – 10
11. 集体主义：在集体和个人关系中，当个人利益与集体利益发生冲突时，在兼顾二者的同时，个人应服从集体	0 – 1 – 2 – 3 – 4 – 5 – 6 – 7 – 8 – 9 – 10

（二）受访者整体数据分析

问卷用 0 ~ 10 级量表调查受访者对 11 项价值观（未告知这些是中华核心价值观）的赞成程度，0 是一个极端，代表根本不赞同，10 是另一个极端，代表非常赞同，5 为中立，请受访者从 0 ~ 10 中单选一个数字。用两种方法计算受访者对中华核心价值观的赞同情况，首先展示受访者选择赞同的比例。第二种方法是测算均值，均值越接近 10，说明受访者对该价值观越赞同，也说明该价值观在中国与印度具有更强的共享性。

1. 赞同的比例

1013 名受访者对 11 项价值观的态度用 0 ~ 10 级评价的比例见表 4 – 1。以 5 为中立值，以选择 6 ~ 10 为赞同，以 6 ~ 10 的比例之和为赞同比例，11 项的赞同比例见图 4 – 1。11 项的赞同比例全部都超过 70%；众数都为 10（非常赞成）。赞同比例排名前三的是"义"（84.3%）、"和谐世界"（81.6%）、"以民为本"（79.5%）。赞同度最高的"义"与最低的"集体主义"极差为 8.2 个百分点。11 项赞同比例平均为 78.7%。11 项中受访者选择第 10 选项（非常赞同）的平均为 25.6%，是 11 项价值观选项平均数中的众数。这些数据显示，11 项中华核心价值观在印度有广泛的共享性。

表 4-1 受访者赞同中华核心价值观的比例及平均值

单位:%

	0	1	2	3	4	5	6	7	8	9	10	6~10 之和
仁	3.8	1.2	1.0	2.7	2.7	9.7	6.6	10.1	15.2	15.8	31.4	79.1
恕	4.1	1.3	1.1	2.7	3.5	11.2	8.5	10.2	13.8	18.3	25.5	76.3
孝	3.4	1.3	1.2	1.9	3.9	10.0	6.8	9.6	13.1	17.4	31.5	78.4
礼	3.5	1.0	1.1	3.6	2.7	11.2	7.0	10.5	15.7	19.0	25.0	77.2
义	0.9	0.7	0.6	0.6	4.1	8.8	7.4	10.4	13.5	20.7	32.3	84.3
和而不同	4.3	1.8	0.5	1.5	2.9	12.7	8.7	11.6	15.6	17.2	23.2	76.3
天人合一	3.7	1.5	0.8	2.1	2.7	10.2	8.6	10.3	13.6	16.9	29.8	79.2
共同富裕	3.3	1.4	1.0	2.2	3.2	11.3	8.7	13.3	16.0	18.4	21.4	77.8
和谐世界	3.1	1.5	0.7	2.3	2.5	8.5	8.4	10.6	16.9	16.1	29.6	81.6
以民为本	3.2	1.9	1.4	2.8	2.3	9.1	8.3	14.2	17.2	16.7	23.1	79.5
集体主义	3.8	1.8	0.9	2.2	3.8	11.5	9.2	11.1	14.0	17.5	24.3	76.1
11 项平均	3.4	1.4	0.9	2.2	3.1	10.4	8.0	11.1	15.0	17.6	27.0	78.7

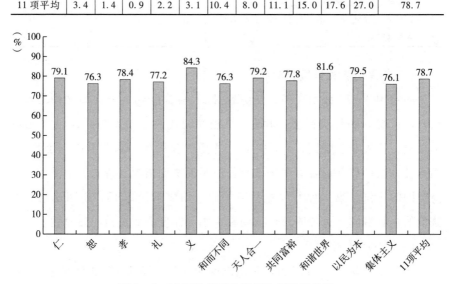

图 4-1 11 项价值观的赞同比例及平均值

2. 赞成的均值

以均值计算,受访者对所列价值观普遍赞同,均在 7 之上。受访者最赞同的为"义"(7.99)、"和谐世界"(7.62)和"孝"(7.59),赞同度最低的是"和而不同"和"集体主义"(7.27)。最高均值和最低均值的差距为 0.72。11 项的均值平均为 7.48(见图 4-2)。

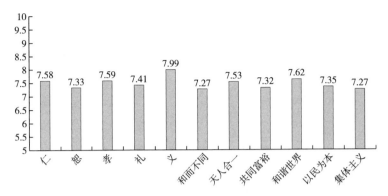

图 4－2　受访者整体对中华核心价值观评价的均值（11 级量表）

（三）与 2011 年数据比较

2011 年底课题组曾经调查了印度受访者对 11 项中华核心价值观的赞同情况。对这两次调查中相同问题的调查结果进行历时性对比，可以看出印度民众对中华核心价值观态度的变化。2011 年关于印度受访者对 11 项中华核心价值观赞同情况的问题如下。

V4. 您是否赞同下列价值观？（可多选，请在所选项目前打√）①

---

① 英文译文：Which of the following values do you believe in? (Make a mark √ on each of those you agree with)

1. Benevolence (It means love, sympathy and helping each others).

2. Reciprocity (Do not do to others what you don't want to be done to you. It also means consideration for others, forgiveness).

3. Filial Piety (It means respecting and being kind towards one's parents).

4. Civility (It means the observance of rituals, rites and proprieties).

5. Justice (It means treating people fairly and morally right).

6. Harmony without Uniformity (It means striving for harmony while preserving diversity). comprehensive, correlated and developing perspective).

7. Harmony between Nature and Human.

8. Common Prosperity (It means elimination of economic polarization and the ultimate achievement of prosperity for all).

9. Harmonious World (It means achieving peace, respect and development for all countries).

10. People-oriented (It means always putting the interests of the vast majority of people in the first place).

11. Communitarianism (It means emphasizing the responsibility of the individual to the community; when conflict arises within a community, the interests of an individual should be secondary to that of the whole).

12. None of the above.

1. 仁：人与人之间相互友爱、同情、互助

2. 恕：己所不欲，勿施于人

3. 孝：尊敬和善待父母

4. 礼：礼貌、尊敬他人

5. 义：公正、合乎公益

6. 和而不同：尊重彼此的差异，和睦相处

7. 天人合一：尊崇自然，人与自然和谐

8. 共同富裕：消除经济上的两极分化，走向共同富裕

9. 和谐世界：国与国之间和平共处、彼此尊重、共同发展

10. 以人为本：尊重人民、依靠人民、为了人民

11. 集体主义①：在集体和个人关系中，当个人利益与集体利益发生冲突时，在兼顾二者的同时，个人应服从集体

12. 以上价值观我都不信仰

　　将 2011 年和 2016 年两轮的调查对比显示，题干均为"您是否赞同下列价值观"，所列的 11 项价值观相同（2016 年问卷中对"孝"和"礼"的界定有修订；2011 年的"以人为本"2016 年改为"以民为本"，在汉语里为避免"以人为本"中的"人"不是个人，而是人民，所以改为"以民为本"，然而"以人为本"和"以民为本"英文译文没有区别，都是"people"）。对比不仅仅是中文的对比，呈现在印度受访者面前的问卷是英文，11 项价值观除了"礼"和"孝"的译文相应增加了修订的内容外，其余 9 项价值观的英文译文没有任何实质改动，只是行文更简洁。例如，"共同富裕"2011 年的英文译文为"Common Prosperity（It means elimination of economic polarization and the ultimate achievement of prosperity for all）"，2016 年的英文译文将"It means"删除，简化为"Common Prosperity（limitation of economic polarization，and the ultimate achievement of

---

①　在将集体主义译为英文时，我们没有依照《汉英词典》（第三版）给出的译文（collectivism；community spirit），也没有参照荷兰学者霍夫斯泰德提出的五个价值观维度之一的 individualism（个人主义）—collectivism（集体主义），因为 collectivism 在英文中，有显著的贬义。课题组经过认真思考，参照〔荷〕特龙彭纳斯《在文化的波涛中冲浪》对价值观的论述，使用 individualism—communitarianism 展示东西方价值观特色的做法，以及〔美〕狄百瑞（William Theodore de Bary）的著作《亚洲价值与人权——儒家社群主义的视角》（Asian Values and Human Rights：A Confucian Communitarianism Perspective）将儒家思想中体现的集体主义翻译成 communitarianism 的做法，我们在问卷中将中华核心价值观中的集体主义翻译成 communitarianism。

prosperity for all)"。两次调查不同的是，2011 年请受访者对赞同的价值观从 11 项中选出（可多选），选项为"赞同"或"不赞同"，属于定类变量。而 2016 年是用 0～10 级量表（0 代表非常不赞同一极，10 代表非常赞同一极）方法，对每项价值观表明态度，是定距变量。尽管方法有所不同，但可以用前者受访者赞同比例和后者选择 6～10 的比例之和进行比较。2011 年与 2016 年关于中华核心价值观的调查结果基本上具有可比性。但由于不是严格意义上的对比，结果仅供参考。两次调查中受访者赞同中华核心价值观的对比结果见表 4－2、图 4－3。

表 4－2　2016 年与 2011 年受访者对中华核心价值观赞同比例对比

	2011 年赞同比例（%）	2016 年赞同比例（%）	2016 年比 2011 年增长的比例（个百分点）	增长率排名
1. 仁	64.9	79.1	14.2	11
2. 恕	39.7	76.3	36.6	8
3. 孝	42.2	78.4	36.2	9
4. 礼	35.9	77.2	41.3	6
5. 义	53.4	84.3	30.9	10
6. 和而不同	24.2	76.3	52.1	4
7. 天人合一	39.7	79.2	39.5	7
8. 共同富裕	25.5	77.8	52.3	3
9. 和谐世界	34.0	81.6	47.6	5
10. 以民为本	21.7	79.5	57.8	1
11. 集体主义	23.1	76.1	53.0	2
11 项平均	36.7	75.5	38.8	—

对比 2016 年数据与 2011 年数据，增长最快的前三名分别是："以民为本"增长 57.8 个百分点，"集体主义"增长 53.0 个百分点，"共同富裕"增长 52.3 个百分点。11 项平均增长 38.8 个百分点。

（四）不同年龄段数据对比

将受访者分成 6 个年龄段：15～24 岁（263 人）、25～34 岁（233 人）、35～44 岁（203 人）、45～54 岁（183 人）、55～64 岁（102 人）、65 岁及以上（29 人）。55～64 岁、65 岁及以上两个年龄段的样本较少，

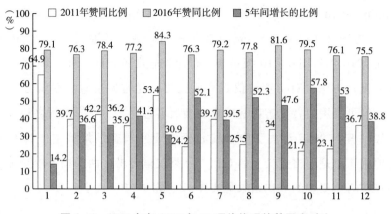

图 4 - 3　2011 年与 2016 年 11 项价值观的赞同度对比

数据仅供参考。从不同年龄段对这 11 项中华核心价值观赞成的数值来看（见表 4 - 3），15 ~ 24 岁（7.41）、25 ~ 34 岁（7.43）、35 ~ 44 岁（7.52）、45 ~ 54 岁（7.52）、55 ~ 64 岁（7.43）、65 岁及以上（8.12）。

从表中可以看出，"65 岁及以上"年龄段比较特殊，全部 11 项赞同度都名列第一。

表 4 - 3　不同年龄段受访者对中华核心价值观的赞同均值（11 级量表）

	仁	恕	孝	礼	义	和而不同	天人合一	共同富裕	和谐世界	以民为本	集体主义	平均
15 ~ 24 岁	7.54	7.22	7.49	7.42	7.96	7.29	7.41	7.19	7.64	7.29	7.11	7.41
25 ~ 34 岁	7.53	7.28	7.55	7.43	7.86	7.21	7.47	7.21	7.43	7.33	7.39	7.43
35 ~ 44 岁	7.66	7.37	7.69	7.42	8.01	7.25	7.34	7.48	7.59	7.43	7.46	7.52
45 ~ 54 岁	7.63	7.38	7.62	7.34	7.93	7.35	7.80	7.30	7.75	7.40	7.21	7.52
55 ~ 64 岁	7.37	7.30	7.47	7.26	8.23	7.22	7.66	7.43	7.63	7.14	7.03	7.43
65 岁及以上	8.28	8.17	8.41	8.14	8.62	7.52	8.31	7.79	8.34	7.93	7.76	8.12
整　　体	7.58	7.33	7.59	7.41	7.99	7.27	7.53	7.32	7.62	7.35	7.27	7.48

进行一元方差分析，11 项中除"集体主义"外，方差齐性检验的 p 值均大于 0.05，继续解释方差分析的结果发现，各项的显著性均大于 0.05，因而接受原假设，即不同年龄段对（某项）核心价值观的赞同均值没有明显差异。

而"集体主义"这一项因为方差齐性检验的 p 值小于 0.05，方差分析的结果没有意义。

三　中国社会主义核心价值观的共享性

（一）问卷内容

社会主义核心价值观和中国梦放在问卷的同一大题调查，为分析方便，下文将社会主义核心价值观问题和中国梦问题拆开表述。相关问题编号和具体内容如下。

V13～V15. 你是否认为在国家、社会和公民三个层次上应当倡导以下价值观？（各价值观外文翻译请用中国官方的译文）【行单选】

		非常不赞成	非常赞成
国　家	V13 - 1. 富强	0 - 1 - 2 - 3 - 4 - 5 - 6 - 7 - 8 - 9 - 10	
	V13 - 2. 民主	0 - 1 - 2 - 3 - 4 - 5 - 6 - 7 - 8 - 9 - 10	
	V13 - 3. 文明	0 - 1 - 2 - 3 - 4 - 5 - 6 - 7 - 8 - 9 - 10	
	V13 - 4. 和谐	0 - 1 - 2 - 3 - 4 - 5 - 6 - 7 - 8 - 9 - 10	
	V13 - 5. 振兴	0 - 1 - 2 - 3 - 4 - 5 - 6 - 7 - 8 - 9 - 10	
社　会	V14 - 1. 自由	0 - 1 - 2 - 3 - 4 - 5 - 6 - 7 - 8 - 9 - 10	
	V14 - 2. 平等	0 - 1 - 2 - 3 - 4 - 5 - 6 - 7 - 8 - 9 - 10	
	V14 - 3. 公正	0 - 1 - 2 - 3 - 4 - 5 - 6 - 7 - 8 - 9 - 10	
	V14 - 4. 法治	0 - 1 - 2 - 3 - 4 - 5 - 6 - 7 - 8 - 9 - 10	
公　民	V15 - 1. 爱国	0 - 1 - 2 - 3 - 4 - 5 - 6 - 7 - 8 - 9 - 10	
	V15 - 2. 敬业	0 - 1 - 2 - 3 - 4 - 5 - 6 - 7 - 8 - 9 - 10	
	V15 - 3. 诚信	0 - 1 - 2 - 3 - 4 - 5 - 6 - 7 - 8 - 9 - 10	
	V15 - 4. 友善	0 - 1 - 2 - 3 - 4 - 5 - 6 - 7 - 8 - 9 - 10	
	V15 - 5. 幸福	0 - 1 - 2 - 3 - 4 - 5 - 6 - 7 - 8 - 9 - 10	

说明：社会主义核心价值观中，在国家层次不包括"振兴"，在公民层次不包括"幸福"。为调查受访者对中国梦核心理念（国家富强、民族振兴、人民幸福）的评价，在设计问卷时，将中国梦的核心理念添加到12项社会主义核心价值观问题中了。下同。

（二）受访者整体数据分析

1. 赞同的比例

1013名受访者对14项中国社会主义核心价值观用0～10级量表评价的比例见表4-4。以5为中立值，将6～10所占比例之和定为赞同，14项的赞同均值见图4-4。14项赞同的比例都超过80%，众数都为10（非常赞成）。其中受访者赞同"幸福"的为92%，列第一，第二到第三分别为"友善"（91.4%）、"公正"（91.1%）。倒数第一至第三为"振兴"（84.9%）、"富强"（85.3%）、"民主"（86%）。14 项价值观赞同的比例平均为88.5%。14 项价值观中受访者选择第 10 选项（非常赞同）的平均为 40.5%。14 项价值观的赞同度差异不太大，赞同比例最高的"幸福"与最低的"振兴"相差 7.1 个百分点。数据显示，14 项价值观在受访者中有广泛的共享性。

表 4 -4　受访者整体对社会主义核心价值观等赞同的比例

单位:%

		0(非常不赞成)	1	2	3	4	5	6	7	8	9	10(非常赞成)	6～10之和
国家	富强	2.1	0.9	0.5	1.3	2.6	7.4	6.7	10.8	13.5	17.5	36.8	85.3
	民主	1.5	1.0	0.9	1.2	2.3	7.1	7.4	9.8	12.9	20.5	35.4	86.0
	文明	1.1	0.8	1.1	1.0	2.4	6.8	5.6	10.0	17.3	19.7	34.3	86.9
	和谐	1.2	0.9	0.6	0.7	3.2	5.7	5.3	9.8	14.3	19.8	38.5	87.7
	振兴	1.8	1.3	0.3	1.3	2.9	7.6	8.5	8.8	16.1	20.9	30.3	84.9
社会	自由	1.1	0.3	0.8	1.4	1.8	5.3	5.7	9.0	11.8	16.2	46.6	89.3
	平等	0.5	0.7	0.8	1.0	1.9	6.3	4.5	7.9	12.9	18.1	45.4	88.8
	公正	0.6	0.4	0.6	0.6	2.0	5.1	5.3	7.8	13.1	18.5	46.4	91.1
	法治	0.8	0.5	0.6	1.2	1.9	5.8	5.2	10.2	12.4	19.9	41.5	89.2
公民	爱国	1.5	0.8	0.6	1.3	2.2	5.7	6.5	11.1	12.6	17.8	39.8	87.8
	敬业	0.7	1.1	0.8	1.7	1.3	5.9	5.5	9.6	12.8	21.3	39.3	88.5
	诚信	0.7	0.6	0.6	0.6	2.7	5.1	6.2	7.6	13.8	19.9	41.9	89.4
	友善	0.5	0.8	0.3	0.7	1.4	4.8	5.4	6.9	14.8	22.2	41.7	91.4
	幸福	0.7	0.7	0.2	0.4	1.8	4.1	6.2	6.5	12.2	18.5	48.6	92.0
14 项平均值		1.1	0.8	0.6	1.0	2.2	5.9	6.1	9.0	13.6	19.3	40.5	88.5

2. 赞成的均值

以均值计算，除了振兴（7.90），其他 13 项的均值均在 8.0 以上，14 项价值观均在 7.2 之上，获得受访者普遍赞同（见表 4 -5）。受访者最赞同"幸福"（8.63）和"公正"（8.58），其后为"友善"（8.52），赞同度最低的是"振兴"（7.90）。最高和最低均值的差距为 0.73。14 项的均值平均为 8.3（见图 4 - 4）。

表 4 - 5　受访者整体对社会主义核心价值观等评价的均值情况（11 级量表）

		均　值	众　数	标准差
国　家	富　强	8.02	10	2.316
	民　主	8.06	10	2.251
	文　明	8.11	10	2.144
	和　谐	8.24	10	2.144
	振　兴	7.90	10	2.278
社　会	自　由	8.43	10	2.096
	平　等	8.47	10	2.024
	公　正	8.58	10	1.889
	法　治	8.38	10	2.027
公　民	爱　国	8.19	10	2.216
	敬　业	8.30	10	2.105
	诚　信	8.40	10	2.033
	友　善	8.52	10	1.887
	幸　福	8.63	10	1.921
	14 项平均值	8.30	—	2.095

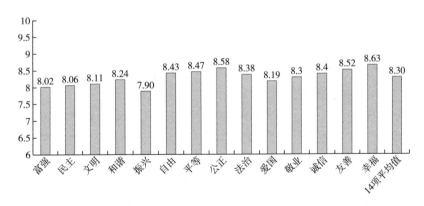

图 4 - 4　受访者整体对社会主义核心价值观等的赞同均值（11 级量表）

（三）不同人群数据分析

不同年龄段、性别、家庭收入、民族、受教育程度、居住地区、职业
对各价值观的赞同情况分析如下。

1. 年龄

对 6 个年龄段进行一元方差分析，结果显示，"诚信"和"平等"2 项的方差齐性检验 p 值分别为 0.005 和 0.042，均小于 0.05，故选择 Welch 程序重新分析。发现"平等"和"诚信"项的显著性分别为 0.016 和 0.001，均小于 0.05，说明不同年龄段对"平等"和"诚信"的赞同均值存在差异。

其余 12 项的方差齐性检验 p 值都大于 0.05，因而继续解释方差分析的结果。其中有 3 项显著性小于 0.05，分别是：富强（0.026）、民主（0.002）、敬业（0.024），因此拒绝原假设，即可以认为这 3 项价值观在不同年龄段的赞同均值存在差异。剩余 9 项显著性均大于 0.05，因此接受原假设，即这 9 项价值观在不同年龄段的赞同均值没有差异（相等）（见表 4 - 6）。

表 4 - 6　不同年龄段对 14 项价值观的赞同均值

age. age	富强	民主	文明	和谐	振兴	自由	平等	公正	法治	爱国	敬业	诚信	友善	幸福
15~24 岁	7.73	7.82	7.91	8.05	7.59	8.35	8.28	8.44	8.27	7.86	8.00	8.01	8.28	8.41
25~34 岁	7.88	7.76	8.00	8.15	7.88	8.44	8.30	8.49	8.31	8.21	8.21	8.37	8.45	8.48
35~44 岁	8.10	8.23	8.16	8.22	8.01	8.37	8.66	8.58	8.36	8.34	8.41	8.52	8.68	8.83
45~54 岁	8.23	8.40	8.25	8.50	8.03	8.53	8.55	8.64	8.37	8.32	8.51	8.66	8.67	8.83
55~64 岁	8.34	8.20	8.31	8.41	8.13	8.55	8.64	8.90	8.66	8.24	8.45	8.49	8.63	8.68
65 岁及以上	8.86	9.07	9.03	8.55	8.24	8.66	9.21	9.00	9.14	8.90	9.10	9.28	8.93	9.00

2. 性别

将性别与核心价值观进行一元方差分析，显示各项价值观的方差齐性检验 p 值均大于 0.05；继续解释方差分析的结果，发现各项的显著性都大于 0.05，因此接受原假设，即不同性别对 14 项核心价值观的赞同均值没有差异。

3. 家庭收入

对不同家庭收入人群对 14 项社会主义核心价值观等的赞同度是否存在差异进行一元方差分析，方差齐性检验显示，每一项的 p 值都小于 0.05，故选择 Welch 程序重新分析，发现 14 项的显著性都小于 0.05，因此拒绝原假设，即不同收入家庭对各项核心价值观的赞同均值存在差异（见表 4 - 7）。

表 4 - 7 不同家庭收入人群对价值观的赞同均值

	富强	民主	文明	和谐	振兴	自由	平等	公正	法治	爱国	敬业	诚信	友善	幸福
低于 100000 卢比	7.14	7.59	7.39	7.76	6.95	7.98	7.84	8.27	7.98	7.51	7.55	7.86	8.22	8.38
100000~399999 卢比	7.70	7.74	7.84	7.99	7.73	8.17	8.34	8.39	8.29	7.98	8.12	8.14	8.26	8.39
400000~799999 卢比	8.11	8.28	8.17	8.32	7.96	8.50	8.52	8.48	8.31	8.20	8.48	8.49	8.62	8.68
800000~999999 卢比	8.35	8.21	8.35	8.43	8.22	8.58	8.60	8.80	8.47	8.29	8.36	8.47	8.64	8.65
1000000 卢比以上	8.62	8.44	8.69	8.64	8.30	8.92	8.85	8.99	8.77	8.84	8.73	8.95	8.90	9.09
总 计	8.02	8.06	8.11	8.24	7.90	8.43	8.47	8.58	8.38	8.19	8.30	8.40	8.52	8.63

4. 民族

对不同民族人群对 14 项社会主义核心价值观等的赞同度是否存在差异"进行一元方差分析，方差齐性检验显示，"自由"（0.005）、"平等"（0.000）、"公正"（0.011）、"敬业"（0.04）、"友善"（0.44）这 5 项的 p 值均小于 0.05。故选择 Welch 重新分析，发现"自由""公正"的显著性分别是 0.007 和 0.022，小于 0.05，所以不同民族对"自由""公正"的赞同均值存在差异。"敬业"（0.241）、"友善"（0.326）的显著性均大于 0.05，所以不同民族对这 2 项价值观的赞同均值没有差异。

"富强""民主""文明""和谐""法治""爱国""诚信"的方差齐性检验 p 值均大于 0.05，而且其一元方差分析的显著性也都大于 0.05，因此接受原假设，即不同民族人群对这 7 项的赞同度没有差异。

5. 地区

刈不同地区人群对 14 项社会主义核心价值观等的赞同度是否存在差异进行一元方差分析，方差齐性检验显示，"民主"（0.000）、"自由"（0.034）、"平等"（0.000）、"爱国"（0.032）、"敬业"（0.001）、"幸福"（0.030）这 6 项的 p 值都小于 0.05。故选择 Welch 程序重新分析，发现"民主"（0.06）、"自由"（0.282）、"平等"（0.108）、"爱国"（0.430）、"敬业"（0.092）、"幸福"（0.762），显著性均大于 0.05，所以接受原假设，即不同地区对这 6 项的赞同均值没有差异。

"富强""文明""和谐""振兴""公正""法治""诚信""友善"的方差齐性检验 p 值均大于 0.05，而且其一元方差分析的显著性也都大于 0.05，因此接受原假设，即不同民族人群对这 8 项的赞同度没有显著差异。

6. 受教育程度

对不同教育程度人群对 14 项社会主义核心价值观等的赞同度是否存在差异进行一元方差分析，方差齐性检验显示，"富强"（0.001）、"民主"（0.000）、"文明"（0.001）、"和谐"（0.005）、"振兴"（0.003）、"自由"（0.005）、"平等"（0.038）、"敬业"（0.000）、"诚信"（0.001）、"友善"（0.005）、"幸福"（0.001）这 11 项的 p 值均小于 0.05。故选择 Welch 程序重新分析，发现"富强"（0.016）、"民主"（0.016）、"和谐"（0.09）、"振兴"（0.036）、"敬业"（0.045）、"诚信"（0.022）、"友善"（0.009）、"幸福"（0.020）的显著性小于 0.05，所以不同受教育程度人群对这 8 项价值观的赞同均值存在差异；而"自由"（0.104）、"文明"（0.055）、"平等"（0.091）的显著性大于 0.05，所以不同受教育程度人群对这 3 项价值观的赞同均值没有差异。

剩余 3 项"公正"（0.347）、"法治"（0.55）、"爱国"（0.052）方差齐性检验的 p 值均大于 0.05。观察其一元方差分析的显著性，发现"公正"（0.23）、"法治"（0.05）、"爱国"（0.002）中只有"公正"的显著性大于 0.05，因此得出结论：不同教育程度人群对"公正"的赞同度没有差异，不同教育程度人群对"法治"和"爱国"的赞同度存在差异。

7. 不同职业

对不同职业人群对 14 项社会主义核心价值观的赞同度是否存在差异"进行一元方差分析，方差齐性检验显示，"民主"（0.001）、"和谐"（0.025）、"爱国"（0.014）、"敬业"（0.002）这 4 项的 p 值小于 0.05，不同职业的受访者对中华核心价值观的赞同度没有显著差异。

剩余 9 项"富强""文明""振兴""自由""平等""公正""法治""诚信""友善""幸福"的方差齐性检验 p 值都大于 0.05。进而观察其一元方差分析的显著性，发现"富强"（0.114）、"文明"（0.096）、"振兴"（0.063）"自由"（0.121）、"公正"（0.064）、"法治"（0.084）这 5 项的 p 值大于 0.05，"平等"（0.05）、"诚信"（0.004）、"友善"（0.001）、"幸福"（0.017）这 3 项的 p 值小于 0.05，因此得出结论：不同职业人群对富强、文明、振兴、自由、公正、法治这 6 项的赞同度没有差异，不同职业人群对平等、诚信、友善、幸福这 4 项的赞同度存在差异。

四 中国梦的共享性

(一) 问卷内容

V13～V15. 你是否认为在国家、社会和公民三个层次上应当倡导以下价值观？（各价值观外文翻译请用中国官方的翻译）【行单选】

		非常不赞成 非常赞成
国　　家	V13 – 1. 国家富强	0 – 1 – 2 – 3 – 4 – 5 – 6 – 7 – 8 – 9 – 10
	V13 – 5. 民族振兴	0 – 1 – 2 – 3 – 4 – 5 – 6 – 7 – 8 – 9 – 10
公　　民	V15 – 5. 人民幸福	0 – 1 – 2 – 3 – 4 – 5 – 6 – 7 – 8 – 9 – 10

(二) 受访者整体数据分析

问卷调查了受访者对中国梦的三个核心理念：国家富强、民族振兴、人民幸福的赞同情况。我们以 0 "非常不赞同" 到 10 "非常赞同" 的 11 级量表，调查了印度受访者对这三个核心理念赞同的比例和均值。均值越高，说明对该理念越赞同。

1. 赞同比例

1013 名受访者对中国梦核心价值观的赞同情况见表 4 – 8。在 0～10 级评价中，5 为中立值，6～10 比例之和为赞同比例。人民幸福（92%）位居第一，以下依次为国家富强（85.3）和民族振兴（84.9%）。"人民幸福"赞同的比例超过九成，其余两项"国家富强"和"民族振兴"赞同的比例超过八成。三项平均为 87.4%。

表 4 – 8　受访者对中国梦核心理念赞同的比例

单位:%

	0	1	2	3	4	5	6	7	8	9	10	6～10 之和
国家富强	2.1	0.9	0.5	1.3	2.6	7.4	6.7	10.8	13.5	17.5	36.8	85.3
民族振兴	1.8	1.3	0.3	1.3	2.9	7.6	8.8	8.8	16.1	20.9	30.3	84.9
人民幸福	0.7	0.7	0.3	0.4	1.8	4.1	6.2	6.5	12.2	18.5	48.6	92.0
3 项平均	1.53	0.97	0.37	1.00	2.43	6.37	7.23	8.70	13.93	18.97	38.57	87.4

2. 赞同的均值

以均值计算，受访者对国家富强、民族振兴、人民幸福的赞同均值分别为 8.02、7.90、8.63（见表 4 - 9、图 4 - 5）。

表 4 - 9　受访者整体对中国梦赞同均值情况（11 级量表）

N		国家富强	民族振兴	人民幸福
	有　效	1013	1013	1013
	缺　失	0	0	0
均　值		8.02	7.90	8.63
中　值		9.00	9.00	9.00
众　数		10	10	10
标准差		2.316	2.278	1.921

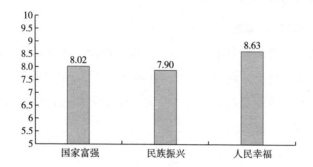

图 4 - 5　受访者对中国梦核心价值赞同的均值（11 级量表）

（三）不同人群数据分析

不同年龄段、性别、家庭收入、民族、受教育程度、居住地区、职业对中国梦的赞同情况是否有区别？下文进行了分析。

1. 年龄

对不同年龄段对中国梦的三个核心理念国家富强、民族振兴、人民幸福的赞同情况进行一元方差分析，方差齐性检验显示，三项的 p 值均大于 0.05。进而读取一元方差分析的显著性，发现"国家富强"（0.026）拒绝原假设，"民族振兴"（0.173）和"人民幸福"（0.077），大于 0.05，接受原假设，因此得出结论：不同年龄段对"国家富强"的赞同均值存在差异；不同年龄对"民族振兴"和"人民幸福"的赞同均值没有差异。

2. 性别

对不同性别对中国梦的三个核心理念"国家富强""民族振兴""人民幸福"的赞同情况进行一元方差分析，方差齐性检验显示三项的 p 值均大于 0.05，因此继续解释方差分析的结果，发现国家富强（0.626）、民族振兴（0.477）、人民幸福（0.092），均大于 0.05，所以接受原假设，即不同性别对中国梦三个核心概念的赞同情况没有差异。

3. 家庭收入

针对不同家庭收入的人群，对中国梦的三个核心理念国家富强、民族振兴、人民幸福的赞同情况进行一元方差分析，方差齐性检验的 p 值均小于 0.05，故选择 Welch 程序重新分析，发现国家富强（0.000）、民族振兴（0.000）、人民幸福（0.000）均小于 0.05，所以拒绝原假设，即不同家庭收入人群对三个核心理念的赞同均值存在差异。

4. 民族

对不同民族对中国梦的三个核心理念国家富强、民族振兴、人民幸福的赞同情况进行一元方差分析，方差齐性检验显示，人民幸福（0.03）的 p 值小于 0.05，故选择 Welch 程序重新分析，发现显著性为 0.231，大于 0.05，所以接受原假设，即不同民族对"人民幸福"的赞同均值没有差异。

国家富强（0.148）和民族振兴（0.98）的 p 值大于 0.05，进而观察其一元方差分析的 p 值，发现国家富强（0.868）和民族振兴（0.828），均大于 0.05，因此接受原假设，即不同民族对"国家富强"和"民族振兴"的赞同情况没有差异。

5. 居住地区

针对在不同地区居住的人群，对中国梦的三个核心理念国家富强、民族振兴、人民幸福的赞同情况进行一元方差分析，方差齐性检验显示，人民幸福（0.03）的 p 值小于 0.05，故选择 Welch 程序重新分析，发现显著性为 0.762，大于 0.05，所以接受原假设，即不同民族对"人民幸福"的赞同均值没有差异。

国家富强（0.061）和民族振兴（0.091）的 p 值均大于 0.05，进而观察其一元方差分析的显著性，发现国家富强（0.4）和民族振兴（0.194）均大于 0.05，因此接受原假设，即不同居住地区人群对"国家富强"和"民族振兴"的赞同情况没有显著差异。

6. 受教育程度

对受教育程度不同的群体，对中国梦的三个核心理念国家富强、民族振兴、人民幸福的赞同情况进行一元方差分析，方差齐性检验显示，国家富强（0.001）、民族振兴（0.003）、人民幸福（0.001）的 p 值均小于0.05，故选择 Welch 程序重新分析，发现国家富强（0.016）、民族振兴（0.036）、人民幸福（0.02）显著性均小于0.05，所以拒绝原假设，即不同受教育程度人群对中国梦核心理念的赞同均值存在差异。

7. 不同职业

对职业不同的受访者对中国梦的三个核心理念赞同情况进行一元方差分析，方差齐性检验显示，国家富强（0.097）、民族振兴（0.078）、人民幸福（0.054）的 p 值均大于0.05，进而观察其一元方差分析的显著性，发现人民幸福（0.017）的显著性小于0.05，拒绝原假设；国家富强（0.114）、民族振兴（0.063）的显著性均大于0.05，接受原假设。因此得出结论：不同职业的人群对"人民幸福"的赞同情况存在显著差异，对"国家富强"和"民族振兴"的赞同情况没有显著差异。

五　调查后的思考

价值观是文化的核心要素之一，有必要对数据分析进行深入剖析，对数据结果进一步思考。

（一）中华核心价值观在印度的共享性较 2011 年大幅度增加

2011 年底和 2016 年底，课题组对 11 项中华核心价值观在印度受访者的赞同情况进行历时性调查。正如前文所述，11 项中华核心价值观完全相同，只是两个价值观（孝和礼）的界定略加补充。不同的是调查方法差异：2011 年调查的选项为"赞同"或"不赞同"，请受访者从 11 项中选出赞同的价值观（可多选），属于定类变量，而 2016 年是用 0 ~ 10级量表（0 代表非常不赞同一极，10 代表非常赞同一极）方法，对每项价值观表明态度，是定距变量。从调查方法上讲，后一种方法更好。因为：首先，前种方法没有给受访者中立的选项，那些对某项价值观不置可否的受访者，只能在赞成和不赞成中挑选；其次，前种方法得出的数据为定类变量数据，后一种方法得出的数据为定距变量，便于更准确地统计计算。因而前者的方法较粗糙，后一种方法更准确。尽管受访者回答方法有所不同，但可以用前者的赞同比例和后者选择 6 ~ 10 的比例之和进行比较。尽管受访者回答问题的方式不同，结果还是具有参考价值。对比结果除了一项（仁）的赞同比例低于 20% 外，其余皆高于 30%（见图 4 - 6）。

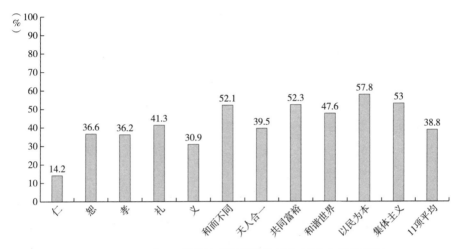

图 4 - 6　2016 年 11 项价值观的赞同比例比 2011 年增长情况

两次调查的样本量均为 1000 余份，印度有十多亿人口，因而调查数据的误差在正负 4% 左右都可以看作变化很小。根据这个标准，各项价值观赞同比例中，除了"仁"之外，变化幅度都超过了 30%。增长最多的前三名分别为"以民为本"（57.8%）、"和而不同"（52.1%）、"集体主义"（53.0%）。其余几项增长值均在 30%~60%。11 项平均增长 38.8%。在短短几年间出现了这么大的变化，可能受调查人群差异影响。调查的样本数在印度十多亿人口中只能说占极小一部分，而且，不同的年龄段也发现了认同差异，在 65 岁及以上这个年龄段，认同的比例均为最高，但我们仍无法作出因为年龄差异而导致认同变化这个结论，因为 65 岁及以上的调查样本只有 29 份。所以，对于印度民众在价值观认同的调查部分，也许还要再作进一步的调查。

（二）社会主义核心价值观在印度均具有共享性

社会主义核心价值观首次出现在对印度的调查问卷中。对 1013 位受访者的调查结果显示，14 项价值观富强、民主、文明、和谐、振兴、自由、平等、公正、法治、爱国、敬业、诚信、友善、幸福，除了"振兴"
（84.9%），赞同的比例都超过85%，众数都为10（非常赞成）。其中受
访者赞同"幸福"的为92%，列第一，第二到第三分别为"友善"
（91.4%）、"公正"（91.1%）。倒数第一至第三为"振兴"（84.9%）、
"富强"（85.3%）、"民主"（86%）。14项价值观赞同的比例平均为
88.5%。数据显示，14项价值观在受访者中有广泛的共享性。

　　以均值计算，除了"振兴"（7.90），其余13项的均值都在8.0以
上，获得受访者普遍赞同。受访者最赞同"幸福"（8.63）和"公正"
（8.58）、其后为"友善"（8.52），赞同度最低的是"振兴"（7.9）。最
高和最低均值差距为0.73。14项的均值平均为8.3。

　　对不同年龄段、性别、家庭收入、民族、受教育程度、居住地区、职
业与各项价值观的赞同度分析显示：只有女性比男性更加赞同"和谐"，
家庭收入、民族、地区、年龄、受教育程度、不同职业等方面不同的受访
者对中华核心价值观的赞同度没有显著差异。数据显示，12项价值观在
受访者中有广泛的共享性。这些价值观可以说是从全人类不同社会中选出
来的，并不是中国社会所独有的，因此可以作为中国与印度交流的基础，
而不至于引发交流障碍。

（三）　中国梦的核心内涵得到印度民众认同

　　中国梦首次出现在对印度的调查问卷中。对1013位受访者的调查结
果显示：中国梦的三个组成部分国家富强、民族振兴、人民幸福的赞同比
例平均为87.4%。众数都为10（非常赞成），3项平均为38.57%。"人民
幸福"赞同的比例超过九成，其余两项"国家富强"和"民族振兴"赞
同的比例超过八成。三项平均为87.4%。以均值计算，受访者对国家富
强、民族振兴、人民幸福的均值分别为8.02、7.90、8.63。对不同年龄
段、性别、家庭收入、民族、受教育程度、居住地区、职业3个组成部分
的赞同分析发现均没有显著差异。数据显示，中国梦的实质内容在受访者
中有广泛的共享性。

　　近年，中国提出了中国梦，印度虽然没有"印度梦"，但印度人爱做
梦是有文化基础的。印度人经常把梦境与现实交织在一起。《金刚经》有
句名言，"一切有为法，如梦幻泡影，如露亦如电，应作如是观"。许多

人没有读过该经文，也听过这句话。印度人讲究从内心自修以解脱人世间的痛苦，因此，在调查中，人民幸福也比国家富强、民族振兴获得更大的认同。事实上，印度自古以来就缺乏一个强大的中央集权政府，他们对于国家认同的观念更弱，现今印度各邦甚至还使用不同的语言，远远没有民族国家的基础，也许这可以解释在印度人民幸福比国家富强、民族振兴得到更大的认同。

第五章　对中国人思维方式的态度

一　问卷修订

1. 设计思路

思维方式是文化的基因。思维方式指的是，头脑对进入大脑的种种信息，加以编排处理加工过程中反复出现的、相对稳定的思维程序。它不包括价值观方面的判断。

思维方式与文化密切相关，它是文化心理诸特征的集中体现，又对文化心理诸要素产生制约作用。思维方式是文化的基因之一，所谓文化基因即文化系统中携带和传递文化特征信息的基本单位。准确地说，思维方式是一种本体论框架，人们用这种框架直觉地赋予现实世界以意义。通俗地说，这些框架可以看作对现实感知和建构的"基石"[①]。思维方式体现于民族文化的所有领域，包括物质文化、制度文化、价值观体系，尤其体现于哲学、语言、科技、美学、文学、艺术、医学、宗教以及政治、经济、法律、教育、外交、军事、生产和日常生活实践之中，当然也体现在交流和传播过程中。思维方式的差异，是造成东西文化差异的一个重要原因。近代以来，中西思维方式差异是学者们研究的课题，他们提出诸多关于中西思维方式差异的观点[②]。近些年来，中外学者对中西思维差异进行了科学研究，心理学实验发现，中西思维方式存在差异[③]。因而，历次调查都

---

① Li–Jun Ji, Albert Lee, and Tieyuan Guo, "The Thinking Styles of Chinese People", in Michael Harris Bond eds., *The Oxford Handbook of Chinese Psychology*, Oxford University Press, 2010, pp. 155 – 167.

② 刘澜：《中西思维方式比较研究的历史、现状与主要问题》，载关世杰主编《思维方式差异与中美新闻实务》，中国社会科学出版社，2011，第30～64页。

③ 理查德·尼斯贝特：《思维的版图》，李秀霞译，中信出版社，2006。

将思维方式作为中国文化影响力的一个方面进行考察。在学者们提出众多的中西思维方式差异中，我们认为具有中华文化偏好的辩证思维与综合思维最具有特色，也最为重要。

2. 问卷内容

本次问卷调查了受访者对有中华特色的辩证思维和综合思维的态度。与 2011 年和 2013 年的问卷相比，本次调查问卷改动了两处：在保留原有辩证思维和综合思维的问题中，在调查受访者对"辩证思维"和"综合思维"文字表述的态度外，辩证思维增加了一道通俗问法题，综合思维增加了一道个案式问题，将概念式界定调查和通俗问法或个案式具体事例调查进一步结合起来。需要说明的问题是，中医哲学理论中既包括辩证思维也包括了整体思维，问卷的问题主要问及整体思维方面："一种医学观点认为，人生活于自然环境中，当自然环境发生变化时，人体也会发生与之相应的变化。"

问卷中设计了 8 个问题，考察受访者对辩证思维和综合思维的态度。前面在问卷中的 V2 部分（关于文化符号），调查过的两个问题与思维方式有密切的关系：对太极阴阳图 的认知度和喜好度反映了受访者对辩证思维的态度。对中医的看法反映了受访者对综合思维的认知和态度。此外，V7 "您认为中医药能治疗疾病吗"从对中医能否治病这一具体问题入手，进一步调查了受访者对综合思维的态度。中医渗透着中华综合思维的哲学思想，中医看病并非头痛医头、脚疼医脚，而是综合考虑，经络理论集中体现着综合思维，针灸、推拿和拔火罐是综合思维的具体体现。因而受访者对中医的态度，也或多或少反映了对综合思维的态度。具体内容如下。

V2. 以下都是中国文化符号，您知道吗？若知道，喜欢它们吗？【循环出示，单选】

中国文化符号		0 没听说过	听说过				
			1. 很不喜欢	2. 较不喜欢	3. 中立	4. 较喜欢	5. 很喜欢
太极阴阳图							
中华医药							

V7. 您认为中医药能治疗疾病吗？

1. 根本不能　2. 较不能　3. 中立　4. 较能　5. 很能　6. 不知道

V7 - 1. 您看过中医，或用过中药，或扎针灸/拔火罐吗？【单选】

1. 从不　2. 偶尔　3. 经常

V16. 您是否赞同下列思维方式？【行单选】

思维方式	非常不赞同　　　　　　　　　非常赞同
1. 在一定条件下，好事可以变成坏事，坏事也可以变成好事	0 - 1 - 2 - 3 - 4 - 5 - 6 - 7 - 8 - 9 - 10
2. 辩证思维：以全面的、联系的、发展变化的观点，而不是非此即彼的观点看待事物	0 - 1 - 2 - 3 - 4 - 5 - 6 - 7 - 8 - 9 - 10
3. 一种医学观点认为，人生活于自然环境中，当自然环境发生变化时，人体也会发生与之相应的变化	0 - 1 - 2 - 3 - 4 - 5 - 6 - 7 - 8 - 9 - 10
4. 综合思维：认知方式上，以综合性倾向对事物的整体作出反映，而不仅仅是对细节作理性的分析	0 - 1 - 2 - 3 - 4 - 5 - 6 - 7 - 8 - 9 - 10

二　对辩证思维方式的态度

1013 名受访者中有 812 人知道太极阴阳图 ，知名度达到 80.2%。

尽管受访者知晓太极阴阳图不一定清楚其深刻的哲学理念，但该图显示着白中有黑、黑中有白、黑白结合构成一个圆，是辩证思维方式的完美展现。对这一直观图形的态度，反映了受访者直觉的态度（见表5 - 1），喜欢比例（"较喜欢"和"很喜欢"比例之和）为 58.3%。去除不知道，用 5 级量表测量好感度为 3.69，介于"中立"和"较喜欢"之间，倾向于较喜欢。众数为中立（32.3%）。

表 5-1 受访者对太极阴阳图的好感度

单位：人次, %

		频　率	百分比	有效百分比	累积百分比
有　　效	很不喜欢	29	3.6	3.6	3.6
	较不喜欢	48	5.9	5.9	9.5
	中　立	262	32.3	32.3	41.7
	较喜欢	279	34.4	34.4	76.1
	很喜欢	194	23.9	23.9	100.0
	合　计	812	100.0	100.0	

2. 对文字叙述的辩证思维方式的态度

（1）对通俗问法的态度

受访者对"在一定条件下，好事可以变成坏事，坏事也可以变成好事"（简称"好坏互变"）表示赞同的比例（6～10 比例之和）为82.8%，众数为 10 非常赞同（21.6%）（见表 5-2）。将非常不赞成赋值0，非常赞成赋值10，以此类推，计算出均值为 7.58。

表 5-2 受访者对文字表述的辩证思维方式的态度

单位：人次, %

		频　率	百分比	有效百分比	累积百分比
有效	0 非常不赞同	11	1.4	1.4	1.4
	1	7	0.9	0.9	2.2
	2	8	1.0	1.0	3.2
	3	13	1.6	1.6	4.8
	4	14	1.7	1.7	6.5
	5	87	10.7	10.7	17.2
	6	75	9.2	9.2	26.5
	7	115	14.2	14.2	40.6
	8	163	20.1	20.1	60.7
	9	144	17.7	17.7	78.4
	10 非常赞同	175	21.6	21.6	100.0
	合　　计	812	100.0	100.0	

（2）对辩证思维定义问法的态度

受访者对以定义形式表述的辩证思维表示赞同的比例（6～10比例之和）为82.8%，众数为8（22.2%）（见表5-3）。将非常不赞成赋值0，非常赞成赋值10，以此类推，计算出均值为7.47。

表5-3   受访者对定义式表述的辩证思维方式的态度

单位：人次,%

		频　率	百分比	有效百分比	累积百分比
有效	0 非常不赞同	4	0.5	0.5	0.5
	1	10	1.2	1.2	1.7
	2	7	0.9	0.9	2.6
	3	13	1.6	1.6	4.2
	4	22	2.7	2.7	6.9
	5	84	10.3	10.3	17.2
	6	83	10.2	10.2	27.5
	7	122	15.0	15.0	42.5
	8	180	22.2	22.2	64.7
	9	166	20.4	20.4	85.1
	10 非常赞同	121	14.9	14.9	100.0
合　　计		812	100.0	100.0	

（3）与2011年数据对比

2011年的调查获取的是定类的喜欢或不喜欢数据，2016年是用11级量表获取的喜欢或不喜欢的定距数据，将6～10比例之和看作喜欢，0～4比例之和看作不喜欢。两轮调查结果对比见表5-4。

表5-4   2011年与2016年受访者对辩证思维的认同度

单位:%

	2011 年	2016 年	2016 年与 2011 年之差
辩证思维	23.5	82.8	59.3

3. 不同年龄段数据对比

将受访者分成6个年龄段：15～24岁（263人）、25～34岁（233人）、35～44岁（203人）、45～54岁（183人）、55～64岁（102人）、

65 岁及以上（29 人）。55 ~ 64 岁、65 岁及以上两个年龄段的样本较少，数据仅供参考。从不同年龄段对这 2 项赞成的数值来看（见表 5 - 5），6 个年龄段对 2 项的平均均值：15 ~ 24 岁（7.43）、25 ~ 34 岁（7.58）、34 ~ 44 岁（7.51）、45 ~ 54 岁（7.39）、55 ~ 64 岁（7.25）、65 岁及以上（7.62）。各年龄段（除了 55 ~ 64 岁相等）对好坏互变的均值都高于对辩证思维定义的均值，整体平均对好坏互变的均值（7.54）比辩证思维定义的均值（7.39）高 0.15。一元方差分析显示，各年龄段对 2 项赞同度方差分析的显著性均大于 0.05，不同年龄段的受访者对"辩证思维"的赞同度没有显著差异。

表 5 - 5 不同年龄段受访者对辩证思维的赞同均值（11 级量表）

年　　龄	好坏互变	辩证思维	平　　均
15 ~ 24 岁	7.52	7.35	7.43
25 ~ 34 岁	7.67	7.48	7.58
35 ~ 44 岁	7.60	7.43	7.51
45 ~ 54 岁	7.45	7.32	7.39
55 ~ 64 岁	7.25	7.25	7.25
65 岁及以上	7.66	7.59	7.62
总　　计	7.54	7.39	7.46

三 对综合思维的态度

1. 对待中华医药的态度

受访者对中医药的认知和态度在第二章中有分析，中医药背后的理论体现着中国人的思维方式，所以对中医药的态度从深层分析是对中国特色思维方式的态度。整体思维是中医药理论中一个最突出的方面，对待中医的态度与对待综合思维的态度密切相连，所以受访者对中医药的态度从一定程度上代表了对整体思维的态度。

（1）对待中医的认知和态度

本次调查显示，受访者对中医药是中国文化符号的认知度为 90.9%。从心理上看，态度是比认知高一层次的心理活动。受访者持喜欢态度的比例为 53%，比 2011 年的 9.8% 增加 43.2 个百分点（见表 5 - 6）。

表 5 - 6　受访者对中医的认知和态度

单位：人次，%

		频　率	百分比	有效百分比	累积百分比
有效	没听说过	92	9.1	9.1	9.1
	很不喜欢	28	2.8	2.8	11.8
	较不喜欢	49	4.8	4.8	16.7
	中　立	307	30.3	30.3	47.0
	较喜欢	295	29.1	29.1	76.1
	很喜欢	242	23.9	23.9	100.0
	合　计	1013	100.0	100.0	

（2）中医是否能治病

对中医能否治病的认识，是一种态度，也是比认知高一层次的心理活动。去除不知道中医药能否治病者，受访者认为中医药不能治病的（包括"根本不能"和"较不能"）占 4.5%；中立的占 21.2%；"能"的（包括"较能"和"很能"）占 74.3%。众数为较能（45.7%）（见表 5 -7）。

表 5 - 7　受访者对中医能否治病的看法

单位：人次，%

		频　率	百分比	有效百分比	累积百分比
有效	根本不能	16	1.8	1.8	1.8
	较　不　能	24	2.7	2.7	4.4
	中　立	191	21.2	21.2	25.7
	较　能	411	45.7	45.7	71.4
	很　能	257	28.6	28.6	100.0
	合　计	899	100.0	100.0	

（3）看中医情况

1013 名受访者看过中医或用过中药的情况如下："从不"占 41.7%。看过中医或用过中药的占 58.3%，其中"偶尔"占 43.4%，"经常"占 14.9%（见表 5 -8）。看中医的行为是比心理上的态度又高一层次的对中医的认可。

表 5－8 受访者接受中医治疗的情况

单位：人次,%

		频率	百分比	有效百分比	累积百分比
有效	从不	422	41.7	41.7	41.7
	偶而	440	43.4	43.4	85.1
	经常	151	14.9	14.9	100.0
	合计	1013	100.0	100.0	

2. 对文字叙述的综合思维方式的态度

（1）对通俗问法的态度

问题"一种医学观点认为，人生活于自然环境中，当自然环境发生变化时，人体也会发生与之相应的变化"（简称"个案问题"）虽然没有挑明这是中医观点，但该问题实质上是中医的观点。这进一步调查了受访者对中医思维方法的态度。受访者对此表示赞同的比例（6～10比例之和）为84.3%，众数为9赞同（21.3%）（见表5－9）。将非常不赞成赋值0，非常赞成赋值10，以此类推，计算出均值为7.63。

表 5－9 受访者对综合思维的个案问题的态度

单位：人次,%

		频率	百分比	有效百分比	累积百分比
有效	0 非常不赞同	7	0.7	0.7	0.7
	1	10	1.0	1.0	1.7
	2	12	1.2	1.2	2.9
	3	15	1.5	1.5	4.3
	4	22	2.2	2.2	6.5
	5	93	9.2	9.2	15.7
	6	100	9.9	9.9	25.6
	7	133	13.1	13.1	38.7
	8	214	21.1	21.1	59.8
	9	216	21.3	21.3	81.1
	10 非常赞同	191	18.9	18.9	100.0
	合计	1013	100.0	100.0	

（2）对辩证思维定义问法的态度

受访者对以定义形式表述的辩证思维表示赞同的比例（6～10比例之

和）为 82.1%，众数为 9（21.8%）（见表 5 - 10）。将非常不赞成赋值
0，非常赞成赋值 10，以此类推，计算出均值为 7.49。

表 5 - 10　受访者对定义形式表述的综合思维方式的态度

单位：人次,%

		频　率	百分比	有效百分比	累积百分比
	非常不赞同	8	0.8	0.8	0.8
	1	9	0.9	0.9	1.7
	2	16	1.6	1.6	3.3
	3	18	1.8	1.8	5.0
	4	26	2.6	2.6	7.6
有效	5	104	10.3	10.3	17.9
	6	112	11.1	11.1	28.9
	7	124	12.2	12.2	41.2
	8	204	20.1	20.1	61.3
	9	221	21.8	21.8	83.1
	10 非常赞同	171	16.9	16.9	100.0
合　　计		1013	100.0	100.0	

3. 不同年龄段数据对比

从 6 个年龄段的受访者对这 2 项综合思维方式赞成的数值来看（见表
5 - 11），2 项的平均均值差距不大。一元方差分析显示，各年龄段对 2 项
综合思维赞同度方差分析的显著性均大于 0.05，不同年龄段的受访者对
"综合思维"的赞同度没有显著差异。

表 5 - 11　不同年龄段受访者对综合思维的赞同均值对比（11 级量表）

年　　龄	中医思维	综合思维定义	平　　均
15 ~ 24 岁	7.55	7.48	7.51
25 ~ 34 岁	7.73	7.79	7.76
35 ~ 44 岁	7.78	7.54	7.66
45 ~ 54 岁	7.58	7.34	7.46
55 ~ 64 岁	7.53	7.25	7.39
65 岁及以上	7.24	6.69	6.97
总　　计	7.63	7.49	7.56

四 调查后的思考

中华思维方式是中华文化的基因之一，体现于中华文化的所有领域。辩证思维和综合思维方式在印度基本得到赞同。今后在对该国的文化传播中，可以有意识地加入辩证思维和综合思维的元素，从深层次传播中华文化。

1. 利用太极阴阳图传递辩证思维

太极阴阳图被称为"中华第一图"，是中华辩证思维方式的完美展现。目前在印度的知晓率达到80.2%，知晓太极阴阳图的人中，58.3%表示较喜欢或很喜欢。宜在今后对外传播中增加相应的内容，提高印度民众对太极阴阳图的好感度。太极阴阳图是中华辩证思维方式的绝佳体现，应该充分利用这个文化资源，在文化领域广泛使用这种代表中华特色思维方式的图像符号。

2. 以中医为媒介传播综合思维

中医药背后有深刻的哲学思想。本次调查受访者对中医药是中国文化符号的认知度为90.9%。知道中医者持喜欢态度的比例为53%，比2011年的9.8%增加43.2个百分点。去除不知道中医药能否治病者，受访者认为中医药能治病的（包括"较能"和"很能"）占74.3%。众数为较能（45.7%）。看过中医或用过中药的占58.3%。其中"偶尔"占43.4%，"经常"占14.9%。数据说明，中医已经得到印度大约一半人的认可。

此外，通过定义调查法得知，84.3%的受访者对包含综合思维方式的中医观点表示赞同，综合思维方式得到基本认同。因而可以对印度出口中医药文化产品和服务时传播综合思维方式。

第六章　对中国人信仰的态度

一　问卷修订

1. 设计思路

问卷中设计了中国人信仰问题，是基于以下考虑。

信仰是指"相信并奉为准则或指南的某种主张、主义、宗教等"。信仰与价值观有联系也有区别。价值观是指"对经济、政治、道德、金钱等所持有的的总的看法"①。主义是对客观世界、社会生活以及学术问题所持有的系统理论和主张，宗教是一种社会意识形态和文化历史现象。因而，信仰是个大概念，价值观是个小概念。信仰可以衍生许多价值观，是价值观的指南。价值观更为具体，是经济、政治、道德、金钱等方面持有的值得做和不值得做的各种信念。信仰是文化中的核心要素，也是最难改变的要素。例如，基督教是西方国家许多民众的信仰，西方中世纪基督教占据支配地位，基督教教育的起点就是原罪，认为人性是恶的，权力是恶的平方。既然人性是恶的，就要用法治把人性的恶束缚住，国家权力更加恶，就需要以权力制约权力，要分权制衡。中国自汉代以来废黜百家独尊儒术，儒家认为，人之初性本善，要以德治国，所以治理国家就是要树立榜样，进行教育。马克思主义认为，人性之所以出现恶，是因为私有制，只有消灭私有制，实现共同富裕，才可以从最根本上消除恶。

从世界文化的视角看，目前宗教是信仰的核心问题。宗教是信教民族的精神支柱，能够安顿心灵。宗教对一种文化的世界观、人生观、价值观

---

① 《现代汉语词典》（第6版），商务印书馆，2012，第1453、625页。

有重大影响。各种宗教对世界的形成（包括人类本身在内）有一套完整的观点。宗教信仰不仅支配人们的思想感情、宗教组织和礼俗，还支配或影响着人们的日常生活，包括社会政治、伦理道德、文学艺术、家庭婚姻、人际往来和生老病死。在中国，虽然佛教传入后对中华文化有很大影响，但主流的儒家文化主张敬鬼神而远之，中华文化在世界五大文化中是宗教信仰最淡薄的文化。特别是现代，无神论在中国占据主导地位，约有90％的人不信仰宗教。因而，调查各国民众的宗教信仰问题很有必要。

2. 问卷内容

对于许多民族来说，信仰，特别是宗教信仰，是神圣的、崇高的、不可亵渎的，必要时可以拿生命来保卫它。在虔诚信教的民族那里，宗教信仰是其最敏感最容易触动的精神感应器，一旦受到外界的刺激就会作出强烈的反应。课题组意识到这一点，设计问题比较慎重，但现实还是给课题组上了一课，在单一信仰某种宗教的国家这个问题就是禁区。2017年初课题组利用中华文化印象调查问卷对某国进行调查时，原问卷中有道问题是："您的信仰是什么？"列举了14个选项，结果这道问题引起了该国问卷调查公司的强烈反应，要求把这道题删掉，否则不能执行调查。因而课题组在该国的问卷中删除了该题。

2016 年的印度调查问卷与 2013 年调查问卷大致相同。具体内容如下。

（1）儒家思想的影响

V2. 以下都是中国文化符号，您知道吗？若知道，喜欢它们吗？【循环出示，单选】

中国文化符号		0 没听过	听说过				
			1. 很不喜欢	2. 较不喜欢	3. 中立	4. 较喜欢	5. 很喜欢
18. 儒家思想		0	1	2	3	4	5

V19. 以下都是中国名人，您听说过他们吗？若听说过，喜欢他们吗？

0. 没听说过。听说过：1. 很不喜欢；2. 较不喜欢；3. 无所谓；4. 较喜欢；5. 很喜欢

V19-1.古代哲学家
孔子

V20. 您听说过下列中国名人的著作吗？若听说过，您读过吗？

	0. 没听说过	听说过		
		1. 从未读过	2. 读过一点	3. 通读过
孔子的《论语》				

V12. 您是否赞同下列价值观？【行单选】

价值观	非常不赞同　　　　　　　　　　　非常赞同
1. 仁：人与人之间相互友爱、同情、互助	0 – 1 – 2 – 3 – 4 – 5 – 6 – 7 – 8 – 9 – 10
2. 恕：己所不欲，勿施于人	0 – 1 – 2 – 3 – 4 – 5 – 6 – 7 – 8 – 9 – 10
3. 孝：尊敬和善待父母，奉养老人	0 – 1 – 2 – 3 – 4 – 5 – 6 – 7 – 8 – 9 – 10
4. 礼：尊重他人、礼貌，遵守社会生活中的风俗和社会仪式	0 – 1 – 2 – 3 – 4 – 5 – 6 – 7 – 8 – 9 – 10
5. 义：公正、合乎公益	0 – 1 – 2 – 3 – 4 – 5 – 6 – 7 – 8 – 9 – 10
6. 和而不同：尊重彼此的差异，和睦相处	0 – 1 – 2 – 3 – 4 – 5 – 6 – 7 – 8 – 9 – 10
7. 天人合一：尊崇自然，人与自然和谐	0 – 1 – 2 – 3 – 4 – 5 – 6 – 7 – 8 – 9 – 10

（2）道教的影响

V2. 以下都是中国文化符号，您知道吗？若知道，喜欢它们吗？【循环出示，单选】

中国文化符号	0 没听说过	听说过				
		1. 很不喜欢	2. 较不喜欢	3. 中立	4. 较喜欢	5. 很喜欢
17. 道教	0	1	2	3	4	5

（3）中国特色社会主义

V20. 您听说过下列中国名人的著作吗？若听说过，您读过吗？

	0. 没听说过	听说过		
		1. 从未读过	2. 读过一点	3. 通读过
毛泽东的《毛泽东选集》				

V12. 您是否赞同下列价值观？【行单选】

8. 共同富裕：消除经济上两极分化，走向共同富裕	0－1－2－3－4－5－6－7－8－9－10
9. 和谐世界：国与国之间和平共处、彼此尊重、共同发展	0－1－2－3－4－5－6－7－8－9－10
10. 以民为本：尊重人民、依靠人民、为了人民	0－1－2－3－4－5－6－7－8－9－10
11. 集体主义：在集体和个人关系中，当个人利益与集体利益发生冲突时，在兼顾二者的同时，个人应服从集体	0－1－2－3－4－5－6－7－8－9－10

二 数据分析

（一）儒家思想

1. 对儒家思想的认知和态度

1013 名受访者中有 790 人知道儒家思想是中华文化符号，占比 78%。去掉不知道者，知道者中，46.6% 喜欢儒家思想（见表 6－1），以 5 级量表测量，均值为 3.45，众数为 3（中立）。

表6-1　受访者对儒家思想的态度

单位：人次,%

		频　率	百分比	有效百分比	累积百分比
有效	很不喜欢	43	5.4	5.4	5.4
	较不喜欢	58	7.3	7.3	12.8
	中　　立	321	40.6	40.6	53.4
	较喜欢	236	29.9	29.9	83.3
	很喜欢	132	16.7	16.7	100.0
	合　　计	790	100.0	100.0	

2. 对孔子的认知与态度

有79.7%的受访者知道儒家的代表人物孔子。去掉回答不知道者，知道孔子的807人中，59.7%喜欢孔子（见表6-2），以5级量表测量，均值为3.71，在"无所谓"与"较喜欢"之间，众数为4（较喜欢）。

表6-2　受访者对孔子的态度

单位：人次,%

		频　率	百分比	有效百分比	累积百分比
有效	很不喜欢	18	2.2	2.2	2.2
	较不喜欢	58	7.2	7.2	9.4
	无所谓	249	30.9	30.9	40.3
	较喜欢	293	36.3	36.3	76.6
	很喜欢	189	23.4	23.4	100.0
	合　　计	807	100.0	100.0	

3. 对孔子著作的认知与行为

有66.8%的受访者知道孔子的代表作《论语》。去掉回答不知道者，知道《论语》的677人中，阅读率（读过一点和通读过）为70.1%，其中通读过的有104人，占15.4%（见表6-3）。以3级量表测量，均值为1.85，众数为2（读过一点）。

表 6 - 3　受访者阅读《论语》的情况

单位：人次,%

		频　率	百分比	有效百分比	累积百分比
	从未读过	203	30.0	30.0	30.0
有效	读过一点	370	54.7	54.7	84.6
	通 读 过	104	15.4	15.4	100.0
	合　　计	677	100.0	100.0	

4. 对儒家价值观的态度

（1）赞成比例

对儒家主张的仁、恕、礼、孝、义、和而不同、天人合一等 7 项重要价值观，以是否赞同测量，7 种价值观赞成比例（选择 6 ~ 10 比例之和）都在 70% 左右，最高的是 "义"，获得 84.3% 的受访者赞同。7 种价值观的赞同度平均为 78.69%（见表 6 - 4）。

表 6 - 4　受访者赞同儒家价值观的比例

单位:%

	仁	恕	孝	礼	义	和而不同	天人合一	7 项平均
0	3.8	4.1	3.4	3.5	0.9	4.3	3.7	2.96
1	1.2	1.3	1.3	1.0	0.7	1.8	1.5	1.23
2	1.0	1.1	1.2	1.1	0.6	0.5	0.8	1.04
3	2.7	2.7	1.9	3.6	0.6	1.5	2.1	2.26
4	2.7	3.5	3.9	2.7	4.1	2.9	2.7	3.31
5	9.7	11.2	10.0	11.2	8.8	12.7	10.2	9.85
6	6.6	8.5	6.8	7.0	7.4	8.7	8.6	7.45
7	10.1	10.2	9.6	10.5	10.4	11.9	10.3	9.96
8	15.2	13.8	13.1	15.7	13.5	15.6	13.6	13.56
9	15.8	18.3	17.4	19.0	20.7	17.2	16.9	16.79
10	31.4	25.5	31.5	25.0	32.3	23.2	29.8	26.09
6 ~ 10 之和	79.1	76.3	78.4	77.2	84.3	76.3	79.2	78.69
均　值	7.58	7.33	7.59	7.41	7.99	7.27	7.53	7.53

（2）赞成均值

以均值计算，受访者对所列价值观普遍赞同，均在 7 之上。受访者最赞同"义"（7.99）、第二到第三名为"孝"（7.59）和"仁"（7.58），赞同度最低的是"和而不同"（7.27）。最高值和最低值的差距为 0.72。7 项的均值平均为 7.53（见图 6-1）。

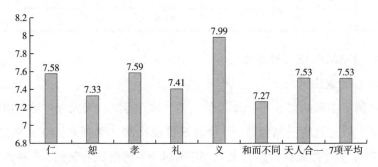

图 6-1 受访者对儒家价值观评价的均值（11 级量表）

5. 作为一种信仰的比例极低

把儒家思想作为一种信仰，在 1013 名受访者中只有 1 人信仰，不到 0.1%。

6. 不同年龄段数据对比

将受访者分成 6 个年龄段：15~24 岁（263 人）、25~34 岁（233 人）、35~44 岁（203 人）、45~54 岁（183 人）、55~64 岁（102 人）、65 岁及以上（29 人）。55~64 岁、65 岁及以上两个年龄段的样本较少，数据仅供参考。从不同年龄段对 7 项儒家价值观赞成的平均数值来看（见表 6-5、表 6-6、图 6-2）：15~24 岁（7.13）、25~34 岁（7.37）、35~44 岁（7.27）、45~54 岁（6.80）、55~64 岁（6.82）、65 岁及以上（5.77）。

表 6-5 不同年龄段受访者对儒家价值观的赞同均值（11 级量表）

年龄	仁	恕	孝	礼	义	和而不同	天人合一	平均
15~24 岁	7.54	7.22	7.49	7.42	7.96	7.29	7.41	7.48
25~34 岁	7.53	7.28	7.55	7.43	7.86	7.21	7.47	7.48
35~44 岁	7.66	7.37	7.69	7.42	8.01	7.25	7.34	7.53
45~54 岁	7.63	7.38	7.62	7.34	7.93	7.35	7.80	7.58

续表

年龄	仁	恕	孝	礼	义	和而不同	天人合一	平均
55～64岁	7.37	7.30	7.47	7.26	8.23	7.22	7.66	7.50
65岁及以上	8.28	8.17	8.41	8.14	8.62	7.52	8.31	8.21
整体	7.58	7.33	7.59	7.41	7.99	7.27	7.53	7.53

表6-6 不同年龄段受访者对儒家价值观的赞同比例

单位:%

年龄	仁	恕	孝	礼	义	和而不同	天人合一	平均
15～24岁	79.50	74.50	74.90	77.20	86.70	75.30	78.30	78.06
25～34岁	79.80	77.70	79.80	77.70	84.10	78.10	79.80	79.57
35～44岁	78.80	75.90	82.30	76.40	82.80	75.90	74.40	78.07
45～54岁	76.00	74.30	77.00	75.40	79.80	77.00	81.40	77.27
55～64岁	82.40	80.40	78.40	78.40	90.20	74.50	82.40	80.96
65岁及以上	79.30	79.30	79.30	82.80	82.80	75.90	89.70	81.30
整体	79.10	76.20	78.40	77.10	84.30	76.30	79.20	78.66

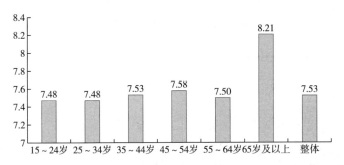

图6-2 不同年龄段受访者对7项儒家价值观赞同均值平均数（11级量表）

一元方差分析显示，全部7项的方差齐性检验p值均大于0.05。继续解释方差分析的结果发现，仁（0.688）、恕（0.414）、孝（0.576）、礼（0.731）、义（0.439）、和而不同（0.988）、天人合一（0.253）显著性均大于0.05，接受原假设，即不同年龄对这7项价值观的赞同均值没有差异。

（二）道教

1. 对道教的认知和态度

1013名受访者中有76.1%知道道教是中华文化符号，去掉回答不知道者，771 人中，43.7% 喜欢道教（见表 6 - 7）。以 5 级量表测量，均值为 3.43，众数为 3（中立）。

表 6 - 7　受访者对道教的态度

单位：人次，%

		频　率	百分比	有效百分比	累积百分比
有效	很不喜欢	33	4.3	4.3	4.3
	较不喜欢	66	8.6	8.6	12.8
	中　立	335	43.5	43.5	56.3
	较喜欢	208	27.0	27.0	83.3
	很喜欢	129	16.7	16.7	100.0
	合　计	771	100.0	100.0	

2. 对老子的认知与态度

有 69.1% 的受访者知道道教的祖师老子。去掉回答不知道者，知道老子的 700 人中，52.9% 喜欢老子（见表 6 - 8）。以 5 级量表测量，均值为 3.61，处于"无所谓"与"较喜欢"之间，众数为 3（无所谓）。

表 6 - 8　受访者对老子的态度

单位：人次，%

		频　率	百分比	有效百分比	累积百分比
有效	很不喜欢	22	3.1	3.1	3.1
	较不喜欢	33	4.7	4.7	7.9
	无所谓	275	39.3	39.3	47.1
	较喜欢	238	34.0	34.0	81.1
	很喜欢	132	18.9	18.9	100.0
	合　计	700	100.0	100.0	

3. 对老子著作的认知与行为

有 62.3% 的受访者知道老子的代表作《道德经》。去掉回答不知道者，知道《道德经》的 631 人中，阅读率（读过一点和通读过）为 60.7%，其中通读过的有 110 人，占 17.4%（见表 6 - 9）。以 3 级量表测量，均值为 1.78，众数为 2。

表6-9　受访者阅读《道德经》的情况

单位：人次，%

		频　率	百分比	有效百分比	累积百分比
有效	从未读过	248	39.3	39.3	39.3
	读过一点	273	43.3	43.3	82.6
	通　读　过	110	17.4	17.4	100.0
	合　　　计	631	100.0	100.0	

4. 作为一种信仰

把道教作为一种信仰，在1013位受访者中只有5人，小于0.5%。

（三）社会主义价值观数据分析

信仰与价值观态度的关系。将受访者的信仰与受访者对7项儒家价值观和4项社会主义价值观的态度交叉列表并进行卡方检验，探讨信仰不同是否对上述价值观的态度有显著差异。由于大多数样本少于30个，不具有统计学的意义，因而只检验信仰某种宗教超过30个样本的3种信仰情况：印度教（739）、穆斯林（70）、天主教（59）。

1. 信仰与儒家7项价值观

各项卡方检验的显著性分别为：仁（0.912）、恕（0.848）、孝（0.228）、礼（0.800）、义（0.921）、和而不同（0.328）、天人合一（0.985），均大于0.05，因此接受原假设，即可以认为不同信仰对儒家7项价值观的赞同情况没有显著差异（见表6-10、表6-11、表6-12、表6-13、表6-14、表6-15、表6-16）。

表6-10　信仰与仁的卡方检验

卡方检验			
	值	df	渐进 Sig. （双侧）
Pearson 卡方	12.117[a]	20	0.912
似然比	14.761	20	0.790
线性和线性组合	0.780	1	0.377
有效案例中的 N	868		

a. 12 单元格（36.4%）的期望计数少于5。最小期望计数为0.41。

表 6 – 11 信仰与恕的卡方检验

卡方检验			
	值	df	渐进 Sig.（双侧）
Pearson 卡方	13. 646[a]	20	0. 848
似然比	15. 375	20	0. 755
线性和线性组合	0. 782	1	0. 376
有效案例中的 N	868		

a. 10 单元格（30. 3%）的期望计数少于 5。最小期望计数为 0. 54。

表 6 – 12 信仰与孝的卡方检验

卡方检验			
	值	df	渐进 Sig.（双侧）
Pearson 卡方	24. 331[a]	20	0. 228
似然比	25. 741	20	0. 175
线性和线性组合	1. 175	1	0. 278
有效案例中的 N	868		

a. 12 单元格（36. 4%）的期望计数少于 5。最小期望计数为 0. 41。

表 6 – 13 信仰与礼卡方检验

卡方检验			
	值	df	渐进 Sig.（双侧）
Pearson 卡方	14. 587[a]	20	0. 800
似然比	16. 862	20	0. 662
线性和线性组合	0. 678	1	0. 410
有效案例中的 N	868		

a. 11 单元格（33. 3%）的期望计数少于 5。最小期望计数为 0. 41。

表 6 – 14 信仰与义的卡方检验

卡方检验			
	值	df	渐进 Sig.（双侧）
Pearson 卡方	11. 842[a]	20	0. 921
似然比	12. 999	20	0. 877
线性和线性组合	0. 236	1	0. 627
有效案例中的 N	868		

a. 13 单元格（39. 4%）的期望计数少于 5。最小期望计数为 0. 27。

表 6 – 15 信仰与和而不同的卡方检验

卡方检验			
	值	df	渐进 Sig. （双侧）
Pearson 卡方	22.227[a]	20	0.328
似然比	22.271	20	0.326
线性和线性组合	2.003	1	0.157
有效案例中的 N	868		

a. 11 单元格 （33.3%） 的期望计数少于 5。最小期望计数为 0.20。

表 6 – 16 信仰与天人合一的卡方检验

卡方检验			
	值	df	渐进 Sig. （双侧）
Pearson 卡方	8.787[a]	20	0.985
似然比	10.838	20	0.950
线性和线性组合	0.888	1	0.346
有效案例中的 N	868		

a. 11 单元格 （33.3%） 的期望计数少于 5。最小期望计数为 0.34。

2. 信仰与 4 项社会主义价值观

各项卡方检验的显著性分别为：共同富裕 （0.571）、和谐世界 （0.853）、以民为本 （0.793）、集体主义 （0.690），均大于 0.05，因此接受原假设，即可以认为：不同信仰人群对共同富裕、和谐世界、以民为本的赞同情况没有显著差异 （见表 6 – 17、表 6 – 18、表 6 – 19、表 6 – 20）。

表 6 – 17 信仰与共同富裕卡方检验

卡方检验			
	值	df	渐进 Sig. （双侧）
Pearson 卡方	18.254[a]	20	0.571
似然比	18.848	20	0.532
线性和线性组合	0.008	1	0.931
有效案例中的 N	868		

a. 11 单元格 （33.3%） 的期望计数少于 5。最小期望计数为 0.48。

表 6 – 18 信仰与和谐世界的卡方检验

卡方检验			
	值	df	渐进 Sig.（双侧）
Pearson 卡方	13.550[a]	20	0.853
似然比	13.744	20	0.843
线性和线性组合	0.443	1	0.506
有效案例中的 N	868		

a. 11 单元格（33.3%）的期望计数少于 5。最小期望计数为 0.34。

表 6 – 19 信仰与以民为本的卡方检验

卡方检验			
	值	df	渐进 Sig.（双侧）
Pearson 卡方	14.697[a]	20	0.793
似然比	13.879	20	0.837
线性和线性组合	0.157	1	0.692
有效案例中的 N	868		

a. 11 单元格（33.3%）的期望计数少于 5。最小期望计数为 0.75。

表 6 – 20 信仰与集体主义的卡方检验

卡方检验			
	值	df	渐进 Sig.（双侧）
Pearson 卡方	16.422[a]	20	0.690
似然比	16.233	20	0.702
线性和线性组合	0.009	1	0.926
有效案例中的 N	868		

a. 10 单元格（30.3%）的期望计数少于 5。最小期望计数为 0.41。

结论：信仰与儒家价值观和社会主义价值观交叉列表的卡方检验显示，不同信仰人群对价值观的赞同度没有差异。

三 调查后的思考

价值观比信仰、儒家思想、孔子更容易被印度民众接受。依概念大小将本次调查的信仰、儒家思想、孔子、7 项儒家价值观排序，最大的是信仰，以下分别是儒家思想、孔子（儒家代表人物）、7 项价值观（孔子的部分主张）。

将 1013 名受访者的态度数据加以纵向对比，结果如下。

信仰：把儒家思想作为一种信仰，在 1013 名受访者中只有 1 人信仰，比例不到 0.1%。

儒家思想：有 78% 的受访者知道儒家思想是中华文化符号。知道者中有 46.6% 喜欢儒家思想，众数为 3（中立）。

孔子：有 79.7% 的受访者知道儒家的代表人物孔子，知道者中有 59.7% 喜欢孔子，众数为 4（较喜欢）。

7 项价值观：受访者对仁、恕、礼、孝、义、和而不同、天人合一赞成比例平均为 78.69%，7 项平均赞同比例的众数为 10（26.09%）。

赞成数据对比显示：赞成 7 项价值观（78.69%）>孔子（59.7%）>儒家思想（46.6%）>信仰儒家思想（0.1%）。

因而可以得出结论：价值观比信仰、儒家思想、孔子更容易被受访者接受。6 个不同年龄段受访者对 7 项价值观赞成比例的平均均值如下：15~24 岁（7.31）、25~34 岁（7.34）、35~44 岁（7.49）、45~54 岁（7.42）、55~64 岁（7.31）和 65 岁及以上（7.39）。

将受访者的信仰印度教、伊斯兰教、天主教与受访者对 7 项价值观和 4 项社会主义价值观的态度进行交叉列表和卡方检验显示：所有 11 项价值观的 p 值均大于 0.05，说明不同信仰人群对该 11 项的赞同情况没有显著差异。

第七章　中国媒体在印度的影响力

一　问卷设计

（一）总体思路

国际跨文化传播中的媒介是文化影响力的组成部分。跨文化交流学的奠基者爱德华·霍尔（Edward Hall）说，文化即传播，传播即文化①。文化软实力是一种投射力，在传播过程中，媒介是载体和渠道，承载着文化符号、文化表现形式、代表人物、价值观/信仰/思维方式等文化成分向海外传播。不管文化资源多丰富，没有媒介作为传播渠道，文化依然难以越过千山万水来到异国他乡。文化信息只有被人知晓后，才有可能被人喜好，产生吸引。当今国际传播媒介是文化软实力的重要组成部分。

社会认知理论认为，人们对缺乏直接接触的事物的认识，在很大程度上依赖大众媒体。随着技术的发展以及国与国交流往来的深化，国际传播渠道也日益丰富和多样化。

除了大众媒体，人际传播、文化团体/组织和实物都是传播的渠道②。近年来，中国对外传播渠道不断拓展，除了发展传统大众媒体和新媒体之外，中国商品、中国对外文化交流活动、孔子学院等非媒体渠道也逐渐运用于实践并受到越来越多的重视。中国的对外传播活动正朝着多元化发展。

本调查以受众接收中国信息的信息源入手，调查受访者通过什么渠道

---

① 爱德华·T.霍尔：《无声的语言》，何道宽译，北京大学出版社，2010，第75页。
② 詹骞：《英、美、新三国公众中国形象媒介接触比较》，《中国广播电视学刊》2010年第9期。

获取中华文化信息。根据实际情况和已有研究，中国对外传播的主要传播渠道可以分为四大类（见图7-1）。①媒体传播。它主要包括传统的大众传媒和互联网新媒体（互联网新媒体指与传统媒体所对应的外语网站及其他新媒体资源①）。②团体传播。它可分为官方机构和非官方团体，前者可进一步细分为海外中国文化中心、使领馆等，后者可以细分为文化艺术团体、孔子学院、体育代表团和涉外企业。随着中国产业"走出去"的步伐加大，中国涉外企业在传播中华文化中的作用不断加大。根据目前中华文化国际传播的特点，中餐馆也是重要的一种传播渠道。③人际传播。它包括本国人和中国人。中国人可细分为杰出人物和平民百姓。④中国商品。这包括两种：文化产品和非文化产品。当然，这些渠道都可以再进一步细分。

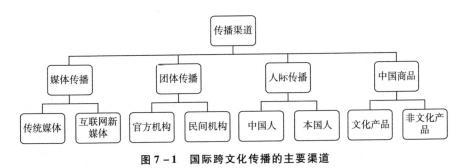

图7-1　国际跨文化传播的主要渠道

在多元的国际传播媒介中，大众媒体所产生的影响不可估量。有研究指出，正是由于媒体的报道，一些民众对其他国家形成刻板印象②。国际受众对中国对外媒体的接触状况和评价是中华文化海外影响力研究的重点。

在中国的对外传播事业中，国际新闻传播占有重要席位。一直以来，中国的对外传播都是以新闻为主。目前，中国对外传播的大众媒体主要有中央电视台、中国国际广播电台、新华通讯社、《中国日报》、《环球时

① 此处将英语新闻网站从新媒体中单列出来，是因为中国在对外传播中主要的新媒体形式为英语新闻网站。

② Tan, A., Zhang, L., Zhang, Y., and Dalisay, "Stereotype of African - Americans in China and Media Use among Chinese High School Students", *Howard Journal of Communication*, 2009, pp. 260 - 275.

报》、《人民日报》（海外版）等。随着互联网的兴起，对外传播的网络媒体日益增多，既包括这些全国性大众媒体对应的新闻网站，也包括一些地方网站媒体，如上海东方网。

目前国内有关中国对外传播的研究多以媒体文本内容研究为主，或是研究中国对外媒体的新闻报道，或是研究国际主流媒体涉华报道的内容和倾向性，以此来研究媒体的报道框架和框架中的中国形象。在众多的中国对外传播研究中，以对外传播"受众"为主要内容的研究很少。这一方面是由于目前中国的对外传播模式基本上是"以我为主"的宣传模式。这种模式的最大特点是传播主体主导，把受众放在次要位置[1]。虽然部分学者意识到对外传播中受众研究的重要性，但囿于调查难度大，需要人力、物力和财力各方面都具备才能实施，所有的研究多是小范围内的调查，样本量不足。即便如此，受众研究在对外传播研究中仍然极为重要。其中对于对象国和对象人群的摸底了解则是开展工作的基础和前提，同时也是工作效果的保障。只有当传播者对国际受众有足够的了解，才能改进传播方针和报道形式，以满足国际受众的需求，从而扩大中国的国际舆论影响力，提升中国形象。中国形象的国际传播中如果对外国受众的媒介使用及评价中国媒介的状况没有深入了解，实际上国家形象及价值理念对外传播是存在问题的[2]。中国形象的对外传播要实现"以自我为主导"向"以公众为主导"的模式转变[3]。本章对受访者的调查包括四个方面：海外受众了解中国的主要信息来源、受访者接触中国传统媒体的特征、受访者接触中国新媒体的特征、受访者对媒体及中国媒体的评价。

（二）问卷修订

在 2013 年调查问卷的基础上，保留了调查的四个方面：获取中国信息渠道、中国传统大众媒体的使用情况及态度、接触中国对外网站的情况、对中国媒体的信任度，增加了一项对该国媒体传播信息是正面还是负面的调查。对原有四个方面的问题进行了调整。大的调整有两个：在获取

---

①　姜鹏：《全球化时代中国对外传播之策略思考》，《新闻知识》2006 年第 1 期。
②　赵云泽：《在华外国人对中国媒体的接触状况及公信力评价——基于对在京外国人调查的一个探索性研究》，《国际新闻界》2009 年第 12 期。
③　王庚年：《让中国的声音传播得更广更远》，《求是》2008 年第 8 期。

中国信息的渠道方面，调查受访者了解中国文化信息来源的问题保留一个，选项由以前的 13 个增加到 29 个；在接触中国网站方面，增加了受访者是否在脸书或推特上关注中国七大媒体账号的问题。此外，还在以下方面进行了微调：在调查中国传统大众媒体方面，将原来的中国电视台节目细分为两个——中国电视台的外语节目和中国电视台的中文节目；在调查受访者使用新型社交网络媒体方面，调查的中文网站在百度外增加了新浪，对调查的外文网站进行了精简。在调查受访者对 6 类大众媒体的信任度和对中国该 6 类媒体的信任度方面，将原来的"互联网"修改为"网络新媒体"。

二　获取中国信息的渠道

（一）问卷内容

问卷用一个问题宏观上询问受访者了解中国信息的渠道，类别如下。①传统大众媒体。将传统大众媒体与网络媒体统称大众传媒，具体分成本国媒体、中国大陆媒体、其他外国媒体。②人际交流。通过国内的朋友（本国人）、通过在本国的中国人、来过中国。③组织传播。中国在当地举办的活动、中餐馆、孔子学院、中国文化中心。④实物传播。中国商品。⑤其他。随着网络技术的迅猛发展，本问题与 2013 年问卷有较大变化，主要是在大众传媒方面：增加了近年来新兴的新媒体，如手机 App 客户端、推特、脸书、微信、快拍 Snapchat、YouTube。将原来的报纸、电视、电影细分为二：线下报纸、线上报纸、线下电视、线上电视、线下电影、线上电影。

V34. 您主要是通过哪种渠道了解中国信息的？（可多选）

1. 本国线下报纸　2. 本国线上报纸　3. 本国线下电视　4. 本国线上电视　5. 本国线下电影　6. 本国线上电影　7. 本国广播　8. 中国线下报纸　9. 中国线上报纸　10. 中国线下电视　11. 中国线上电视　12. 中国线下电影　13. 中国线上电影　14. 中国广播　15. 其他国家媒体　16. 国内的朋友（本国人）　17. 在本国的中国人　18. 去过中国　19. 中国商品　20. 中国在当地举办的活动　21. 中餐馆　22. 孔子学院　23. 手机 App 客户端　24. 推特　25. 脸书　26. 微信　27. 快拍

Snapchat　28. YouTube　29. 东京中国文化中心（俄、德、日）　　30. 其他

（二）数据分析

1. 获取中国信息的渠道

（1）整体排名

在 29 种信息传播渠道中，以受访者使用率排名，第 1～5 位的渠道是：脸书（50.6%）、YouTube（44.7%）、本国线下报纸（34.7%）、本国线上报纸（30.1%）、中餐馆（25.5%）。使用率排名倒数第 1～5 位的渠道是：孔子学院（3.9%）、中国线下报纸（3.9%）、中国广播（5.3%）、其他（6.3%）、中国线下电视（6.4%）。30 种渠道平均的使用率为 17.2%（见表 7－1）。

表 7－1　受访者获取中国信息的渠道

信息渠道	样本（份）	使用人数（人）	使用率（%）	排　名
中国文化中心	缺失	—	—	—
脸书	1013	513	50.6	1
YouTube	1013	453	44.7	2
本国线下报纸	1013	352	34.7	3
本国线上报纸	1013	305	30.1	4
中餐馆	1013	258	25.5	5
推特	1013	253	25.0	6
本国线下电视	1013	251	24.8	7
本国线上电视	1013	250	24.7	8
国内的朋友（本国人）	1013	222	21.9	9
中国商品	1013	212	20.9	10
其他国家的媒体	1013	195	19.2	11
手机 App 客户端	1013	182	18.0	12
在本国的中国人	1013	176	17.4	13
本国线上电影	1013	161	15.9	14
中国在当地举办的活动	1013	147	14.5	15
本国广播	1013	133	13.1	16
本国线下电影	1013	118	11.6	17
中国线上报纸	1013	106	10.5	18
去过中国	1013	100	9.9	19

信息渠道	样本（份）	使用人数（人）	使用率（%）	排 名
微信	1013	86	8.5	20
快拍 Snapchat	1013	86	8.5	20
中国线上电视	1013	84	8.3	21
中国线上电影	1013	80	7.9	22
中国线下电影	1013	69	6.8	23
中国线下电视	1013	65	6.4	24
其他	1013	64	6.3	25
中国广播	1013	54	5.3	26
中国线下报纸	1013	40	3.9	27
孔子学院	1013	40	3.9	27
30 项平均		174.3	17.2	

（2）类别内排名

①传统大众媒体。本次对渠道的调查中，传统大众媒体按媒体形态分为三大类：传统大众媒体（包括报纸、电影、电视、广播）、传统大众媒体网站（包括报纸、电影、电视网站）和网络原生新媒体（YouTube、推特、脸书、微信、快拍 Snapchat、手机 App 客户端）。大众传媒从媒体所有者角度可分成本国、中国、其他国家媒体等三种。各类媒体内部比较数据如下。

网络原生新媒体：6 种网络原生新媒体中，脸书使用率名列第一，为 50.6%。其后分别是 YouTube（44.7%）、推特（25.0%）、手机 App 客户端（18.0%）、快拍 Snapchat（8.5%）、微信（8.5%）。

传统大众媒体网站：6 种中本国线上报纸使用率名列第一，为 30.1%。其后分别是本国线上电视（24.7%）、本国线上电影（15.9%）、中国线上报纸（10.5%）、中国线上电视（8.3%）、中国线上电影（7.9%）。

传统大众媒体：8 种中本国线下报纸使用率名列第一，为 34.7%。其后分别是本国线下电视（24.8%）、本国广播（13.1%）、本国线下电影（11.6%）、中国线下电影（6.8%）、中国线下电视（6.4%）、中国广播（5.3%）、中国线下报纸（3.9%）。

其他国家媒体：受访者中有 19.2% 选择通过其他国家的媒体（各类

大众传媒）获取中国信息。

②人际交流。人际交流有三种形式：通过国内的朋友（本国人）、通过在本国的中国人、到过中国。数据显示：21.9%的受访者通过国内的朋友（本国人）获得有关中国的信息，排在首位，其后是在本国的中国人（17.4%）和去过中国（9.9%）。

③组织传播。问卷列举的组织传播形式有：中国在当地举办的活动、中餐馆、孔子学院。数据显示：三类组织传播的比例由高到低为：中餐馆（25.5%）、中国在当地举办的活动（14.5%）、孔子学院（3.9%）。

④实物传播。只列举了一种，即中国商品。数据显示：有20.9%的受访者通过中国商品获取中国信息。

⑤其他。数据显示：有6.3%的受访者通过其他方式获取中国信息，其他传播渠道主要是什么有待探讨①。

（3）渠道类别排名

将各类媒体中排名第一的进行排名：传统大众媒体类排名第一（脸书50.6%），组织传播类排名第二（中餐馆25.5%），人际交流类排名第三（国内的朋友21.9%），实物传播类排名第四（中国商品20.9%），其他类排名第五（其他6.3%）（见表7-2）。

表7-2　受访者获取中国信息的渠道类别排名

类别排名	类别		信息渠道	样本（份）	使用人数（人）	使用率（%）	排名
1	传统大众媒体	传统大众媒体	本国线下电视	1013	251	24.8	7
			本国线下报纸	1013	352	34.7	3
			本国广播	1013	133	13.1	16
			本国线下电影	1013	118	11.6	17
			中国线下电视	1013	65	6.4	24
			中国线下电影	1013	69	6.8	23
			中国线下报纸	1013	40	3.9	27
			中国广播	1013	54	5.3	26

---

① 如企业传播、其他社交软件、在其他国家的中国人、其他外国人、学校里的相关课程等都在其他传播渠道之类。

续表

类别排名	类别		信息渠道	样本（份）	使用人数（人）	使用率（%）	排名
		传统大众媒体网站	本国线上报纸	1013	305	30.1	4
			本国线上电视	1013	250	24.7	8
			本国线上电影	1013	161	15.9	14
			中国线上电影	1013	80	7.9	22
			中国线上电视	1013	84	8.3	21
			中国线上报纸	1013	106	10.5	18
		网络原生新媒体	脸书	1013	513	50.6	1
			YouTube	1013	453	44.7	2
			推特	1013	253	25.0	6
			快拍 Snapchat	1013	86	8.5	20
			手机 App 客户端	1013	182	18.0	12
			微信	1013	86	8.5	20
		其他国家媒体	其他国家的媒体	1013	195	19.2	11
2	组织传播		中餐馆	1013	258	25.5	5
			中国在当地举办的活动	1013	147	14.5	15
			孔子学院	1013	40	3.9	27
3	人际交流		在本国的中国人	1013	176	17.4	13
			国内的朋友（本国人）	1013	222	21.9	9
			去过中国	1013	100	9.9	19
4	实物传播		中国商品	1013	212	20.9	10
5	其他		其他	1013	64	6.3	25
			29 项平均	1013	174.31	17.21	—

（4）小结

媒体渠道中，印度民众倾向使用网络原生新媒体，其次是传统大众媒体类，接下来是传统大众媒体网站：脸书（50.6%）、YouTube

（44.7%）、推特（25%）、印度的报纸（线上 30.1%、线下 34.7%）和电视（线上 24.7%，线下 24.8%）。网络原生新媒体都是印度人开发的通信软件，其余是印度本土的媒体。中国媒体的使用比例不高。

在人际交流渠道中，从本国人中获取信息占比最大，占 21.9%，从本国的中国人获取信息量稍少，去过中国的排名最后。值得注意的是，从本国人获取信息的比例超过许多媒体。对比印度人去过中国的数据，仅为 9.9%，也支持这个调查结果。

在组织传播中，通过中餐馆获取信息的占比最高（25.5%），其次是中国在本地举办的活动，通过孔子学院的只有 3.9%。非正式的渠道远远超过官方渠道。

在实物传播中，印度人通过中国商品获取信息占比 20.9%。之前对中国产品的调查中，只有 5.4% 的受访者从未使用过中国产品。在天天使用、经常使用、有时使用和很少使用四类选项中，受访者中选择最多的是有时使用，占 36%；天天使用的占 16.7%，与这个调查结果相符。

三　本国媒体对华报道的正负面情况

（一）问卷内容

问卷用一个问题宏观上调查了受访者对本国媒体传播中国信息的评价。

V35. 您所看到的本国媒体传播的中国信息是正面的还是负面的？
1. 非常负面　2. 负面　3. 中立　4. 正面　5. 非常正面

（二）数据分析

分析受访者评价本国媒体传播中国信息的看法，用 5 级量表来测量。结果显示，1013 名受访者认为该国媒体传播中国信息的正面度（正面和非常正面）为 34.2%。中立的占 45.3%。均值为 3.16。众数为 3（中立），标准差为 0.925（见表 7 – 3、图 7 – 2）。

表7-3　受访者对本国媒体传播中国信息的评价

单位：人次，%

		频　率	百分比	有效百分比	累积百分比
有效	非常负面	47	4.6	4.6	4.6
	负　面	160	15.8	15.8	20.4
	中　立	459	45.3	45.3	65.7
	正　面	282	27.8	27.8	93.6
	非常正面	65	6.4	6.4	100.0
	合　计	1013	100.0	100.0	

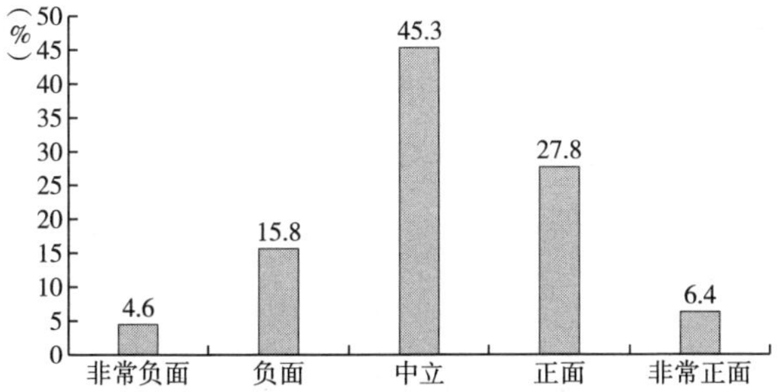

图7-2　受访者认为本国媒体传播中国信息的正负面情况

总的来说，印度民众比较信任本国媒体，认为报道正面信息的比例较高，但印度是政党政治，不同政党控制的媒体，对中国的口径是否一致，则是需要进一步调查的问题。但印度民众如此信任印度媒体，中印之间如果发生冲突，印度官方就比较容易操控舆论。

四　中国传统大众媒体使用情况及态度

（一）问卷内容

问卷中列出图书、电影、电视节目（中文和外文）和广播电台节目五种中国传统媒体，调查受访者的使用情况和态度。具体内容如下。

V36. 在过去一年中，您使用过多少次下列中国的传统媒介？喜欢这些媒介上的内容吗？

	下拉菜单 (0~100)	1. 很不喜欢	2. 较不喜欢	3. 中立	4. 较喜欢	5. 很喜欢
1. 中国出版的图书	____本	1	2	3	4	5
2. 中国生产的电影	____部	1	2	3	4	5
3. 中国电视台的外语节目	____次	1	2	3	4	5
4. 中国电视台的中文节目	____次	1	2	3	4	5
5. 中国国际广播电台的节目	____次	1	2	3	4	5

（二）数据分析

1. 使用率

通过媒体类比，在开列的五种媒体中，使用率排名为：中国生产的电影（18.10%）、中国电视台的外语节目（13.30%）、中国出版的图书（10.10%）、中国电视台的中文节目（9.70%）、中国国际广播电台的节目（5.80%）。使用次数的数据显示：每个受访者1年看0.45部电影，略高于其他4种媒体节目（见表7-4、表7-5）。

表 7-4   受访者使用中国传统媒介情况

	使用 次数	接触过 的比例 （%）	众数	极小值	极大值	标准差	样本量 （份）	使用率 排名
1. 中国出版的图书	0.29 本	28.6	0	0	100	4.779	1013	3
2. 中国生产的电影	0.45 部	45.1	0	0	36	3.236	1013	1
3. 中国电视台的外语节目	0.44 次	44.3	0	0	99	4.458	1013	2
4. 中国电视台的中文节目	0.29 次	28.8	0	0	76	3.894	1013	4
5. 中国国际广播电台的节目	0.24 次	24.0	0	0	24	1.998	1013	5

表 7-5   受访者使用中国传统媒体情况

单位：人次，%

次数	中国出版的图书		中国生产的电影		中国电视台的 外语节目		中国电视台的 中文节目		中国国际广播 电台的节目	
	频率	占比	频率	占比	频率	占比	频率	占比	频率	占比
0	723	71.4	556	54.9	564	55.7	721	71.2	770	76.0

次数	中国出版的图书		中国生产的电影		中国电视台的外语节目		中国电视台的中文节目		中国国际广播电台的节目	
	频率	%	频率	%	频率	%	频率	%	频率	%
1	147	14.5	171	16.9	207	20.4	133	13.1	130	12.8
2	74	7.3	102	10.1	105	10.4	64	6.3	39	3.8
3	23	2.3	52	5.1	34	3.4	24	2.4	21	2.1
4	10	1.0	24	2.4	28	2.8	16	1.6	9	0.9
5	15	1.5	47	4.6	31	3.1	23	2.3	17	1.7
6	4	0.4	14	1.4	7	0.7	13	1.3	3	0.3
7	1	0.1	3	0.3	4	0.4	1	0.1	8	0.8
8	5	0.5	9	0.9	8	0.8	4	0.4	0	0.0
9	0	0.0	1	0.1	3	0.3	0	0.0	2	0.2
10	4	0.4	16	1.6	10	1.0	5	0.5	5	0.5
11	0	0.0	1	0.1	0	0.0	1	0.1	2	0.2
12	2	0.2	2	0.2	3	0.3	3	0.3	4	0.4
15	0	0.0	6	0.6	0	0.0	0	0.0	0	0.0
16	0	0.0	0	0.0	2	0.2	0	0.0	0	0.0
20	0	0.0	4	0.4	3	0.3	0	0.0	1	0.1
21	0	0.0	0	0.0	0	0.0	1	0.1	0	0.0
22	2	0.2	1	0.1	0	0.0	2	0.2	1	0.1
23	1	0.1	1	0.1	0	0.0	0	0.0	0	0.0
24	0	0.0	0	0.0	0	0.0	0	0.0	1	0.1
30	0	0.0	2	0.2	0	0.0	0	0.0	0	0.0
35	0	0.0	0	0.0	1	0.1	0	0.0	0	0.0
36	0	0.0	1	0.1	0	0.0	0	0.0	0	0.0
45	0	0.0	0	0.0	1	0.1	0	0.0	0	0.0
50	0	0.0	0	0.0	1	0.1	0	0.0	0	0.0
76	0	0.0	0	0.0	0	0.0	2	0.2	0	0.0
99	0	0.0	0	0.0	1	0.1	0	0.0	0	0.0
100	2	0.2	0	0.0	0	0.0	0	0.0	0	0.0

2. 喜好度

去除选择"0"的受访者，把"很不喜欢"赋值1，"很喜欢"赋值5，以此类推，计算出受访者对中国传统媒体评价的均值，均值越接近5，说明对该媒介评价越高。具体情况见表7-6。

中国出版的图书：290名受访者读过中国出版的图书，喜欢的均值为3.97，标准差为0.836，众数为4，喜欢度（"较喜欢"加"很喜欢"）为79.3%。

中国生产的电影：457名受访者看过中国生产的电影，喜欢的均值为4.04，标准差为0.717，众数为4，喜欢度（"较喜欢"加"很喜欢"）为81.0%。

中国电视台的外语节目：449名受访者看过中国电视台的外语节目，喜欢的均值为3.91，标准差为0.759，众数为4，喜欢度（"较喜欢"加"很喜欢"）为72.6%。

中国电视台的中文节目：292名受访者看过中国电视台的中文节目，喜欢的均值为3.96，标准差为0.779，众数为4，喜欢度（"较喜欢"加"很喜欢"）为72.6%。

中国国际广播电台的节目：243名受访者收听过中国国际广播电台的外语节目，喜欢的均值为4.10，标准差为0.857，众数为4，喜欢度（"较喜欢"加"很喜欢"）为76.9%。

以媒体类比，在开列的五种媒体中，喜好度排名为：广播（4.10）、电影（4.04）、图书（3.97）、电视中文节目（3.96）、电视外语节目（3.91），总体看持比较喜欢的态度，只是程度不同。

表7-6　受访者对中国媒体的喜好度及均值情况

单位：人次，%

	中国出版的图书		中国生产的电影		中国电视台的外语节目		中国电视台的中文节目		中国国际广播电台的节目		平均
	频次	占比	频次	占比	频次	占比	频次	占比	频次	占比	占比
很不喜欢	5	1.7	1	0.2	1	0.2	2	0.7	2	0.8	0.7
较不喜欢	10	3.4	8	1.8	12	2.7	2	0.7	6	2.5	2.2
中　　立	45	15.5	78	17.1	110	24.5	76	26.0	48	19.8	20.6
较 喜 欢	158	54.5	254	55.6	231	51.4	137	46.9	97	39.9	49.7
很 喜 欢	72	24.8	116	25.4	95	21.2	75	25.7	90	37.0	26.8
总　　计	290	100.0	457	100.0	449	100.0	292	100.0	243	100.0	100
喜欢均值	3.97		4.04		3.91		3.96		4.10		4.00

3. 接触度和喜好度综合对比

将 5 种媒体的接触度和喜好度综合对比显示：电影的接触比例排名第一，喜好均值排名第二；电视外语节目接触度排名第二，但喜好均值最低（3.91）；电视中文节目接触度排名第三，喜好均值第四。广播接触比例最低，但喜好均值反而最高（4.1），这说明中国电视台外语节目也许需要作出相应调整（见表 7-7）。

表 7-7　五种传统媒体的接触度和喜好度综合排名

	接触度	喜好度	
	接触过的比例（%）	喜好比例（%）	喜好均值
电　影	45.1	81.0	4.04
电视外语节目	44.3	72.6	3.91
图　书	28.6	79.3	3.97
电视中文节目	28.8	72.6	3.96
广　播	24	77.0	4.1

五　访问中国中文网站情况

（一）问卷内容

网络是今后对外传播的主要媒体，需要重点研究。本次调查了受访者使用两家中国中文网站的情况，一是关于寻找知识的中国搜索引擎"百度"，一是四大门户网站之一"新浪"。调查受访者使用百度和新浪中文网站的情况，是为便于与中国的对外网站进行对照。具体内容如下。

V37. 2016 年中，下列中文网站您接触过多少次？若没有请填 0。（数值填空）

1. 百度 Baidu百度 http://www.baidu.com/	0~100 次（下拉菜单）
2. 新浪 SINA新浪网 sina.com.cn	0~100 次（下拉菜单）

（二）数据分析

在开列的两种网站中，访问率分别为：百度（27.1%）、新浪（22.5%）。使用次数调查显示：1013 名受访者中，平均每人每年看百度0.76 次，看新浪 0.61 次（见表 7 - 8、表 7 - 9）。

表 7 - 8　2016 年受访者使用中文网站概况

	使用次数（次）	访问率（%）	众数	极小值	极大值	标准差	样本量（份）
百度	0.76	27.1	0	0	50	3.173	1013
新浪	0.61	22.5	0	0	53	2.733	1013
平均	0.685	24.8	0	0	51.5	2.953	1013

表 7 - 9　2016 年受访者使用百度和新浪情况

单位：人次，%

次　　数	百　　度		新　　浪	
	频　率	百分比	频　率	百分比
0	738	72.9	785	77.5
1	123	12.1	110	10.9
2	77	7.6	48	4.7
3	36	3.6	42	4.1
4	16	1.6	9	0.9
5	9	0.9	5	0.5
6	2	0.2	1	0.1
8	3	0.3	5	0.5
9	1	0.1	1	0.1
10	2	0.2	1	0.1
12	1	0.1	3	0.3
20	0	0.0	1	0.1
34	2	0.2	0	0.0
45	2	0.2	0	0.0
50	1	0.1	0	0.0
53	0	0.0	2	0.2

受限于调查的内容，我们只调查了百度和新浪的使用情况，这两家都是中文网站，要求受访者掌握中文，两成的访问率已不算低。

六　访问中国对外网站情况

（一）问卷内容

V38. 在过去一年中，您接触过哪些下列网站？【循环出示，数值填空】

1. 中国网 http：//arabic. china. org. cn	0~100 次（下拉菜单），下同
2. 新华网 http：//arabic. news. cn/	
3. 人民网 http：//arabic. people. com. cn	
4. 中国文化产业网 http：//www. cnci. gov. cn	
5. 中国文化网 http：//www. chinaculture. org	
6. 中国日报网 www. chinadaily. com. cn	
7. CCTV http：//arabic. cctv. com	

8. 网络孔子学院  http：//www. chinese. cn/	
9. 中国国际广播电台  http：//arabic. cri. cn	

（二）数据分析

1. 访问各网站情况

受访者接触中国对外六大网站及文化交流主要网站的情况见表7－10、图7－3。各大网站的访问率大体相同。其中中国文化网和CCTVnews访问率最高，前者访问次数每人每年0.83次，极大值30次；后者为每人每年1.34次，极大值为67次（见表7－11）。

表7－10　2016年受访者访问中国对外网站的情况

	访问次数均值（次）	访问率（%）	众数	极小值	极大值（次）	标准差	样本量（份）
中国网	1.11	26.8	0	0	78	5.158	1013
新华网	1.04	25.7	0	0	78	4.917	1013
人民网	0.81	25.4	0	0	44	2.740	1013
中国文化产业网	0.84	22.3	0	0	56	3.814	1013
中国文化网	0.83	27.5	0	0	30	2.510	1013
中国日报网	1.06	27.2	0	0	56	4.189	1013
CCTVnews	1.34	35.7	0	0	67	4.833	1013
网络孔子学院	0.88	24.4	0	0	77	4.352	1013
中国国际广播电台	0.71	19.5	0	0	100	4.087	1013
平　均	0.96	26.1	0	0	65	4.067	1013

表 7 - 11　2016 年受访者访问中国网站情况

单位：人次，%

	中国网		新华网		人民网		中国文化产业网		中国文化网		中国日报网		CCTVnews		网络孔子学院		中国国际广播电台		平均	
	频率	比例	频率	比例	频率	比例	频率	比例	频率	比例	频率	比例	频率	比例	频率	比例	频率	比例	频率	比例
0	742	73.2	753	74.3	756	74.6	787	77.7	734	72.5	737	72.8	651	64.3	766	75.6	815	80.5	749	73.9
1	128	12.6	115	11.4	100	9.9	94	9.3	131	12.9	131	12.9	156	15.4	125	12.3	86	8.5	118	11.7
2	57	5.6	64	6.3	65	6.4	60	5.9	65	6.4	53	5.2	76	7.5	42	4.1	51	5.0	59	5.8
3	20	2.0	24	2.4	35	3.5	24	2.4	22	2.2	27	2.7	34	3.4	24	2.4	25	2.5	26	2.6
4	10	1.0	16	1.6	19	1.9	11	1.1	14	1.4	11	1.1	19	1.9	11	1.1	6	0.6	13	1.3
5	20	2.0	11	1.1	8	0.8	7	0.7	12	1.2	11	1.1	26	2.6	15	1.5	8	0.8	13	1.3
6	5	0.5	2	0.2	4	0.4	3	0.3	8	0.8	4	0.4	18	1.8	4	0.4	6	0.6	6	0.6
7	1	0.1	1	0.1	6	0.6	6	0.6	6	0.6	9	0.9	1	0.1	5	0.5	0	0.0	4	0.4
8	6	0.6	7	0.7	0	0.0	3	0.3	2	0.2	6	0.6	3	0.3	2	0.2	3	0.3	4	0.4
9	0	0.0	0	0.0	2	0.2	0	0.0	5	0.5	1	0.1	3	0.3	5	0.5	0	0.0	2	0.2
10	6	0.6	4	0.4	8	0.8	8	0.8	3	0.3	8	0.8	11	1.1	3	0.3	5	0.5	6	0.6
11	1	0.1	0	0.0	0	0.1	0	0.0	1	0.1	0	0.0	1	0.1	1	0.1	0	0.0	1	0.1
12	5	0.5	2	0.2	5	0.5	2	0.2	1	0.1	4	0.4	3	0.3	3	0.3	2	0.2	3	0.3
13	3	0.3	0	0.0	0	0.0	0	0.0	0	0.0	0	0.0	0	0.0	0	0.0	0	0.0	0	0.0
15	1	0.1	0	0.0	0	0.0	1	0.1	0	0.1	0	0.0	2	0.2	2	0.2	1	0.1	1	0.1
16	0	0.0	1	0.1	0	0.1	0	0.0	0	0.0	0	0.0	0	0.0	0	0.0	0	0.1	0	0.0
17	0	0.0	0	0.1	0	0.1	0	0.0	1	0.1	0	0.0	0	0.0	0	0.0	0	0.0	0	0.0
19	0	0.0	1	0.1	1	0.1	0	0.0	0	0.0	1	0.1	0	0.0	0	0.0	0	0.1	0	0.0
20	1	0.1	5	0.5	0	0.0	1	0.1	1	0.1	0	0.0	3	0.3	1	0.1	0	0.0	1	0.1

续表

	中国网		新华网		人民网		中国文化产业网		中国文化网		中国日报网		CCTVnews		网络孔子学院		中国国际广播电台		平均	
	频率	比例	频率	比例	频率	比例	频率	比例	频率	比例	频率	比例	频率	比例	频率	比例	频率	比例	频率	比例
21	0	0.0	0	0.0	0	0.0	0	0.0	1	0.1	0	0.0	0	0.0	0	0.0	0	0.0	0	0.0
22	0	0.0	1	0.1	2	0.2	1	0.1	2	0.2	0	0.0	0	0.0	0	0.0	0	0.0	1	0.1
23	0	0.0	1	0.1	0	0.0	0	0.0	2	0.2	3	0.3	0	0.0	0	0.0	0	0.0	1	0.1
24	1	0.1	0	0.0	0	0.0	0	0.0	0	0.0	0	0.0	0	0.0	0	0.0	0	0.0	0	0.0
25	0	0.0	0	0.0	0	0.0	0	0.0	1	0.0	1	0.1	0	0.0	0	0.0	0	0.0	0	0.0
30	0	0.0	1	0.1	0	0.0	0	0.0	0	0.1	0	0.0	0	0.0	0	0.0	1	0.1	0	0.0
33	0	0.0	0	0.0	0	0.0	1	0.1	0	0.0	1	0.1	0	0.0	0	0.0	0	0.0	0	0.0
40	0	0.0	0	0.0	0	0.0	0	0.0	0	0.0	0	0.2	0	0.0	0	0.0	2	0.2	0	0.0
43	0	0.0	0	0.0	0	0.0	2	0.2	0	0.0	2	0.1	0	0.0	0	0.0	0	0.0	0	0.0
44	0	0.0	0	0.0	2	0.2	0	0.0	0	0.0	1	0.0	1	0.1	2	0.2	0	0.0	1	0.1
47	0	0.0	0	0.0	0	0.0	0	0.0	0	0.0	0	0.1	0	0.0	0	0.0	0	0.0	0	0.0
50	1	0.1	0	0.0	0	0.0	0	0.0	0	0.0	0	0.0	0	0.0	0	0.0	0	0.0	0	0.0
52	1	0.1	0	0.0	0	0.0	0	0.0	0	0.0	0	0.0	0	0.1	0	0.0	0	0.0	0	0.0
53	0	0.0	0	0.0	0	0.0	0	0.0	0	0.0	0	0.0	1	0.0	0	0.0	0	0.0	0	0.0
54	2	0.2	2	0.2	0	0.0	2	0.2	0	0.0	1	0.1	0	0.0	0	0.0	0	0.0	0	0.0
56	0	0.0	0	0.0	0	0.0	0	0.0	0	0.0	1	0.0	1	0.2	0	0.0	0	0.0	1	0.1
66	0	0.0	0	0.0	0	0.0	0	0.0	0	0.0	0	0.0	2	0.1	0	0.0	0	0.0	0	0.0
67	0	0.0	0	0.0	0	0.0	0	0.0	0	0.0	0	0.0	0	0.0	2	0.2	0	0.0	0	0.0
77	0	0.0	2	0.2	0	0.0	0	0.0	0	0.0	0	0.0	0	0.0	0	0.0	0	0.0	0	0.0
78	2	0.2	0	0.0	0	0.0	0	0.0	0	0.0	0	0.0	0	0.0	0	0.0	0	0.0	0	0.0
100	0	0.0	0		0	0.0	0	0.0	0	0.0	0	0.0	0	0.0	0	0.0	1	0.1	0	0.0

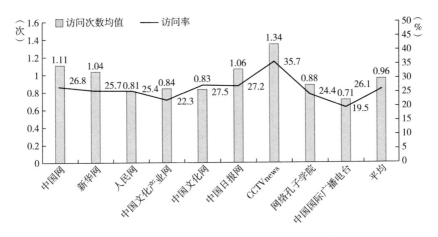

图 7 - 3 2016 年受访者访问 9 家中国对外网站情况

2. 访问中文和外文网站情况对比

比较 2016 年受访者对中国中文网站和外文网站的访问率情况（见表 7 - 12、图 7 - 4），排在第一至第五位的是：CCTVnews（35.7%）、中国文化网（27.5%）、中国日报网（27.2%）、百度（27.1%）、中国网（26.8%），后 4 位相差不大。访问次数比较，排在第一至第三位的是：CCTVnews（1.34 次）、中国网（1.11 次）、中国日报网（1.06 次）。

将 2 家中文网站平均数和 9 家外文网站平均数进行比较，访问率前者为 24.8%，后者为 26.1%；访问次数前者为 0.69 次，后者为 0.96 次，相差不大。中文网站访问率和访问次数都要低于外文网站。

表 7 - 12 受访者对中文网站和外文网站的访问率和访问次数对比

	使用次数（次）	访问率（%）
百度	0.76	27.1
新浪	0.61	22.5
中国网	1.11	26.8
新华网	1.04	25.7
人民网	0.81	25.4
中国文化产业网	0.84	22.3
中国文化网	0.83	27.5
中国日报网	1.06	27.2

续表

	使用次数（次）	访问率（%）
CCTVnews	1.34	35.7
网络孔子学院	0.88	24.4
中国国际广播电台	0.71	19.5
中文网站平均	0.69	24.8
外文网站平均	0.96	26.1

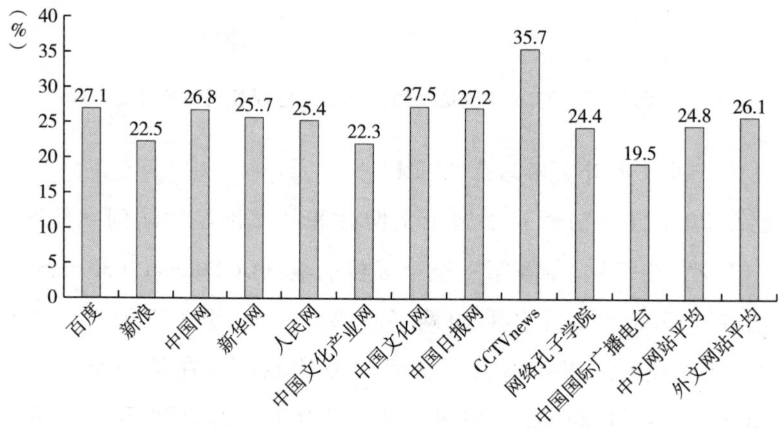

图 7 - 4　受访者对中国中文网站和外文网站的访问率对比

七　受访者关注中国对外媒体脸书和推特账号情况

（一）问卷内容

伴随新兴媒体发展，各传统媒体纷纷在国际著名社交媒体脸书和推特上注册了自己媒体账号，扩大自己的受众群体。中国最主要的对外媒体前些年都在脸书和推特上注册了自己的账号，外国受众对它们的关注情况如何？本次问卷首次对这个问题进行了调查。具体内容如下。

V39. 您是否在脸书或推特上关注过以下媒体的账号？（可多选）【循环出示，行单选】

	脸　　书		推　　特	
	1. 没有	2. 关注过	1. 没有	2. 关注过
1. 中央电视台				
2.《人民日报》				
3. 新华社				
4. 中国网				
5.《中国日报》				
6.《环球时报》				
7. 国际广播电台				

（二）数据分析

数据显示（见表 7 - 13、图 7 - 5）：受访者在脸书上关注过《环球时报》公众号的比例最高，为 38.1%，第二名《人民日报》为 32.9%，第三名中国网为 32.0%，第四名中央电视台 28.7%，第五名《中国日报》23.6%，第六名国际广播电台为 22.3%，最后新华社为 22.2%。受访者在推特上关注过中国网公众号的比例最高，为 26.1%，第二名《环球时报》为 25.5%，第三名《人民日报》为 22.2%，第四名中央电视台为 20.8%，第五名《中国日报》为 18.5%，第六名新华社为 17.7%，最后国际广播电台是 14.9%。可以看出，整体上脸书关注度更高，且脸书的关注度情况差别较明显；而推特的关注度较低，整体差别不是很大。不论是脸书还是推特，国际广播电台的关注度都比较低。

表 7 - 13　受访者对 7 家媒体的脸书和推特公众号的关注度

单位：份,%

	样本量	脸　　书		推　　特	
		1. 没有	2. 关注过	1. 没有	2. 关注过
1. 中央电视台	1013	71.3	28.7	79.2	20.8
2.《人民日报》	1013	67.1	32.9	77.8	22.2
3. 新华社	1013	77.8	22.2	82.3	17.7
4. 中国网	1013	68.0	32.0	73.9	26.1
5.《中国日报》	1013	76.4	23.6	81.5	18.5

续表

	样本量	脸　书		推　特	
		1. 没有	2. 关注过	1. 没有	2. 关注过
6.《环球时报》	1013	61.9	38.1	74.5	25.5
7. 国际广播电台	1013	77.7	22.3	85.1	14.9
平　　均	1013	71.5	28.5	79.2	20.8

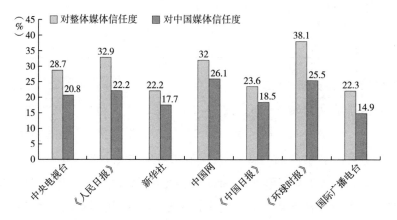

图7-5　受访者在脸书和推特上关注7家媒体情况

八　对中国媒体的信任度

(一)　问卷内容

印度民众对媒体行业是否信任、对中国媒体是否信任,这关系到中国媒体的使用率和传播效果。问卷调查了印度民众对媒体行业和中国媒体的信任度。媒体分成两大类,一类按媒体业务属性分成三种——新闻出版业、电视台、网络新媒体;一类按媒体的所有制性质划分成三种——政府媒体、公共媒体、商业媒体。问卷首先调查受访者对媒体行业的信任度,然后调查对中国媒体的信任度。具体内容如下。

V40. 您对下面各类大众传媒的信任程度如何?【循环出示,行单选】

媒　　体	很不信任	不太信任	信　任	很信任	不知道
1. 新闻出版业					
2. 电视台	1	2	3	4	
3. 网络新媒体	1	2	3	4	

媒　　体	很不信任	不太信任	信　任	很信任	不知道
4. 政府媒体	1	2	3	4	
5. 公共媒体	1	2	3	4	
6. 商业媒体	1	2	3	4	

V41. 您对下面这些中国大众传媒的信任程度如何?【循环出示,行单选】

媒　　体	很不信任	不太信任	信　任	很信任	不知道
1. 新闻出版业	1	2	3	4	
2. 电视台	1	2	3	4	
3. 网络新媒体	1	2	3	4	
4. 政府媒体	1	2	3	4	
5. 公共媒体	1	2	3	4	
6. 商业媒体	1	2	3	4	

(二) 数据分析

1. 对媒体行业的信任度

为评估受访者对中国六类媒体的信任度,我们首先测评了受访者对广义同类媒体的信任度。其中平均有 4.3% 回答 "不知道" (见表 7-14)。

表 7-14　受访者群体对媒介组织的信任情况

	新闻出版业	电视台	网络新媒体	政府媒体	公共媒体	商业媒体
很不信任	6.0	4.9	3.8	6.4	5.7	5.4
不太信任	18.0	12.3	8.2	16.3	17.3	21.8
信　任	37.0	37.8	37.1	36.5	38.0	39.5
很信任	34.6	40.2	47.4	36.2	34.3	29.2
不知道	4.4	4.7	3.5	4.5	4.7	4.0

去除不知道者,用信任比例和均值两种方法测量信任度。信任比例为 "信任" 和 "很信任" 的比例之和;将 "很不信任" 赋值 1, "不太信任" 赋值 2, "信任" 赋值 3, "很信任" 赋值 4 法计算均值。

(1) 不同业态的媒体

在三种不同业态的媒体中,网络新媒体 (87.5%) 的信任度比电视台（81.9%）高5.6个百分点，位居榜首。新闻出版业（74.9%）位居第三。三者的信任度差距比较明显。均值测量结果与信任度排序一致：网络新媒体（3.33）、电视台（3.19）、新闻出版业（3.05）。三者皆介于"信任"和"很信任"之间。

（2）不同所有制媒体

三种不同所有制媒体的信任度测评显示，政府媒体（76.3%）位居第一，公共媒体（75.9%）位居第二，商业媒体（71.7%）居第三。均值测量结果与信任度排序一致：政府媒体（3.07）、公共媒体（3.06）、商业媒体（2.96）。前两者皆介于"信任"和"很信任"之间，商业媒体介于"不太信任"和"信任"之间。不论是比例还是均值，政府媒体都比公共媒体和商业媒体更趋向信任（见表7-15、图7-6、图7-7）。根据上面的对比分析，政府办的网络新媒体的信任度最高。

表7-15　受访者群体对媒介组织的信任度（4级量表）

单位：%

	新闻出版业	电视台	网络新媒体	政府媒体	公共媒体	商业媒体
很不信任	6.3	5.2	4.0	6.7	6.0	5.7
不太信任	18.8	13.0	8.5	17.1	18.1	22.7
信任	38.7	39.7	38.4	38.3	39.9	41.2
很信任	36.2	42.2	49.1	38.0	36.0	30.5
信任度	74.9	81.9	87.5	76.3	75.9	71.7
均　　值	3.05	3.19	3.33	3.07	3.06	2.96

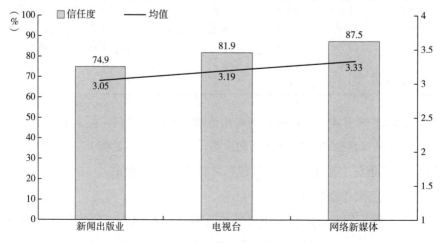

图7-6　不同业态媒体的信任度与均值

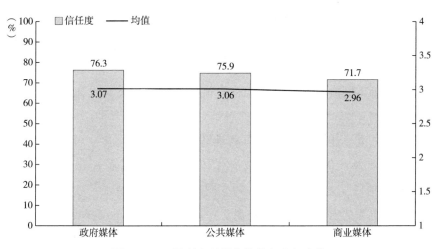

图 7 - 7　不同所有制媒体的信任度与均值

2. 对中国媒体的信任度

在评估了受访者对广义同类媒体的信任度后，再测评受访者对中国六类媒体的信任度。6 类媒体平均回答"不知道"的为 12.5%（见表 7 - 16）。

表 7 - 16　受访者群体对中国媒体的信任情况

	新闻出版业	电视台	网络新媒体	政府媒体	公共媒体	商业媒体
很不信任	13.0	11.1	9.8	14.7	11.6	11.5
不太信任	23.5	21.3	19.1	22.7	21.1	23.2
信　　任	27.6	30.8	30.3	26.7	30.0	29.8
很 信 任	22.6	25.0	29.7	23.6	23.6	22.6
不 知 道	13.2	11.8	11.2	12.3	13.6	12.9

去除不知道者，用信任比例和均值两种方法测评信任度。信任比例为"信任"和"很信任"的比例之和；将"很不信任"赋值 1，"不太信任"赋值 2，"信任"赋值 3，"很信任"赋值 4，计算均值。

（1）不同业态的媒体

在三种不同业态的媒体中，网络新媒体（67.5%）的信任度比电视台（63.2%）高出 4.3 个百分点，位居榜首。新闻出版业（58%）位居第三。均值测量结果与信任度排序一致：网络新媒体（2.90）、电视台

（2.79）、新闻出版业（2.69）。三者皆介于"不太信任"和"信任"之间。

（2）不同所有制媒体

在三种不同所有制的媒体中，在信任度方面，公共媒体（62%）位居第一，商业媒体（60.2%）位居第二，政府媒体（57.3%）居第三。三者的信任度差距较明显。均值测量结果与信任度排序一致：公共媒体（2.76）、商业媒体（2.73）、政府媒体（2.67）。三者皆介于"不太信任"和"信任"之间（见表7－17、图7－8、图7－9）。

根据上面的对比分析，受访者对中国网络新媒体的信任度最高。

表7－17　受访者群体对中国媒介组织的信任度（4级量表）

单位：%

	新闻出版业	电视台	网络新媒体	政府媒体	公共媒体	商业媒体
很不信任	15.0	12.5	11.0	16.8	13.5	13.2
不太信任	27.1	24.2	21.4	25.9	24.5	26.6
信任	31.9	34.9	34.1	30.4	34.7	34.2
很信任	26.1	28.3	33.4	26.9	27.3	26.0
信任度	58.0	63.2	67.5	57.3	62.0	60.2
均值	2.69	2.79	2.90	2.67	2.76	2.73

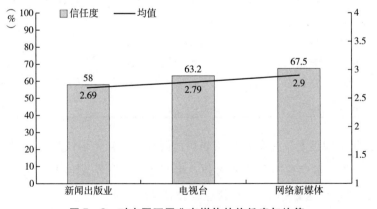

图7－8　对中国不同业态媒体的信任度与均值

3. 对媒体行业的信任度与对中国媒体的信任度对比

对媒体行业的信任度调查与对中国媒体的信任度调查的问题设计紧密相关，且问题题干和选项完全一致，两者具有可比性。对比的数据见表

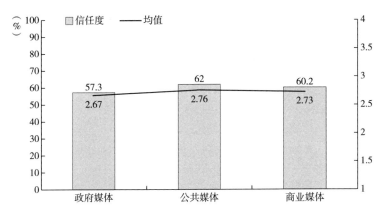

图 7 - 9　对中国不同所有制媒体的信任度与均值

7 - 18、图 7 - 10。

（1）不同业态的媒体

在三种不同业态的媒体中，对整个媒体行业的信任度都高于对中国媒体的信任度，且差值较大。例如，对整个网络新媒体行业的信任度（87.5%）比对中国网络新媒体的信任度（67.5%）高出 20 个百分点。三种媒体平均高出 18.5 个百分点。均值测量结果显示，对整个媒体行业的信任度都高于对中国媒体的信任度。例如，对电视台整个行业的信任均值（3.19）比对中国电视台的信任均值（2.79）高出 0.4。三种媒体平均要高出 0.40。

（2）不同所有制媒体

在三种不同所有制的媒体中，对整个媒体行业的信任度都高于对中国媒体的信任度，且差值较大。例如，对整个公共媒体行业的信任度（75.9%）比对中国公共媒体的信任度（62.0%）高出 13.9 个百分点。三种媒体平均要高出 14.8 个百分点。均值测量结果也显示，三种媒体平均要高出 0.31。

总之，受访者对整个媒体行业的信任度高于对中国媒体的信任度。

表 7 - 18　受访者对整个媒体行业与对中国媒体信任度对比（4 级量表）

	新闻出版业	电视台	网络新媒体	不同业态媒体平均值	政府媒体	公共媒体	商业媒体	不同所有制媒体平均值
对媒体的信任度（%）	74.9	81.9	87.5	81.4	76.3	75.9	71.7	74.6

续表

	新闻出版业	电视台	网络新媒体	不同业态媒体平均值	政府媒体	公共媒体	商业媒体	不同所有制媒体平均值
对中国媒体的信任度（%）	58.0	63.2	67.5	62.9	57.3	62.0	60.2	59.8
信任度之差	16.9	18.7	20.0	18.5	19.0	13.9	11.5	14.8
对媒体行业的信任均值	3.05	3.19	3.33	3.19	3.07	3.06	2.96	3.03
对中国媒体的信任均值	2.69	2.79	2.90	2.79	2.67	2.76	2.73	2.73
均值之差	0.36	0.40	0.43	0.40	0.40	0.30	0.23	0.31

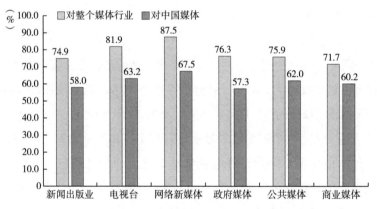

图 7 - 10　对整个媒体行业与中国媒体的信任度对比

4. 与 2011 年调查数据对比

2011 年曾经用与 2016 年同样的问题进行过调查，问题如下。

您对下面这些组织的信任程度如何？

	1. 根本不信任	2. 不太信任	3. 信任	4. 很信任	5. 不知道
新闻出版业					
电视台					
互联网					
政府媒体					
公共媒体					
商业媒体					

2016 年与 2011 年调查信任度均值数据对比（见表 7 – 19、图 7 – 11）显示：印度受访者对整个媒体行业的信任度降低了，不论是新闻出版业、电视台还是互联网、网络新媒体。

表 7 – 19　2016 年与 2011 年调查信任度均值对比

媒　　体	2011 年	2016 年	两者之差
新闻出版业	3.05	2.65	0.40
电　视　台	3.19	2.91	0.28
网络新媒体	3.33	3.08	0.25
政府媒体	3.07	2.74	0.33
公共媒体	3.06	2.79	0.27
商业媒体	2.96	2.72	0.24

2011 年曾调查过印度民众对不同国家媒体的信任情况（见表 7 – 20、表 7 – 21），当时中国选取的新华社是政府媒体中的新闻出版业代表，从 2016 年的中国媒体与新华社对比来看，信任度也有明显的下降。

表 7 – 20　2011 年对五个国家媒体信任度调查情况

	美联社	新华社	路透社	法新社	印度报业托拉斯通讯社
根本不信任	15.0	9.7	9.3	8.8	7.0
不太信任	10.0	12.6	7.5	7.6	5.5
中立	21.5	25.5	25.9	25.7	17.3
信任	24.9	22.3	25.3	25.1	25.5
很信任	18.2	17.6	21.3	17.6	37.0
信任度（%）	43.1	39.9	46.6	42.7	62.5
均　　值	2.90	2.89	3.10	2.90	3.57

表 7 – 21　2016 年与 2011 年中国媒体信任均值对比

	新闻出版业	政府媒体
2016 年中国媒体	2.69	2.67
2011 年的新华社	2.89	2.89

九　调查后的思考

(一) 印度民众主要通过印度的通信软件和印度的报纸了解中国

印度民众了解中国的渠道主要是网络原生新媒体和传统大众媒体。网络原生新媒体主要是脸书 50.6% 、YouTube 44.7% 、推特 25%，传统大众媒体主要是印度的报纸，线上报纸 30.1% 、线下报纸 34.7% 、线上电视 24.7% 、线下电视 24.8% 。换言之，他们使用的是印度的通信软件和印度的本土媒体。这两个渠道远远超过人际交流渠道，或者中国组织传播渠道。在人际交流渠道中，主要还是从本国人获取信息。

(二) 对中国媒体信任度低，不愿意使用中国媒体

获取中国信息的渠道中，印度民众接触最多的是中餐馆，占比 25.5%，中国朋友也有很高的比例 (21.9%)，但通过中国的电视、报纸、广播了解中国的人很少，不论是线上还是线下排名都靠后，比例仅有个位数。造成这个结果的主要原因是印度民众对中国媒体不信任。在信任度调查中，印度民众对网络新媒体的信任度达到 87.5%，电视台为 81.9%，新闻出版业为 74.9%，但对中国网络新媒体的信任度只有 67.5%，电视台只有 63.2%，新闻出版业只有 58.0%，有很大的差距。他们通过中餐馆 (25.5%)、与中国友人交流 (17.4%)、购买中国商品 (20.9%) 来获取信息，但鲜少使用中国正式的官方媒体。

(三) 印度民众不喜欢政府媒体

在中国传统大众媒体中，印度民众最常接触的中国生产的电影 (45.1%) 和中国电视台的外语节目 (44.3%)，比图书、中文节目、广播电台高得多。但从喜好度调查来看，印度民众对中国电视台外语节目的喜好度反而是最低的，均值只有 3.91，比广播电台、电影、中文节目、图书都低得多。我们调查 CCTVnews、中国文化网、中国日报网、中国网、新华网、人民网、中国文化产业网、新浪网、网络孔子学院、中国国际广播电台这些官方媒体的使用频率。印度民众接触最多的是 CCTVnews，访问率达到 (35.7%)，访问次数均值为 1.34。换句话说，他们不喜欢政府媒体与 CCTVnews 有关。尽管我们不愿意看到这个结果，但它支持了印度民众对中国官方媒体缺乏信任的调查结果。

（四）印度民众对整个媒体行业的信任度大幅下降

印度民众认为该国媒体传播中国信息的正面度（正面和非常正面）为 34.2%，中立的占 45.3%，均值为 3.16，众数为 3（中立）。但是对比 2011 年的调查资料，印度民众对整个媒体的信任度降低了，新闻出版业从 3.05 下降到 2.65、电视台从 3.19 下降到 2.91，网络新媒体从 3.33 下降到 3.08，他们对中国媒体的信任度也在下降。

（五）公共外交有大量工作可做

印度民众大量通过印度本土媒体来了解中国，他们认为，该国媒体传播中国信息的正面度（正面和非常正面）为 34.2%，中立的占比 45.3%，仅有 1/4 认为是负面的。尽管我们没有调查印度民众对中国媒体传播的正面度，但从他们对中国媒体的喜爱度来推测，他们认为中国媒体的报道是负面的。这也许与中印边界冲突有关，他们或许不能接受中国政府的态度，转而不信任中国媒体，这从他们不喜欢 CCTVnews 的调查结果可以验证。但他们喜欢中国电影和中国友人，对他们的信任度高。由此看来，在印度，公共外交有大量的工作可做。

第八章 中国文化团体和企业
在印度的影响力

一 问卷设计

组织传播是中外文化交流的三大渠道之一。这类渠道很多,其中文化团体和跨国企业的作用尤为明显。通过文化团体进行中外文化交流,我国各类文化艺术团体出国演出、文化出国展览、孔子学院、海外中国文化中心、体育团队无疑在对外文化交流中发挥着重要作用。文化部组织的综合性对外文化交流活动有多种,如感知中国、欢乐中国、文化中国、国家文化年等,其中,"欢乐春节"是 2010 年以来我国文化部牵头联合相关部门重点推出的面向全球的对外文化交流活动,在全球产生较大影响。例如,2016 年,"欢乐春节"在全球 140 个国家和地区的 400 余座城市举办了包括专场演出、广场巡游、庙会、展览、影视播放、美食互动等十多个门类的 2100 多项文化活动,不但吸引多国政要拜年祝贺和现场助阵,更激发数以亿计的各国民众极大的参与热情,海外受众超过 2.5 亿人次。孔子学院是另一重要文化交流组织,我国自 2004 年在韩国建立了首家孔子学院以来,2016 年 12 月 31 日,全球 140 个国家(地区)建立 512 所孔子学院和 1073 个孔子课堂。海外中国文化中心是中国政府派驻国外的官方文化机构,2016 年底,中国在欧洲 11 国、亚洲 10 国、非洲 5 国、大洋洲 3 国和拉丁美洲 1 国共建立了 30 个中国文化中心。据统计,2015 年,海外中国文化中心开展各类文化活动上千场,受众达 281 万余人次,各中心注册学员总数达 1.6 万余人次,影响力和辐射力与日俱增。它们在中外文化交流中发挥着不容忽视的作用,也是文化交流的一种媒介。

当今，世界主要国家普遍采用贸易和投资的方式，推动本国文化"走出去"。经验表明，文化产品"卖出去"比"送出去"效果更好。我国目前是全球第三大对外投资国，我国的跨国企业及其产品在传递中华文化中发挥着不容忽视的作用。据商务部统计，截至2014年底，中国1.85万家境内投资者设立对外直接投资企业近3万家，分布在全球186个国家（地区）。2015年中国100大跨国公司（入围门槛为26.67亿元）的海外员工754731人，平均跨国指数为13.66%，共拥有海外资产56334亿元，实现海外收入51771亿元。这些跨国公司也是文化交流的一种媒介，需要调查其文化影响力。

在2011年和2013年问卷的基础上，本次调查对调查的问题进行了修订：精简了调查问题的数量近1/3；将调查的变量由定类变量变为定序变量和定距变量；对问题的问法进行了修订，由于网络的发展，在网上看演出、看展览成为一种观看方式，因而将原来的问题"在过去一年中，您在剧场中看过来自中国艺术家的演出吗"和"在过去一年中，您观看过以中国文化为主题的展览吗"修改为"在过去一年中，您在线下线上看过来自中国艺术家的演出吗"和"在过去一年中，您在线下线上观看过以中国文化为主题的展览吗"；对中国的跨国企业名单进行了调整；改进了评价中国制造产品的设问方式，由原来请受访者对产品的正面描述是否同意（5级量表）的问法，改为用9对褒贬对立形容词以7级语义量表来测评受访者对中国产品的刻板印象。

二 欢乐春节活动、文艺演出和展览

（一）问卷内容

首先调查了受访者对中国在受访国举办文化交流活动的认知、态度和行为，特别是对这类活动的品牌"欢乐春节"活动的认知和态度。然后调查了受访者观看文化艺术演出行为及原因，调查了受访者观看中华文化主题展览的情况。

1. 参与文化交流概况

概括性问题如下。

V26. 您听说过中国文化团体在贵国举办过文化交流活动吗？如听过，

您喜欢这种活动吗？

1. 没听过　2. 听说过

若听过：1. 很不喜欢　2. 较不喜欢　3. 无所谓　4. 较喜欢　5. 很喜欢

V26 - 1. 您参加过几次中国与贵国之间的文化交流活动？

0～100 次（下拉菜单）

具体性问题如下。

V11. 您知道以下中国文化产品或服务的品牌吗？若知道，喜欢吗？

中国文化产品或服务品牌	0 不知道	知　　道				
		1. 很不喜欢	2. 较不喜欢	3. 中立	4. 较喜欢	5. 很喜欢
10. 欢乐春节	0	1	2	3	4	5

2. 受访者与文化艺术演出

V28. 在过去一年中，您在线下或线上看过几次来自中国的演出？

0～100 次（下拉菜单）

V28 - 1. 若没看过，原因是什么？（可多选）

1. 没有获得演出信息　2. 没时间　3. 对中国不感兴趣

4. 对演出主题不感兴趣　5. 听说演出的内容不吸引人

6. 听说翻译的质量差　7. 推介方式难以接受

8. 价格贵　9. 以前看过，印象不好　10. 其他

3. 受访者与文化展览

V27. 在过去一年中，您在线上或线下观看过以中国文化为主题的展览吗？

0～100 次（下拉菜单）

（二）数据分析

1. 活动的知晓度

在回答概括性问题时，1013 名受访者中有 71.2%（721 名）听说过中国文化团体在印度举办过文化交流活动。在回答具体问题时，受访者对"欢乐春节"的知晓度为 71.6%（725 名）。对概括性活动和具体活动的

平均知晓度为 71.4%。

2. **活动的好感度**

对于概括性活动，知道中国举办过文化交流活动的受访者中，喜好比例（较喜欢和很喜欢）为 50.0%，无所谓为 18.2%，不喜欢（较不喜欢和很不喜欢）为 3.0%（见图 8 - 1）。用 5 级量表测量受访者喜欢中国举办的文化交流活动的均值为 2.71，众数为 4（较喜欢），标准差为 1.854。对于具体活动"欢乐春节"，知道该活动的受访者对其好感度为 38.9%，不喜欢的有 9.4%，均值为 2.53。众数为"没听过"（28.8%），标准差为 1.823。概括性活动和具体性活动的平均好感度为 44.4%。

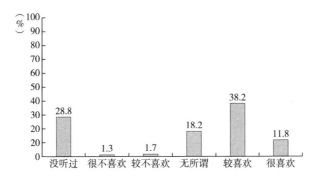

图 8 - 1　对中国在该国举办文化交流活动的态度

3. **对活动的参与度**

（1）**总体性活动**

参与度是受访者参与这类活动的百分比。1013 名受访者中有 340 人参与过中国举办的文化交流活动，参与度为 33.6%。多数参与者参加过 1 次，共有 181 人，占受访者总数的 17.9%。参与次数最多的为 20 次，有 1 人（见表 8 - 1）。

表 8 - 1　受访者参加中印两国文化交流活动情况

参加次数（次）	0	1	2	3	4	5	6	7	8	9	10	12	13	15	20	总计
人数（人）	673	181	76	24	20	18	6	2	5	2	1	2	1	1	1	1013
占比（%）	66.4	17.9	7.5	2.4	2.0	1.8	0.6	0.2	0.5	0.2	0.1	0.2	0.1	0.1	0.1	100

（2）受访者与文化艺术演出

对受访者观看中国文化演出情况的调查结果显示，受访者回答看过的比例为 51.6%，众数为 0（没看过），看过的平均为 1.45 次，其中 25 人看过 10 次及以上，占受访者的 2.5%。标准差为 3.562（见表 8 - 2）

表 8 - 2   受访者观看线上/线下中国演出情况

参加次数（次）	0	1	2	3	4	5	6	7	8	9	10	12	15	19	20	35	80	总计
人数（人）	490	243	127	50	28	25	7	2	15	1	14	3	3	1	2	1	1	1013
占比（%）	48.4	24.0	12.5	4.9	2.8	2.5	0.7	0.2	1.5	0.1	1.4	0.3	0.3	0.1	0.2	0.1	0.1	100.0

（3）观看中国的文化展览情况

在过去一年中，受访者在线下或线上看过中国文化展览情况调查显示。回答看过的比例为 45.5%，众数为 0（没看过），看的平均为 1.06 次，其中有 1 人看过 70 次，为最高值，占受访者总数的 0.1%。标准差为 2.759（见表 8 - 3）。

表 8 - 3   2016 年受访者观看线上/线下中国展览情况

参加次数	0	1	2	3	4	5	6	7	8	9	10	13	15	70	总计
人数	552	229	115	49	19	26	7	3	5	1	1	3	2	1	1013
%	54.5	22.6	11.4	4.8	1.9	2.6	0.7	0.3	0.5	0.1	0.1	0.3	0.2	0.1	100

（4）总体参与同具体参与对比

受访者参加过几次中国与印度的文化交流活动是总体性的参与，受访者是否看过中国的演出和中国的展览是具体的参与，三项调查对比显示：线下和线上看演出的比例（51.6%）略高于看展览的比例（45.5%），看展览的比例（45.5%）高于参加实际活动比例（33.6%）。交流活动、演出、展览的参与率平均为 43.6%（见表 8 - 4）。参加交流活动、看演出、看展览次数的详细数据对比见表 8 - 5，将参加过活动、看过演出、看过展览的总人次，除以受访者总数，获得人均次数，以上三项人均次数分别为 0.34 次、0.52 次和 0.46 次，三项活动平均为 0.36 次。

表 8 – 4　参加过交流活动、看过演出、看过展览次数数据对比

单位：人，%

文化交流活动		中国的演出		中国的展览		三项平均	
参加人数	占比	观看人数	占比	观看人数	占比	人　数	占比
340	33.6	523	51.6	461	45.5	441	43.6

表 8 – 5　参加交流活动、看演出、看展览情况次数数据对比

单位：人次，%

	参加次数	0	1	2	3	4	5	6	7	8	9	10	12	13	15	20	
交流活动	人数	673	181	76	24	20	18	6	2	5	2	1	2	1	1	1	
	占总体比例	66.4	17.9	7.5	2.4	2.0	1.8	0.6	0.2	0.5	0.2	0.1	0.2	0.1	0.1	0.1	
	总人次	765															
	人均次数	2.25															

	参加次数	0	1	2	3	4	5	6	7	8	9	10	12	15	19	20	35	80
中国演出	人数	490	243	127	50	28	25	7	2	15	1	14	3	3	1	2	1	1
	占总体比例	48.4	24.0	12.5	4.9	2.8	2.5	0.7	0.2	1.5	0.1	1.4	0.3	0.3	0.1	0.2	0.1	0.1
	总人次	1464																
	人均次数	2.80																

	参加次数	0	1	2	3	4	5	6	7	8	9	10	13	15	70
中国展览	人数	552	229	115	49	19	26	7	3	5	1	1	3	2	1
	占总体比例	54.5	22.6	11.4	4.8	1.9	2.6	0.7	0.3	0.5	0.1	0.1	0.3	0.2	0.1
	总人次	1073													
	人均次数	2.33													

4. 未看过演出的原因

1013 名受访者中 490 人没有看过演出，问卷询问了他们没有看过的原因（可多选）。10 种原因中，排名前三位的是：没有获得演出信息（48.8%）、没时间（20.4%）、对中国不感兴趣（17.1%）（见表 8 – 6）。

表 8 – 6　受访者未看过中国艺术家表演的原因（可多选）

原因	没有获得演出信息	没时间	对中国不感兴趣	听说翻译的英文质量差	对演出主题不感兴趣	价格贵	其他	听说演出内容不吸引人	推介方式难以接受	以前看过，印象不好
人　次	239	100	84	73	65	42	37	25	25	13
百分比	48.8	20.4	17.1	14.9	13.3	8.6	7.6	5.1	5.1	2.7
排　名	1	2	3	4	5	6	7	8	9	10

（三）不同年龄段数据对比

将受访者分成 6 个年龄段：15～24 岁（263 人）、25～34 岁（233人）、35～44 岁（203 人）、45～54 岁（183 人）、55～64 岁（102 人）、65 岁及以上（29 人）。

1. 对中国文化活动的认知

关于受访者是否听说过中国文化团体在印度举办过文化交流活动的情况，不同年龄段调查数据对比见表 8－7。对比结果显示，总体知道中印文化交流活动的比例（知晓度），25～34 岁的（79.0%）最高，比最低的 65 岁及以上的（48.3%）高出 30.7 个百分点；具体知道欢乐春节的比例，25～44 岁的知晓度（76.8%）最高，比最低的 65 岁及以上（48.3%）高出 28.5 个百分点。总体与具体两者平均，25～34 岁的知晓度（77.9%）最高，比最低的 65 岁及以上（48.3%）高出 29.6 个百分点。总之，各年龄段对中国文化活动的认知有区别，但区别不大。

2. 对中国文化活动的态度

知道中国文化团体在印度举办过文化交流活动的受访者，不同年龄段是否喜欢该活动的调查数据对比见表 8－7。对比结果显示，总体喜欢中印文化交流活动的比例（喜好度），25～34 岁的（58.4%）最高，比最低的 65 岁及以上（31.0%）高出 27.4 个百分点；具体喜欢欢乐春节的比例，35～44 岁的喜好度（43.8%）最高，比最低的 65 岁及以上的（20.7%）高出 23.1 个百分点。总体与具体两者平均，25～34 岁的喜好度（50.7%）最高，比最低的 65 岁及以上（25.9%）高出 24.8 个百分点。总之，各年龄段对中国文化活动的态度有区别。

表 8－7　不同年龄段受访者对文化活动的认知和态度对比

单位：份,%

年龄段	样本量	总体知道文化交流活动		具体知道欢乐春节活动		两项平均	
		知晓度	喜好度	知晓度	喜好度	知晓度	喜好度
15～24 岁	263	72.2	50.2	71.5	39.9	71.9	45.1
25～34 岁	233	79.0	58.4	76.8	42.9	77.9	50.7
35～44 岁	203	72.9	53.7	76.8	43.8	74.9	48.8

续表

年龄段	样本量	总体知道文化交流活动		具体知道欢乐春节活动		两项平均	
		知晓度	喜好度	知晓度	喜好度	知晓度	喜好度
45～54 岁	183	61.2	39.3	66.7	35.0	64.0	37.2
55～64 岁	102	71.6	48.0	64.7	29.4	68.2	38.7
65 岁及以上	29	48.3	31.0	48.3	20.7	48.3	25.9
整　　体	1013	71.2	50.0	71.6	38.9	71.4	44.5

知道者中，不同年龄段对总体文化交流活动的喜好度与具体欢乐春节活动的卡方分析的显著性值分别为 0.071 和 0.114，均大于 0.05，接受原假设，即不同年龄段群体对文化交流活动的喜好均值没有显著差异。

3. 参与中国文化活动情况

不同年龄段受访者参加三类中印文化交流活动的调查数据对比见表 8－8。对比结果显示，总体上参加中印文化交流活动的比例，25～34 岁的参与度（42.5%）最高，比最低的 65 岁及以上的（10.3%）高出 32.2 个百分点；具体观看中国展览的比例，25～34 岁的参与度（57.1%）最高，比最低的 65 岁及以上（24.1%）高出 33 个百分点。具体观看中国演出的比例，15～24 岁的参与度（60.8%）最高，比最低的 55～64 岁（30.4%）高出 30.4 个百分点。三种活动平均，参与度排名由高到低为：25～34 岁（35.14%）、15～24 岁（32.03%）、35～44 岁（28.78%）、45～54 岁（12.67%）、55～64 岁（10.27%）、65 岁及以上（6.61%）。数据显示，25～34 岁是参与度最高的群体。

一元方差分析显示，不同年龄（不是年龄段）与参加文化交流活动、观看演出、参观展览的方差齐性检验显著性分别为 0.000、0.014、0.012，均小于 0.05。选择 Welch 程序进行分析发现，三项的显著性分别为 0.000、0.000、0.000，均小于 0.05，接受原假设，说明年龄与观看演出和参观展览有显著区别。年龄与参加文化交流活动没有显著区别（见表 8－8、表 8－9、表 8－10、表 8－11）。

表8-8　不同年龄段受访者参与文化活动次数对比

单位：份，%

总体交流活动

活动	年龄段	参加次数 0	1	2	3	4	5	6	7	8	9	10	12	13	15	20	总样本	未参加	参与度
总体交流活动	15~24岁	60.5	20.5	6.5	3.0	2.7	3.0	2.3	0.4	0.4	0.4	0.4	0.0	0.0	0.0	0.0	263	≈159	39.5
	25~34岁	57.5	21.5	12.4	2.6	2.1	0.9	0.0	0.4	0.9	0.0	0.0	0.9	0.4	0.4	0.0	233	134	42.5
	35~44岁	61.6	20.7	8.4	3.0	2.5	3.0	0.0	0.0	0.5	0.5	0.0	0.0	0.0	0.0	0.0	203	125	38.4
	45~54岁	79.2	12.6	3.8	0.5	1.6	1.1	0.0	0.0	0.5	0.0	0.0	0.0	0.0	0.0	0.5	183	145	20.8
	55~64岁	82.4	10.8	4.9	2.0	0.0	0.0	0.0	0.0	0.0	0.0	0.0	0.0	0.0	0.0	0.0	102	84	17.6
	65岁及以上	89.7	3.4	3.4	3.4	0.0	0.0	0.0	0.0	0.0	0.0	0.0	0.0	0.0	0.0	0.0	29	26	10.3
	整体	66.4	17.9	7.5	2.4	2.0	1.8	0.6	0.2	0.5	0.2	0.1	0.2	0.1	0.1	0.1	1013	673	33.6

观看中国演出

活动	年龄段	参加次数 0	1	2	3	4	5	6	7	8	9	10	12	13	15	19	20	35	80	总样本	未参加	参与度
观看中国演出	15~24岁	39.2	24.3	14.4	8.7	2.3	1.5	1.9	0.0	0.4	2.3	0.4	0.0	0.4	0.4	0.4	0.4	0.0	0.0	263	≈103	60.8
	25~34岁	42.1	29.2	11.6	5.2	5.2	3.9	0.4	3.8	0.0	0.0	1.3	0.0	0.9	0.9	0.0	0.4	0.4	0.0	233	98	57.9
	35~44岁	45.8	30.0	11.3	3.0	2.0	3.4	0.0	1.5	0.0	2.0	0.0	0.0	0.0	0.0	0.0	0.5	0.5	0.0	203	93	54.2
	45~54岁	61.2	15.8	14.8	2.7	1.1	2.7	0.5	0.5	0.0	0.5	0.0	0.0	0.0	0.0	0.0	0.0	0.0	0.0	183	112	38.8
	55~64岁	69.6	16.7	7.8	2.0	2.0	0.0	0.0	0.0	0.0	2.0	0.0	0.0	0.0	0.0	0.0	0.0	0.0	0.0	102	71	30.4
	65岁及以上	44.8	13.8	13.8	6.9	6.9	6.9	0.0	3.4	0.0	3.4	0.0	0.0	0.0	0.0	0.0	0.0	0.0	0.0	29	13	55.2
	整体	48.4	24.0	12.5	4.9	2.8	2.5	0.2	1.5	0.1	1.4	0.3	0.3	0.2	0.1	0.1	0.1	0.1	0.1	1013	490	51.6

年龄段	参加次数 0	1	2	3	4	5	6	7	8	9	10	13	15	70	总样本

续表

活动	年龄段	参加次数														总样本	未参加	参与度
		0	1	2	3	4	5	6	7	8	9	10	13	15	70			
观看中国展览	15~24岁	48.7	23.6	11.8	6.1	1.9	5.3	0.8	0.8	0.4	0.4	0.4	0.0	0.0	0.0	263	≈128	51.3
	25~34岁	42.9	28.8	17.2	4.3	1.7	.9	1.3	0.4	0.4	0.0	0.0	1.3	0.4	0.4	233	100	57.1
	35~44岁	54.2	21.7	11.3	5.9	2.5	3.4	0.5	0.0	0.5	0.0	0.0	0.0	0.0	0.0	203	110	45.8
	45~54岁	68.3	17.5	6.6	3.8	1.1	1.6	0.5	0.0	0.5	0.0	0.0	0.0	0.0	0.0	183	125	31.7
	55~64岁	65.7	19.6	7.8	2.0	2.9	0.0	0.0	0.0	1.0	0.0	0.0	0.0	1.0	0.0	102	67	34.3
	65岁及以上	75.9	13.8	3.4	6.9	0.0	0.0	0.0	0.0	0.0	0.0	0.0	0.0	0.0	0.0	29	22	24.1
	整体	54.5	22.6	11.4	4.8	1.9	2.6	0.7	0.3	0.5	0.1	0.1	0.3	0.2	0.1	1013	552	45.5

表 8 – 9 年龄与参加文化交流活动次数的单因素方差分析

均值相等性的键壮性检验				
	统计量[a]	df1	df2	显著性
Welch	11. 548	5	250. 793	0. 000

a. 渐近 F 分布。

表 8 – 10 年龄与线下或线上看过中国演出次数的单因素方差分析

均值相等性的键壮性检验				
	统计量[a]	df1	df2	显著性
Welch	7. 579	5	222. 691	0. 000

a. 渐近 F 分布。

表 8 – 11 年龄与线下或线上看过中国展览次数的单因素方差分析

均值相等性的键壮性检验				
	统计量[a]	df1	df2	显著性
Welch	5. 931	5	238. 038	0. 000

a. 渐近 F 分布。

4. 没有看过演出的原因

卡方分析显示，不同年龄段与"没有获得演出信息"和"听说演出内容不吸引人"的显著水平分别为 0. 002、0. 026，均小于 0. 05，表明不同年龄段与因"没有获得演出信息"和"没有时间"而没有看过演出有明显差异（见表 8 – 12、表 8 – 13）。

表 8 – 12 不同年龄段与"没有获得演出信息"卡方检验

	值	df	渐进 Sig. （双侧）
Pearson 卡方	18. 482[a]	5	0. 002
似然比	18. 725	5	0. 002
线性和线性组合	13. 763	1	0. 000
有效案例中的 N	490		

a. 0 单元格（0.0%）的期望计数少于 5。最小期望计数为 10. 29。

表 8 – 13　不同年龄段与"听说演出内容不吸引人"卡方检验

	值	df	渐进 Sig.（双侧）
Pearson 卡方	12.768a	5	0.026
似然比	16.845	5	0.005
线性和线性组合	12.036	1	0.001
有效案例中的 N	490		

a. 0 单元格（0.0%）的期望计数少于 5。最小期望计数为 9.22。

不同年龄段与"没有时间"（0.543）、"对演出主题不感兴趣"（0.687）、"对中国不感兴趣"（0.984）、"其他"（0.565）、"价格贵"（0.075）、"以前看过，印象不好"（0.255）、"听说翻译的英文质量差"（0.472）、"推介方式难以接受"（0.719）的显著水平均大于 0.05，表明不同年龄段与这些原因没有明显差异。

不同年龄段受访者中，65 岁及以上这个年龄段的样本太少，不参与各年龄段的数据排序比较，只对 15～64 岁受访者的进行数据比较。

对中国举办的各种文化活动，25～34 岁的喜好度（58.4%）最高，比最低的 65 岁以上（31.0%）高出 27.4 个百分点。将参加各类活动的受访者人数平均，参与度排名由高到低为 15～24 岁（39.4%）、25～34 岁（37.9%）、35～44 岁（28.4%）、65 岁及以上（24.1%）、45～54 岁（23.3%）、55～64 岁（20.2%），年龄与观看演出和参观展览有显著区别。

这些数据说明，对中印文化交流活动的知晓率、喜好度和参与度，25～34 岁都较高，而 55～64 岁都较低。因而 25～34 岁是中印文化交流的积极参与者。

对不同年龄段受访者没有看过演出的 10 种原因的卡方分析显示，不同年龄段与"没有获得演出信息"和"听说演出内容不吸引人"的显著水平分别为 0.002、0.026，均小于 0.05，表明不同年龄段与"没有获得演出信息"和"没有时间"有明显差异。不同年龄段与"没有时间"（0.543）、"对演出主题不感兴趣"（0.687）、"对中国不感兴趣"（0.984）、"其他"（0.565）、"价格贵"（0.075）、"以前看过，印象不好"（0.255）、"听说翻译的英文质量差"（0.472）、"推介方式难以接受"（0.719）的显著水平均大于为 0.05，表明不同年龄段与这些原因没有明显差异。

三　中国企业在海外的影响

（一）问卷内容

随着经济全球化的发展，中国的公司企业和产品进入印度，它们成为传递中国文化的重要载体。中华文化印象调查问卷首次调查了印度受访者对我国跨国企业的认知和态度、对中国制造产品的使用和态度、接触中国产品广告的次数和态度。

1. 对中国企业的认知和态度

V30. 以下是中国的跨国企业，您知道它们吗？（可多选）

1. 海尔　2. 联想　3. 华为　4. 百度　5. 新浪　6. 中兴　7. 中国银行 8. 中国航天科技集团公司　9. 中国国际航空公司　10. 阿里巴巴（淘宝） 11. 腾讯（微信）　12. 中石化　13. 中国中车　14. 中国中铁股份有限公司　15. 万达文化产业集团　16. 中国移动　17. 以上都不知道

V30 - 1. 您对中国企业的总体印象如何？

1. 很不好　2. 不好　3. 不好不坏　4. 较好　5. 很好　6. 不知道

2. 对中国制造产品的使用和态度

V31. 您在日常生活中使用过中国制造的产品吗？

1. 从未使用　2. 很少使用　3. 有时使用　4. 经常使用 5. 天天使用

V32. 您如何评价中国制造的产品？

1. 质量差　1　2　3　4　5　6　7　质量好

2. 没有创新　1　2　3　4　5　6　7　有创新

3. 浪费资源　1　2　3　4　5　6　7　节省资源

4. 价格贵　1　2　3　4　5　6　7　价格便宜

5. 没有吸引力　1　2　3　4　5　6　7　有吸引力

6. 售后服务差　1　2　3　4　5　6　7　售后服务好

7. 声誉差　1　2　3　4　5　6　7　享有盛誉

8. 没有中国风格　1　2　3　4　5　6　7　具有中国风格

9. 您在意中国产品具有中国风格吗？

根本不在意　1　2　3　4　5　6　7非常在意

3. 接触中国产品广告的次数和态度

V33. 您在过去的一年看过几次中国产品广告？喜欢吗？

0 ~ 100（下拉菜单）

1. 很不喜欢　2. 较不喜欢　3. 中立　4. 较喜欢　5. 很喜欢

（二）整体数据分析

1. 对中国跨国企业的认知和态度

（1）中国企业的知名度

数据显示：16 家中资企业中，知晓度名列前三的为联想（76.9%）、华为（73.5%）、海尔（61.2%），知名度超过 20% 的企业有 10 家。倒数第一到第三为新浪（5.0%）、中石化（7.1%）、万达（7.2%）。16 家企业知晓度平均值为 33.4%。对 16 家企业都不知道的为 4.0%（见表 8 - 14）。

表 8 - 14　受访者对中国企业的知晓度

企业名称	频率（人次）	知晓度（%）	排名
联想	779	76.9	1
华为	745	73.5	2
海尔	620	61.2	3
阿里巴巴（淘宝）	534	52.7	4
中国国际航空公司	439	43.3	5
中兴	421	41.6	6
中国移动	373	36.8	7
中国银行	355	35.0	8
腾讯（微信）	249	24.6	9
百度	212	20.9	10
中国航天科技集团公司	171	16.9	11
中国中车	166	16.4	12
中国中铁	161	15.9	13
万达	73	7.2	14
中石化	72	7.1	15
新浪	51	5.0	16
平　均	338.8	33.4	—
以上都不知道	41	4.0	—

（2）对中国企业印象的好感度

在调查受访者对中国企业的总体印象时，1013 名受访者中有 36 人回答"不知道"，占 3.6%。去除不知道者，用 5 级量表测量，结果显示，对中国企业的印象好感度尚可，选择"好"的（"较好"和"很好"）为 71.6%，中立为 22.1%，仅有 6.3% 的受访者对中国企业印象不好。均值为 3.90，接近"较好"；众数为 4（较好），标准差为 0.948（见表 8-15）。

表 8-15　受访者对中国企业的总体印象

			频率（人次）	百分比（%）
有　　效		很　不　好	32	3.3
		不　　好	29	3.0
		不好不坏	216	22.1
		较　　好	432	44.2
		很　　好	268	27.4
		合　　计	977	100.0
N		有　　效	977	
		缺　　失	0	
	均　　值		3.90	
	中　　值		4.00	
	众　　数		4	
	标准差		0.948	

2. 对中国制造产品的使用和态度

（1）使用中国产品情况

用五级量表调查使用情况，数据显示：只有 5.4% 的受访者从未使用过中国产品。在天天使用、经常使用、有时使用和很少使用四类选项中，受访者选择最多的是"有时使用"，占 36.0%；天天使用的占 16.7%。均值为 3.41，标准差为 1.066（见表 8-16）。

表 8 – 16　受访者在日常生活中使用中国制造的产品情况

单位：人次，%

		频　率	百分比	有效百分比	累积百分比
有效	从未使用	55	5.4	5.4	5.4
	很少使用	118	11.6	11.6	17.1
	有时使用	365	36.0	36.0	53.1
	经常使用	306	30.2	30.2	83.3
	天天使用	169	16.7	16.7	100.0
	合　　计	1013	100.0	100.0	

N	有　效	1013
	缺　失	0
均　值		3.41
中　值		3.00
众　数		3
标准差		1.066

（2）对中国产品的评价

本次调查选用 7 级量表语义调查法，以 8 对描绘评价产品的褒贬对立的形容词，调查了受访者对中国产品的刻板印象。1 为贬义的一极，7 为褒义的另一极，请受访者在 1 ~ 7 中选择。通过计算均值，评估受访者对中国产品的刻板印象。对中国产品评价的均值见表 8 – 17。

均值得分居前三位的为："价格贵—价格便宜" 5.33、"没有吸引力—有吸引力" 5.18、"没有创新—有创新" 5.01。最后三名为："售后服务差—售后服务好" 4.01、"质量差—质量好" 4.16、"声誉差—享有盛誉" 4.31。8 项平均的均值为 4.68，折合百分制 66.9 分。众数平均为 5。将 8 对形容词平均，22.4% 的受访者持负面（选择 1、2、3 之和）看法，21.3% 持中立（选择 4）看法，持正面（选择 5、6、7 之和）看法的占 56.4%。极差（选择 7 的减去选择 1 的）最大的是价格贵—价格便宜（24.6%），最小的是售后服务差—售后服务好（ - 4.5%），8 项平均为 9.4%。从以上各项指标评价综合来看，在印度人眼中，中国产品形象尚可，突出优点的是价格便宜，其次是较有吸引力、有创新，尚有不足的是售后服务不够好、质量差、声誉不够高。

表 8 - 17　受访者对中国产品的评价

	均值	众数	标准差	负面（%）	中立（%）	正面（%）	正极（7）（%）	负极（1）（%）	极差（%）	排名
价格贵—价格便宜	5.33	7	1.555	11.6	16.1	72.3	27.7	3.1	24.6	1
没有吸引力—有吸引力	5.18	6	1.512	12.6	17.5	69.9	22.0	2.9	19.1	2
没有创新—有创新	5.01	6	1.615	16.6	18.7	64.8	20.0	4.5	15.5	3
浪费资源—节省资源	4.77	4	1.602	18.4	24.8	56.9	15.9	5.2	10.7	4
没有中国风格—具有中国风格	4.64	4	1.615	19.7	26.4	53.9	13.8	5.8	8	5
声誉差—享有盛誉	4.31	4	1.725	29.9	22.7	47.4	10.9	8.2	2.7	6
质量差—质量好	4.16	4	1.770	32.7	22.8	44.5	9.9	10.9	-1	7
售后服务差—售后服务好	4.01	4	1.863	37.8	21.1	41.1	9.8	14.3	-4.5	8
8 项平均	4.68	5	1.657	22.4	21.3	56.4	16.3	6.9	9.4	

（3）对产品中国风格的态度

调查受访者是否在意中国产品的中国风格，同样用 7 级语义量表进行测量。结果显示：均值为 4.33，折合百分制 68.1 分。众数是 4，28.0% 的受访者持不在意（选择 1、2、3 之和）态度，23.8% 持中立（选择 4）态度，持在意（选择 5、6、7 之和）态度的占 15.4%。极差（选择 7 的减去选择 1 的）为 1.4%（见表 8 - 18）。

表 8 - 18　受访者对中国产品中国风格的态度（7 级量表）

	均值	众数	标准差	负面（%）	中立（%）	正面（%）	正极（7）（%）	负极（1）（%）	极差（%）
根本不在意——非常在意	4.33	4	1.916	28.0	23.8	48.2	15.4	14.0	1.4

3. 对中国产品广告的观看率和态度

（1）看过中国产品广告的次数

2016 年受访者中有 62.7% 看过中国产品广告。看过 1～10 次的人最多，在看过的人中占 52.6%，看过 12 次及以上的占 10.3%，看过 50 次及以上的有 42 人，占 4.2%，1013 名受访者人均看中国广告 6.4 次（见表 8-19）。

表 8-19　受访者 2016 年看过中国产品广告情况

看过次数（次）	人数（人）	百分比（%）
0	378	37.3
1	82	8.1
2	114	11.3
3	75	7.4
4	49	4.8
5	86	8.5
6	29	2.9
7	14	1.4
8	12	1.2
9	7	0.7
10	64	6.3
12	13	1.3
13	3	0.3
15	6	0.6
19	1	0.1
20	20	2.0
25	6	0.6
26	2	0.2
30	5	0.5
33	1	0.1
40	1	0.1
45	3	0.3
50	14	1.4
52	1	0.1
53	1	0.1
55	1	0.1
56	2	0.2
60	3	0.3
70	2	0.2
80	1	0.1
87	3	0.3
90	1	0.1
100	13	1.3
合　计	1013	100.0

（2）对中国产品广告的评价

调查受访者对中国产品广告的评价，1013 名受访者中有 378 人回答了"没有看过"，占 37.3%。去除没有看过者，用 5 级量表测量，结果显示，635 名受访者对中国广告的好感度（较喜欢和很喜欢）为 66.3%。均值为 3.77，介于"中立"和"较喜欢"之间，偏向"较喜欢"；众数为 4（中立）（见表 8 - 20）。

表 8 - 20　受访者对中国产品广告的评价

	频率（人次）	百分比（%）
很不喜欢	8	1.3
较不喜欢	13	2.0
中　　立	193	30.4
较 喜 欢	321	50.6
很 喜 欢	100	15.7
合　　计	635	100.0

总之，中国企业在印度受访者中知晓度普遍较低，其中技术类企业知晓度相对较高（如联想、华为）。印度受访者对中国的整体印象较好，有 44.2% 认为较好；46.9% 的受访者经常和天天使用中国产品，认为中国产品价格便宜、有吸引力、有创新，但声誉不够高，质量不高，售后服务不够好，只有 15.4% 的受访者在意中国产品有没有中国风格。受访者中有 62.7% 看过中国广告。其中，1 ~ 10 次的人最多，在看过的人中占 52.6%，41.6% 的看过中国产品广告者喜欢中国产品广告。

（三）不同年龄段数据对比

将受访者分成 6 个年龄段：15 ~ 24 岁（283 人）、25 ~ 34 岁（233 人）、35 ~ 44 岁（208 人）、45 ~ 54 岁（183 人）、55 ~ 64 岁（102 人）、65 岁及以上（29 人）。55 ~ 64 岁、65 岁及以上两个年龄段的样本太少，数据没有代表性，仅供参考，不参与各年龄段的数据排序比较，只对15 ~ 54 岁的受访者中，进行数据比较。

1. 对中国跨国企业的认知和态度

对是否听说过 16 家中国跨国企业的情况，不同年龄段调查数据对比见表8－21。对比结果显示，受访者知道16家企业的平均比例，35～44岁的知晓度（35.5%）最高，比最低的65岁及以上的（28.3%）高出7.2个百分点；对16家企业都不知道的，55～64岁和65岁及以上的比例（6.9%）最高，比最低的25～34岁（1.7%）高出5.2个百分点；总之，各年龄段对中国企业的知晓度区别不大。

表8－21　不同年龄段受访者对中国企业的知晓度

单位:%

	15～24岁	25～34岁	35～44岁	45～54	55～64岁	65岁及以上	整体
联想	76.0	73.8	74.9	83.1	79.4	75.9	76.9
华为	75.7	73.0	75.4	71.6	71.6	65.5	73.5
中国国际航空公司	35.0	43.8	50.7	44.8	50.0	31.0	43.3
中兴	46.0	41.6	41.4	42.1	33.3	27.6	41.6
中国银行	27.8	36.5	35.0	42.1	40.2	27.6	35.0
阿里巴巴（淘宝）	51.0	48.5	56.2	54.2	57.8	51.7	52.7
海尔	49.0	58.4	69.0	67.2	69.6	72.4	61.2
百度	24.3	23.6	20.2	18.0	14.7	13.8	20.9
腾讯（微信）	28.5	29.2	21.7	19.1	22.5	13.8	24.6
中国移动	39.5	35.2	40.9	31.1	36.3	34.5	36.8
中国航天	18.6	17.2	18.7	14.8	13.7	10.3	16.9
新浪	7.2	5.6	3.9	2.7	5.9	0.0	5.0
中铁	14.4	15.5	15.5	15.5	15.5	15.5	15.5
中国中车	13.3	17.2	22.2	16.9	11.8	10.3	16.4
中石化	7.6	6.0	9.4	6.6	5.9	3.4	7.1
万达	5.7	8.2	12.3	6.0	2.9	0.0	7.2
平　　均	32.5	33.3	35.5	33.5	33.2	28.3	33.4
以上都不知道	3.8	1.7	5.4	3.8	6.9	6.9	4.0

皮尔森卡方检验显示，只有海尔、中国银行、中国国际航空公司、万达四项的显著性水平小于0.05，说明不同年龄段对其的知晓率有显著差异，15～24岁对新浪和万达的知晓率明显低于其他年龄段（见表8－22、8－23、8－24、8－25）。其他企业的显著性水平联想（0.296）、华为（0.773）、百度（0.212）、新浪（0.220）、中兴（0.197）、中国航天

（0.658）、淘宝（0.523）、腾讯（0.056）、中石化（0.702）、中国中车（0.098）、中国中铁（0.376）、中国移动（0.397）均大于0.05，说明不同年龄段与对其的知晓度没有显著差异。

表8-22　不同年龄段与海尔的卡方检验

	值	df	渐进 Sig.（双侧）
Pearson 卡方	29.654[a]	5	0.000
似然比	29.597	5	0.000
线性和线性组合	24.051	1	0.000
有效案例中的 N	1013		

a. 0 单元格（0.0）的期望计数少于 5。最小期望计数 11.25。

表8-23　不同年龄段与中国银行的卡方检验

	值	df	渐进 Sig.（双侧）
Pearson 卡方	12.221[a]	5	0.032
似然比	12.353	5	0.030
线性和线性组合	5.742	1	0.017
有效案例中的 N	1013		

a. 0 单元格（0.0）的期望计数少于 5。最小期望计数 10.16。

表8-24　不同年龄段与中国国际航空公司的卡方检验

	值	df	渐进 Sig.（双侧）
Pearson 卡方	15.819[a]	5	0.007
似然比	15.974	5	0.007
线性和线性组合	4.654	1	0.031
有效案例中的 N	1013		

a. 0 单元格（0.0）的期望计数少于 5。最小期望计数为 12.57。

表8-25　不同年龄段与万达的卡方检验

	值	df	渐进 Sig.（双侧）
Pearson 卡方	14.543[a]	5	0.013
似然比	16.159	5	0.006
线性和线性组合	0.954	1	0.329
有效案例中的 N	1013		

a. 1 单元格（8.3%）的期望计数少于 5。最小期望计数为 2.09。

对中国企业的好感度，用 5 级量表测量。去除不知道者，中国企业的印象调查显示，选择好的（较好和很好），35 ~ 44 岁最高（76.0%），55 ~ 64 岁最低（64.2%）（见表 8 - 26）。卡方检验显著性水平为 0.015，小于 0.05，表明不同年龄段对中国企业的好感度有明显差异（见表 8 - 27）。

表 8 - 26　不同年龄段对中国企业的总体印象

	很不好	不好	不好不坏	较好	很好	好感度
15 ~ 24 岁	3.6	2.8	18.8	42.4	32.4	74.8
25 ~ 34 岁	2.6	1.8	23.3	41.4	30.8	72.2
35 ~ 44 岁	1.5	2.6	19.9	44.4	31.6	76.0
45 ~ 54 岁	2.8	5.6	24.7	48.9	18.0	66.9
55 ~ 64 岁	7.1	1.0	27.6	46.9	17.3	64.2
65 岁及以上	7.1	7.1	21.4	42.9	21.4	64.3
合计	3.3	3.0	22.1	44.2	27.4	71.6

表 8 - 27　不同年龄段与对中国企业好感度的卡方检验

	值	df	渐进 Sig.（双侧）
Pearson 卡方	36.020[a]	20	0.015
似然比	35.418	20	0.018
线性和线性组合	12.352	1	0.000
有效案例中的 N	977		

a. 4 单元格（13.3%）的期望计数少于 5。最小期望计数为 0.83。

2. 对中国制造产品的使用和态度

（1）使用中国产品情况

用五级量表调查，数据显示，55 ~ 64 岁从未使用过中国制造产品的比例最低（3.9%）。使用过的人中，经常使用和天天使用比例之和，15 ~ 24 岁的比例（51.4%）最高，众数为"有时使用"（30.4%），55 ~ 64 岁的比例（31.4%）最低，众数为"有时使用"（49.0%）。均值排名也是 25 ~ 34 岁和 35 ~ 44 岁最高（3.46），65 岁及以上最低（3.07），两者相差 0.39（见表 8 - 28）。卡方检验显示，不同年龄段与使用中国制造产品的显著性水平为 0.131，大于 0.05（见表 8-29）。表明不同年龄段使用中国产品没有明显差异。

表 8-28　不同年龄段在日常生活中使用中国制造产品情况

	从未使用（%）	很少使用（%）	有时使用（%）	经常使用（%）	天天使用（%）	经常和天天使用比例之和（%）	均值	标准差	样本量（份）
15~24 岁	6.1	12.2	30.4	35.4	16.0	51.4	3.43	1.085	263
25~34 岁	4.7	10.7	38.2	26.6	19.7	46.4	3.46	1.070	233
35~44 岁	4.4	11.3	35.5	31.0	17.7	48.8	3.46	1.049	203
45~54 岁	6.6	8.7	35.0	32.8	16.9	49.7	3.45	1.077	183
55~64 岁	3.9	15.7	49.0	21.6	9.8	31.4	3.18	0.948	102
65 岁及以上	10.3	20.7	34.5	20.7	13.8	34.5	3.07	1.193	29
整　　体	5.4	11.6	36.0	30.2	16.7	46.9	3.41	1.066	1013

表 8-29　不同年龄段与使用中国产品的卡方检验

	值	df	渐进 Sig.（双侧）
Pearson 卡方	27.166[a]	20	0.131
似然比	26.922	20	0.137
线性和线性组合	3.621	1	0.057
有效案例中的 N	1013		

a. 3 单元格（10.0%）的期望计数少于 5。最小期望计数 1.57。

（2）对中国产品的评价

本次调查选用 7 级量表语义调查方法，以 8 对描绘评价产品的褒贬对立的形容词，调查了受访者对中国产品的刻板印象。1 为贬义的一极，7 为褒义的另一极，请受访者在 1~7 中选择。通过计算正面看法比例（选择 5、6、7 比例之和）和均值，显示受访者对中国产品的刻板印象。不同年龄段对中国产品评价对比如下（见表 8-30）：25~34 岁对中国产品正面看法比例（63.3%）和均值（4.95）均名列第一。65 岁及以上对中国产品正面看法比例（40.5%）和均值（3.98）均倒数第一。卡方检验显示，不同年龄段与对中国制造产品评价的显著性水平，只有质量（0.000）、

表 8-30 不同年龄段受访者对中国产品评价对比

	15~24 岁		25~34 岁		35~44 岁		45~54 岁		55~64 岁		65 岁及以上		整体	
	正面 (%)	均值	正面 (%)	均值	正面 (%)	均值	正面 (%)	均值	正面 (%)	均值	正面 (%)	均值	正面 (%)	均值
价格贵—价格便宜	71.1	5.32	71.7	5.34	72.9	5.33	74.3	5.48	74.5	5.28	62.1	4.66	72.3	5.33
没有吸引力—有吸引力	68.1	5.10	73.4	5.26	71.4	5.28	69.9	5.28	68.6	5.00	51.7	4.52	69.9	5.18
没有创新—有创新	66.2	5.05	67.4	5.23	68.0	5.05	60.7	4.87	60.8	4.77	48.3	4.31	64.8	5.01
浪费资源—节省资源	55.9	4.79	64.4	5.07	58.1	4.76	55.2	4.69	46.1	4.39	44.8	4.07	56.9	4.77
质量差—质量好	46.8	4.25	55.4	4.59	41.9	4.10	38.3	3.88	38.2	3.83	17.2	3.14	44.5	4.16
售后服务差—售后服务好	43.7	4.09	48.9	4.40	38.4	3.97	38.8	3.81	29.4	3.48	27.6	3.48	41.1	4.01
声誉差—享有盛誉	46.0	4.28	57.9	4.71	44.8	4.26	47.5	4.20	36.3	3.91	31.0	3.62	47.4	4.31
没有中国风格—具有中国风格	54.0	4.65	67.0	5.03	50.7	4.62	47.0	4.43	46.1	4.35	41.4	4.03	53.9	4.64
8 项平均	56.5	4.69	63.3	4.95	55.8	4.67	54.0	4.58	50.0	4.38	40.5	3.98	56.4	4.68

售后服务（0.015）、有无中国风格（0.006）小于0.05，表明不同年龄段与对质量等的评价有明显差异，其余创新（0.336）、节约资源（0.305）、吸引力（0.291）、价格（0.073）、享有盛誉（0.128）均大于0.05（见表8－31、表8－32、表8－33），表明不同年龄段对中国产品评价没有明显差异。

表8－31　不同年龄段与质量评价的卡方检验

	值	df	渐进 Sig.（双侧）
Pearson 卡方	63.096[a]	30	0.000
似然比	64.787	30	0.000
线性和线性组合	19.630	1	0.000
有效案例中的 N	1013		

a. 5 单元格（11.9%）的期望计数少于5。最小期望计数2.63。

表8－32　不同年龄段与售后服务的卡方检验

	值	df	渐进 Sig.（双侧）
Pearson 卡方	49.197[a]	30	0.015
似然比	52.168	30	0.007
线性和线性组合	14.837	1	0.000
有效案例中的 N	1013		

a. 6 单元格（14.3%）的期望计数少于5。最小期望计数2.66。

表8－33　不同年龄段与中国风格的卡方检验

	值	df	渐进 Sig.（双侧）
Pearson 卡方	52.835[a]	30	0.006
似然比	54.148	30	0.004
线性和线性组合	11.154	1	0.001
有效案例中的 N	1013		

a. 5 单元格（11.9%）的期望计数少于5。最小期望计数1.37。

（3）是否在意产品的中国风格

本次调查选用7级量表语义调查方法，调查了受访者是否在意中国产品有中国风格。1为根本不在意的一极，7为非常在意的另一极，请受访者在1~7中选择。通过计算正面看法比例（选择5、6、7比例之和）和均值，显示受访者的态度。不同年龄段是否在意中国产品的中国风格情况对比如下（见表 8 - 24）：25 ~ 34 岁对中国风格最为在意，比例（57.1%）和均值（4.68）均名列第一。55 ~ 64 岁最不在意，比例（36.3%）和均值（3.81）均倒数第一。卡方检验显示，不同年龄段对产品中国风格的显著性水平（0.046）小于 0.05（见表 8 - 35）。表明不同年龄段对中国产品的中国风格评价有明显差异。

表 8 - 34　不同年龄段受访者是否在意中国产品的中国风格对比（7 级量表）

	15 ~ 24 岁		25 ~ 34 岁		35 ~ 44 岁		45 ~ 54		55 ~ 64 岁		65 岁及以上		整　体	
	正面（%）	均值	正面（%）	均值	正面（%）	均值	正面（%）	均值	正面（%）	均值	正面（%）	均值	正面（%）	均值
根本不在意—非常在意	44.5	4.19	57.1	4.68	52.7	4.52	44.8	4.22	36.3	3.81	41.4	3.86	48.2	4.33

表 8 - 35　不同年龄段对中国产品的中国风格的卡方检验

	值	df	渐进 Sig.（双侧）
Pearson 卡方	44.223[a]	30	0.046
似然比	45.797	30	0.032
线性和线性组合	4.086	1	0.043
有效案例中的 N	1013		

a. 6 单元格（14.3%）的期望计数少于 5。最小期望计数 1.75。

3. 对中国产品广告的观看率和态度

（1）看过中国产品广告的次数

2016 年，不同年龄段看过中国产品广告的次数对比见表 8 - 36。对比结果显示，15 ~ 24 岁看过广告的比例（70.3%）最高，65 岁及以上看过的比例（48.3%）最低。一元方差分析显示，方差齐性检验的 p 值为 0.042，小于 0.05，因此选择 Welch 程序重新分析，发现显著性为 0.003，小于 0.05，表明不同年龄段看过中国广告的次数均值存在显著差异。

表 8 - 36 不同年龄段 2016 年看过中国产品广告的次数对比

	样本量（份）	极小值	极大值	均 值	标准差	看过的比例（%）
15～24 岁	263	0	100	8.21	17.963	70.3
25～34 岁	233	0	100	5.89	13.886	65.2
35～44 岁	203	0	100	6.03	14.410	62.1
45～54 岁	183	0	100	5.65	14.141	55.7
55～64 岁	102	0	100	6.30	17.315	54.9
65 岁及以上	29	0	15	2.97	3.977	48.3
整 体	1013	0	100	6.44	15.391	62.7

（2）对中国产品广告的评价

用 5 级量表测量不同年龄段对中国产品广告的好感度，由于 65 岁及以上样本太少，数值不具代表性，不参与对比，15～54 岁调查数据对比见表 8 -37。对比结果显示，35～44 岁对中国广告的好感度比例（较喜欢和很喜欢比例之和）为 69.8%，名列第一；均值为 3.82，排名第二。55～64 岁的好感度比例为 58.9%，均值为 3.61，均倒数第一。进行一元方差分析，方差齐性检验 p 值大于 0.05，因此解释反差分析的结果，显著性为 0.335，大于 0.05，接受原假设，即不同年龄段看过中国广告的受访者对是否喜欢这些广告没有显著差异（见表 8 -38）。

表 8 -37 不同年龄段对中国产品广告评价对比

	15～24 岁 N = 185	25～34 岁 N = 152	35～44 岁 N = 126	45～54 岁 N = 102	55～64 岁 N = 56	整体 N = 635
很不喜欢（%）	0.5	1.3	2.4	2.0	0.0	1.3
较不喜欢（%）	3.2	0.0	1.6	1.0	5.4	2.0
中立（%）	29.7	31.6	26.2	34.3	35.7	30.4
较喜欢（%）	48.6	48.0	51.6	52.9	51.8	50.6
很喜欢（%）	17.8	19.1	18.3	9.8	7.1	15.7
较喜欢与很喜欢之和（%）	66.5	67.1	69.8	62.7	58.9	66.3
均值	3.80	3.84	3.82	3.68	3.61	3.77
标准差	0.786	0.776	0.833	0.747	0.705	0.779

表 8 - 38　不同年龄段看过广告受访者与是否喜欢广告的单因素方差分析

	平方和	df	均方	F	显著性
组　间	3. 469	5	0. 694	1. 145	0. 335
组　内	381. 328	629	0. 606		
总　数	384. 797	634			

总之，不同年龄段的受访者除了对海尔、淘宝的知晓率有显著差异外，对其他企业没有显著差异；不同年龄段对中国企业的好感度有明显差异；年龄段与使用中国产品和对中国产品评价有明显差异，年龄越大，使用中国产品越少，对中国产品评价越低；2016 年，不同年龄段看过中国广告的次数没有显著差异，但看过者喜欢这些广告的比例显著提高。

四　体育团队

（一）问卷内容

在上述文化团体和企业外，还有一些其他社会团体或组织也是传播中国文化的渠道，其中中国的体育代表团在世界舞台上发挥着重要作用。本次调查了受访者对中国体育的评价。

V29. 中国体育在国际赛场上表现出色吗？

1. 非常差　2. 比较差　3. 一般　4. 较出色　5. 非常出色　6. 不知道

（二）数据分析

本次调查通过询问受访者中国体育在国际赛场上的表现来评估他们对中国体育代表团的评价。问卷采用 5 级量表调查了受访者对中国体育表现的态度。把"非常差"赋值为 1，"非常出色"赋值为 5，以此类推。去除不知道者，计算受访者对中国体育的赞誉度比例（较出色和非常出色比例之和）和均值，均值越高，对中国体育表现评价越高。

受访者中有 3.8%（39 人）回答不知道，对中国体育表现不置可否。表态的 974 人中，赞誉度比例为 86.0%，均值为 4.35，众数为 5（非常出色，53.5%）（见表 8 - 39）。

表 8 – 39 受访者对中国体育在国际舞台上表现的评价

整体 N = 1013	表态率 （%）	知道者的态度						均值	标准差	样本
		非常差 （%）	较差 （%）	一般 （%）	较出色 （%）	非常出色 （%）	赞誉度 （%）			
	96.2	1.5	1.6	10.8	32.5	53.5	86.0	4.35	0.852	974

（三）不同年龄段数据对比

将受访者分成 6 个年龄段：15～24 岁（263 人）、25～34 岁（233 人）、35～44 岁（203 人）、45～54 岁（183 人）、55～64 岁（102 人）、65 岁及以上（28 人）。65 岁及以上年龄段的有效样本为 28 份，数据没有代表性，仅供参考，不参与各年龄段的数据排序比较，只对 15～64 岁的受访者进行数据比较。对比结果显示，各年龄段不表态者中，35～44 岁比例（5.4%）最高。去除不表态者，55～64 岁赞誉度最高（91.0%），均值为 4.37，15～24 岁赞誉度最低（81.3%），均值（4.23）（见表 8 – 40）。卡方检验显著性水平为 0.029，小于 0.05，表明不同年龄段对中国体育的赞誉度存在明显差异。

表 8 – 40 不同年龄段对中国体育的总体印象

样　本	表态率 （%）	知道者的态度						均值	标准差	样本 （份）
		非常差 （%）	较差 （%）	一般 （%）	较出色 （%）	非常出色 （%）	赞誉度 （%）			
15～24 岁	95.8	2.0	2.0	14.7	33.3	48.0	81.3	4.23	0.913	252
25～34 岁	97.4	1.3	1.3	11.0	30.8	55.5	86.3	4.38	0.835	227
35～44 岁	94.6	0.0	1.0	12.0	28.6	58.3	87.0	4.44	0.743	192
45～54 岁	95.6	1.1	2.9	9.1	34.3	52.6	86.9	4.34	0.849	175
55～64 岁	98.0	5.0	0.0	4.0	35.0	56.0	91.0	4.37	0.960	100
65 岁及以上	96.6	0.0	3.6	0.0	46.4	50.0	96.4	4.43	0.690	28
整体 N = 846	96.2	1.5	1.6	10.8	32.5	53.5	86.0	4.35	0.852	974

印度民众比较肯定中国体育在世界赛场上的表现，众数为 5（非常出色），但是不同年龄段的赞誉度仍表现出些许差别，存在"较出色"与"非常出色"的差异。

五　调查后的思考

（一）通过在网络原生新媒体和传统大众媒体加强宣传，发挥中国文化演出的影响力

中国在印度举办的各种文化活动，参与度排名由高到低为 25～34 岁（42.5%）、15～24 岁（39.5%）、35～44 岁（38.4%）、45～54 岁（20.80%）、55～64 岁（17.6%），65 岁及以上（10.3%）年龄与观看演出和参观展览有显著区别。25～34 岁的喜好度（57.1%）最高，比最低的 65 岁及以上（24.1%）高 33 个百分点。而且，知晓率、喜好度和参与度也都表现为年龄较低比年龄较高者更为积极。

但是，针对"没有看过演出的 10 种原因"的调查数据显示，48.8% 的印度民众是因为"没有获得演出信息"，占比最高，20.4% 的是"没有时间"，17.1% 的"对中国不感兴趣"，14.9% 的"听说翻译的英文质量差"，13.3% 的对"演出主题不感兴趣"，8.6% 的觉得价格高，其他 7.6%，听说演出内容不吸引人 5.1%，推介方式难以接受 5.1%，"以前看过，印象不好"也占 2.7%。不同年龄段与这些原因没有明显差异。换言之，25～34 岁这个年龄段的年轻人对中印文化交流最为积极，年龄越大越不积极。不过，分析他们不参加的原因，占比最高的居然是"没有获得演出信息"，表明年龄较大的印度民众可能获取信息的能力较差，而不是对中国不感兴趣或者其他原因。

在海外举办的这些文化活动非常不容易，但因为宣传不到位，导致印度民众较少通过这个渠道了解中国文化，这让人感到非常遗憾。从印度人经常使用的媒体了解到，他们较多从网络原生新媒体，如 YouTube、推特和传统大众媒体接触中国的信息。仅在中国的媒体上宣传这些文化活动是不够的。针对不同年龄段的受众使用不同的传播渠道，搞好前期推广活动，才能最大限度发挥中国文化演出的影响力。

（二）低价竞争影响中国的国家形象

对中国产品评价的八个方面"价格、吸引力、创新、资源利用、中国风格、售后服务、质量、声誉"进行调查，印度民众认为中国产品的特点是价格便宜、有吸引力、有创新能力，这三个方面均值得分较高，售后服务、质量、声誉等三个方面均值较低。

这表明目前在印度，中国制造仍旧是依靠低廉的价格来获得市场占有率。它缺乏声誉，售后服务也差，尽管产品有一点创意，但质量差，太不耐用，把产品定位在高端部分，没有人愿意购买，因此，中国企业只能把产品定位在低端市场，以低廉的售价来吸引印度民众。目前，中国企业依靠低廉的价格的确已经取得一些成果，但也不能忽略印度民众使用中国产品后产生的观感。我们在许多宝莱坞电影里都看到许多讽刺低劣中国产品的段子。这说明印度民众已有普遍的感受。在印度的传统节日洒红节（胡里节）中，人们互相抛洒用花朵制成的红粉，投掷水球，迎接春天的到来。这些彩色的花粉传统上是用天然染料和玉米粉混合制作，但现在一些中国厂商利用化学品和重金属氧化物制作以便保存，再利用工业原料（石棉和二氧化硅）进行染色，以低廉的价格贩卖给印度民众，经常引起印度民众的皮肤过敏和眼部疾病。以这种方式增加市场占有率得不偿失，影响中国的国家形象。但要提高产品售价就需要更好的质量与技术，这就是目前中国企业遭遇的难题。

（三）中国企业在印度知晓率低

印度民众对16家中国企业的知晓率有极大的差别，联想、华为、海尔等电子产品企业超过了六成，而中国航天科技集团、中国中车、中国中铁等以基础产业的企业不到两成，万达、中石化、新浪更是不到一成。知晓率高的企业大多是电子产业，生产民生必需品，而基础产业的知晓率则较低，这并不是说这些企业有问题，而是我们这次调查是针对全世界五个国家的调查，所调查的企业如果没有在印度发展，就会影响印度民众的观感。

从年龄段来看，不同年龄段的受访者除了对海尔、淘宝知晓率有显著差异外，对其他企业没有显著差异；不同年龄段对中国企业的好感度有明显差异；年龄段对使用中国产品和对中国产品评价有明显差异，年龄越大，使用中国产品越少，对中国产品评价越低；2016年，不同年龄段看过中国广告的次数没有显著差异，但看过者喜欢这些广告的比例提升。

总的来说，中国企业在印度的知名度还很低，没有知名优良的企业，要"走出去"还有很长的路要走。

（四）对中国体育的表现持肯定态度

印度民众对中国体育团队在世界上取得的成果持肯定态度。赞誉度比例为 86.0%，均值为 4.35，众数为 5（非常出色，53.5%）。印度人口众多，但在世界大型体育赛事中取得的成绩却非常差，到 2016 年巴西奥运会为止，仅取得 1 枚金牌，而中国的体育成绩有目共睹，无须赘述。印度民众对竞技体育（板球除外）缺乏热情，更喜欢瑜伽这种具有个体性的修炼，因此，尽管中国体育取得好成绩，对印度却难有什么实质性的影响。

第九章　对中国人的认识

一　问卷设计

1. 设计思路

当今国际跨文化传播中，人际交流、组织传播和大众媒体是交流的三大主渠道。在中国文化影响力评估中，不仅要见物，也要见人。人民是文化的创造者，同时也是传播文化的主体。杰出人物是广大群众中涌现的才能和成就出众的人，是一种文化的象征，也是传播文化的重要载体。考察外国民众对中国人（中国的民众和杰出人物）的认知和态度，不仅可以反映中国人在受访国的形象和地位，也可以反映受访国民众对中国文化的态度。一国民众对中国人的印象不好，很难说中国文化会在该国有强烈的吸引力。因而在问卷中使用多个问题测量了受访者对中国民众和中国杰出人物的认知和态度。

本次调查在 2011 年和 2013 年问卷的基础上对中国民众的认知和态度的问题进行了修订。改动的地方是：调查受访者对中国人的中华核心价值观的看法，价值观中的"孝"和"礼"用了修订的解释，删除了一项价值观"人类责任"（个人不仅具有权利，而且也需要对社会和他人负担责任）；调查受访者对中国人的中华思维方式的看法，对辩证思维和整体思维各增加了 1 道具体类的测量题；改进了调查受访者对中国人刻板印象的设问方法，由原来受访者对中国人的正面描述是否同意（5 级量表）的问法，改为用 14 对褒贬对立形容词的 7 级语义量表；测量对中国人的刻板印象，除了原有的精神面貌问题外，增加了 1 个测量中国人身体健康形象的问题，中国人在新中国成立前被称为"东亚病夫"，这一刻板印象目前是否已经改变？用"身体孱弱的"和"身体强健的"一对意义相反的形容词测量了这个问题；由于中国人大量出国旅游，媒体关于中国海外旅游者形象不佳的报道屡见不鲜，增加了受访者对到印度旅游的中国人印象调查。本次问卷保留使用博加德斯量表（Bogardus scale），测量受访者对中国民众的亲近感（该量表包括7个亲近感递减的陈述，按从最近社会距离到最远社会距离排列：可以结亲、可以作为朋友、可以作为邻居、可以在同一行业共事、只能作为公民共处、只能作为外国移民、应被驱逐出境），调查了受访者与中国人接触的情况（一是拥有中国朋友的数量，二是来中国的次数）。

对中国杰出人物的认知和态度的调查，2011年和2013年，我国杰出人物的入选标准参考了以下资料：2008年蓝海调查①的结果；2010年底在纽约时报广场播送的《中国形象广告片》中的代表人物；2008年秋印度《新闻周刊》根据印度、加拿大、英国等国网民投票，评选出的中国文化二十大形象符号中的人物②；2011年1月北京师范大学国家社科基金重大项目"中国文化软实力发展战略研究"研究者提出的中国文化符号名单中的人物。在对中国名人进行调查设计时，课题组进行创新：因为知名度不等于喜好度，弥补了对杰出人物只调查认知（是否出名），不调查态度（喜好度）的缺欠，而且增加了对阅读杰出人物著作的行为调查。本次调查在参考2011年和2013年问卷的基础上进行了微调，选择的20位中国杰出人物（以下简称中国名人）包含了2位古代文学家：李白、曹雪芹，2位古代哲学家——孔子、老子，1位古代医学家张仲景，5位当今影视和体育明星——成龙、章子怡、周杰伦（新增）、姚明、郎平

① 该调查由蓝海国际传播促进会2008年委托印度专业调查机构（PRI）在印度完成。关于中国名人，蓝海调查的方法是让被试自己开列自己所知著名的中国人名单，然后归纳得出在印度最著名中国人的名单。该调查的第2题"谁是在印度最著名的中国人"前10名是：成龙（占被调查者比例为43%）、李小龙（40%）、毛泽东（39%）、孔子（33%）、李连杰（29%）、姚明（29%）、佛（28%）、刘玉玲（23%）、成吉思汗（22%）、周润发（16%）。见蓝海国际传播促进会出品，Perspective Resources Inc. 调查：《印度人眼中的中国人》，2008年9月。
② 中国文化符号为：汉语、北京故宫、长城、苏州园林、孔子、道教、孙子兵法、兵马俑、莫高窟、唐帝国、丝绸、瓷器、京剧、少林寺、功夫、西游记、天坛、毛主席、针灸、中国烹饪。

（新增），3 位现当代文学与艺术家——莫言、梅兰芳、郎朗，1 位当代科学家——屠呦呦（代替袁隆平），1 位航天员——景海鹏（代替杨利伟），3 位近现代政治家——孙中山、毛泽东、邓小平，1 位当代企业家——马云（代替李嘉诚），新增了 1 位古代航海家郑和。调查方法与 2011 年和 2013 年相同，即每位名人设置了 6 个选项，"0"表示"没有听说过"，不选"0"即表示听说过，用其比例来测量知名度；1～5 表示听说过此人者对该名人的喜好度，1 表示"很不喜欢"，5 表示"很喜欢"①。用喜好比例（较喜欢与很喜欢比例之和）和均值来计算每位名人的美誉度。为便于受访者识别，每位名人配有网上获取的照片。此外，对中国名人著作的阅读情况问卷进行了修改，只调查上述名单中四位名人的著作阅读情况，增加了对 1 位未列名人吴承恩著作《西游记》的调查。对听说过所列著作的阅读情况进行改进，由"读过"和"没读过"定类变量改为"从未读过""读过一点""通读过"定序变量。

2. 问卷内容

（1）对中国民众的认知与态度

V17. 根据您的整体印象，中国人赞同以下价值观吗？

价值观	非常不赞同　　　　　　　　　　　　　　非常赞同
1. 仁：人与人之间相互友爱、同情、互助	0 – 1 – 2 – 3 – 4 – 5 – 6 – 7 – 8 – 9 – 10
2. 恕：己所不欲，勿施于人	0 – 1 – 2 – 3 – 4 – 5 – 6 – 7 – 8 – 9 – 10
3. 孝：尊敬和善待父母，奉养老人	0 – 1 – 2 – 3 – 4 – 5 – 6 – 7 – 8 – 9 – 10
4. 礼：尊敬他人，礼貌，遵守社会生活中的风俗和社会仪式	0 – 1 – 2 – 3 – 4 – 5 – 6 – 7 – 8 – 9 – 10
5. 义：公正、合乎公益	0 – 1 – 2 – 3 – 4 – 5 – 6 – 7 – 8 – 9 – 10
6. 和而不同：尊重彼此的差异，和睦相处	0 – 1 – 2 – 3 – 4 – 5 – 6 – 7 – 8 – 9 – 10
7. 天人合一：尊崇自然，人与自然和谐	0 – 1 – 2 – 3 – 4 – 5 – 6 – 7 – 8 – 9 – 10
8. 共同富裕：消除经济上的两极分化，走向共同富裕	0 – 1 – 2 – 3 – 4 – 5 – 6 – 7 – 8 – 9 – 10

① 1 代表很喜欢，2 代表较喜欢，3 代表中立，4 代表较不喜欢，5 代表很不喜欢。因为中国民众喜欢学习成绩的 5 分制评分标准，为更符合读者这种阅读习惯，在表述时进行了转换，用 1 代表很不喜欢，2 代表较不喜欢，3 代表中立，4 代表较喜欢，5 代表很喜欢。

续表

价值观	非常不赞同	非常赞同
9. 和谐世界：国与国之间和平共处、彼此尊重、共同发展	0 – 1 – 2 – 3 – 4 – 5 – 6 – 7 – 8 – 9 – 10	
10. 以民为本：尊重人民、依靠人民、为了人民	0 – 1 – 2 – 3 – 4 – 5 – 6 – 7 – 8 – 9 – 10	
11. 集体主义：在集体和个人关系中，当个人利益与集体利益发生冲突时，在兼顾二者的同时，个人应服从集体	0 – 1 – 2 – 3 – 4 – 5 – 6 – 7 – 8 – 9 – 10	

V18. 根据您的整体印象，中国人赞同以下思维方式吗？

思维方式	非常不赞同	非常赞同
1. 在一定条件下，好事可以变成坏事，坏事也可以变成好事	0 – 1 – 2 – 3 – 4 – 5 – 6 – 7 – 8 – 9 – 10	
2. 辩证思维：以全面的、联系的、发展变化的观点，而不是非此即彼的观点看待事物	0 – 1 – 2 – 3 – 4 – 5 – 6 – 7 – 8 – 9 – 10	
3. 一种医学观点认为，人生活于自然环境中，当自然环境发生变化时，人体也会发生与之相应的变化	0 – 1 – 2 – 3 – 4 – 5 – 6 – 7 – 8 – 9 – 10	
4. 综合思维：认知方式上，以综合性倾向对事物的整体作出反应，而不仅仅是对细节作理性分析	0 – 1 – 2 – 3 – 4 – 5 – 6 – 7 – 8 – 9 – 10	

V21. 您有几位中国朋友或熟人？

（下拉菜单：0 ~ 100）

V22. 您会用以下哪些词语来形容中国人？

1. 因循守旧的　1　2　3　4　5　6　7 有创造性的

2. 不平等待人的　1　2　3　4　5　6　7 平等待人的

3. 狡诈的　1　2　3　4　5　6　7　守诚信的

4. 粗野的　1　2　3　4　5　6　7　有教养的

5. 懒惰的　1　2　3　4　5　6　7　勤劳的

6. 痛苦的　1　2　3　4　5　6　7　幸福的

7. 好战的　1　2　3　4　5　6　7　爱好和平的

8. 傲慢的　1　2　3　4　5　6　7　谦逊的

9. 自卑的　1　2　3　4　5　6　7　自信的

10. 唯利是图的　1　2　3　4　5　6　7　见义勇为的

11. 蛮横的　1　2　3　4　5　6　7　和善的

12. 身体孱弱的　1　2　3　4　5　6　7　身体强健的

V23. 您对到贵国旅游的中国人印象如何?

0. 从没遇到过　1. 很不好　2. 不好　3. 中立　4. 较好　5. 很好

V24. 在以下 7 种选项中, 请您选择最同意的一项。您愿意让中国人:

1. 同您的子女结婚。

2. 作为您亲密的朋友。

3. 做您的邻居。

4. 与您在同一行业共事。

5. 生活在您的国家。

6. 只能作为访问者停留在您的国家。

7. 被驱逐出境。

V25 您去过几次中国?(下拉菜单: 0~100)

(2) 对中国名人的认知与态度

V19. 以下都是中国名人, 您听说过他们吗? 若听说过, 喜欢他们吗?

0. 没听说过　听说过:　1. 很不喜欢　2. 较不喜欢　3. 无所谓

4. 较喜欢　5. 很喜欢

1.古代哲学家孔子

2.古代哲学家老子

3.古代医学家张仲景

4.古代诗人李白

0 1 2 3 4 5　　　0 1 2 3 4 5　　　0 1 2 3 4 5　　　0 1 2 3 4 5

5.古代文学家曹雪芹

0 1 2 3 4 5

6.古代航海家郑和

0 1 2 3 4 5

7.新中国创建者毛泽东

0 1 2 3 4 5

8.中国改革开放领导
人邓小平

0 1 2 3 4 5

9.中国民主革命开拓者
孙中山

0 1 2 3 4 5

10.京剧艺术家梅兰芳

0 1 2 3 4 5

11.影星章子怡

0 1 2 3 4 5

12.影星成龙

0 1 2 3 4 5

13.当代文学家莫言

0 1 2 3 4 5

14.歌手周杰伦

0 1 2 3 4 5

15.钢琴家郎朗

0 1 2 3 4 5

16.篮球明星姚明

0 1 2 3 4 5

17.女排教练郎平

0 1 2 3 4 5

18.航天员景海鹏

0 1 2 3 4 5

19.IT企业家马云

0 1 2 3 4 5

20.医药学家屠呦呦

0 1 2 3 4 5

V20. 您听说过下列中国名人的著作吗？若听说过，您读过吗？

	0. 没听说过	听说过		
		1. 从未读过	2. 读过一点	3. 经常读
1. 孔子的《论语》				
2. 老子的《道德经》				
3. 曹雪芹的《红楼梦》				
4. 吴承恩的《西游记》				
5. 毛泽东的《毛泽东选集》				

二　对中国民众的认知和态度

（一）受访者对中国民众持有的中华核心价值观的看法

外国民众对中国民众的印象影响着他们对中华文化的看法，进而影响了中华文化在海外的影响力。以下从受访者给中国人打分、受访者给自己打分与给中国人打分对比、不同年龄段数据对比等 3 方面进行分析。

1. 受访者给中国人打分

在受访者眼中，中国人赞同的中华核心价值观状况如何呢？问卷 V12 题曾经用 0～10 级量表调查受访者本人对 11 项价值观的赞同度。为调查受访者如何看待中国民众的价值观倾向，问卷设计了一个问题，请受访者根据自己的整体印象，就中国人是否赞同 11 项价值观（未告知这些是中华核心价值观）作出回答，请受访者用 0～10 中的数字，自由选择给中国人打分，"非常不赞同"赋值 0，是一个极端，代表着认为中国人根本不赞同，10 是另一个极端，代表中国人"非常赞同"，5 为"中立"。均值大小反映了受访者心目中的中国人在各种层次上价值观的水平。

数据显示，受访者认为中国人最赞同的价值观为"孝"（赞同的比例为 78.1%）、"礼"（77.2%）、"天人合一"（74.5%）。赞同度最低的是"恕"（70.9%）、"和谐世界"（71.5%）。赞同度排名第一的"孝"与排名倒数第一的"恕"相差 7.2 个百分点。11 项价值观赞同度和均值平均为 73.8% 和 7.03。"孝"和"和谐世界"2 项的众数是 8，"恕""礼""和而不同""天人合一""共同富裕""以民为本"6 项的众数为 9，其余 3 项的众数都为 10（见表 9 - 1、图 9 - 1）。

表 9 - 1 受访者认为中国人赞同的中华核心价值观数据（11 级量表）

	0	1	2	3	4	5	6	7	8	9	10	6~10 （%）	均值	标准差
仁	2.2	1.5	1.8	2.2	4.2	14.3	10.7	14.7	15.3	13.5	19.6	73.8	7.08	2.432
恕	2.5	1.9	2.0	2.5	5.1	15.1	12.3	12.1	14.1	17.3	15.1	70.9	6.88	2.479
孝	1.5	1.3	.5	2.1	4.2	12.4	9.9	13.7	18.7	18.2	17.6	78.1	7.31	2.241
礼	1.8	1.4	.9	2.0	5.3	11.5	9.1	15.6	16.7	18.9	16.9	77.2	7.24	2.308
义	2.5	1.5	1.0	2.6	4.1	14.2	12.7	12.5	15.1	16.6	17.2	74.1	7.05	2.415
和而不同	2.9	1.5	1.2	2.2	5.6	14.0	12.7	12.0	15.3	17.9	14.7	72.6	6.94	2.443
天人合一	2.3	1.6	1.6	2.0	4.5	13.6	10.5	12.4	16.0	18.4	17.2	74.5	7.12	2.425
共同富裕	2.7	1.4	1.4	2.5	4.9	13.0	10.9	12.9	16.8	17.3	16.3	74.2	7.05	2.439
和谐世界	4.9	1.1	2.2	3.6	3.9	12.8	11.3	13.0	16.8	14.7	15.7	71.5	6.78	2.652
以民为本	3.4	1.6	1.4	3.5	3.8	14.4	10.5	13.6	16.0	16.3	15.6	72.0	6.91	2.520
集体主义	3.5	1.3	1.9	1.5	4.6	14.1	10.7	14.1	15.7	15.9	16.8	73.2	6.98	2.502
11 项平均	2.7	1.4	1.4	2.4	4.6	13.6	11.0	13.4	16.0	16.8	16.6	73.8	7.03	2.440

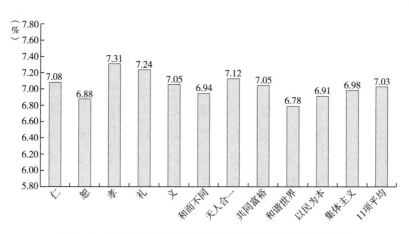

图 9 - 1 受访者认为中国人赞同的中华核心价值观的均值

2. 受访者给自己打分与给中国人打分对比

问卷的 V12 题已调查过受访者对 11 项价值观的赞同度，给自己打过分；在 V16 题让受访者用同样的方法，就中国人是否赞同相同的 11 项价值观，给中国人打分。受访者对 V12 题和 V16 题中价值观内容的理解不存在差异，因而受访者给自己打分与给中国人打分具有可比性，对比展现的差异更能看出受访者对中国人价值观的看法。

从逻辑上讲有三种情况：如果受访者对某项价值观赞同的比例高于认为中国人赞同该价值观的5%，说明中国人在该方面不如受访者；如果受访者对某项价值观赞同的比例低于认为中国人赞同该价值观的5%，说明中国人在该方面比受访者强；如果受访者对某项价值观赞同的比例与认为中国人赞同该价值观的比例基本持平（正负5%），说明双方基本一样。调查结果如下：11项价值观的均值，有4项印度人自己赞同比例高于认为中国人赞同比例：仁（5.3%）、恕（5.2%）、义（10.2%）、以民为本（7.5%），剩下7项受访者认为自己与中国人大致相同，分别是孝、礼、和而不同、天人合一、和谐世界、共同富裕、集体主义。

从均值对比上看，如果对某项价值观受访者赞同的均值高于认为中国人赞同该价值观的均值1.0，说明中国人在该方面不如受访者；如果对某项价值观受访者赞同的均值低于认为中国人赞同该价值观均值1.0，说明中国人在该方面比受访者强；如果受访者对某项价值观赞同的均值与认为中国人赞同该价值观的均值基本持平（正负1.0），说明双方基本一样。调查结果如下：11项价值观的均值，受访者均与中国人基本相同，受访者认为自己比中国人更赞同。可以看出，印度人认为自己比中国人更赞同（不赞同）中华核心价值观。11项价值观平均，受访者赞同的均值比认为中国人赞同均值高出0.45，说明受访者自己赞同的均值与认为中国人赞同该价值观的均值基本持平，双方相差不大（见表9-2、图9-2）。

表 9 – 2　2016 年受访者赞同与认为中国人赞同中华价值观的
均值对比（11 级量表）

		仁	恕	孝	礼	义	和而不同	天人合一	共同富裕	和谐世界	以民为本	集体主义	11 项平均
赞同比例	自　己	79.1	76.2	78.4	77.1	84.3	76.3	79.2	77.8	81.5	79.5	76.0	78.7
	中国人	73.8	71.0	78.0	77.1	74.1	72.7	74.4	74.1	71.5	72.0	73.1	73.8
	二者差	5.3	5.2	0.4	0	10.2	3.6	4.8	3.7	10	7.5	2.9	4.9
赞同均值	自　己	7.58	7.33	7.59	7.41	7.99	7.27	7.53	7.32	7.62	7.35	7.27	7.58
	中国人	7.08	6.88	7.31	7.24	7.05	6.94	7.12	7.05	6.78	6.91	6.98	7.08
	二者差	0.50	0.45	0.28	0.18	0.94	0.33	0.41	0.27	0.84	0.44	0.30	0.45

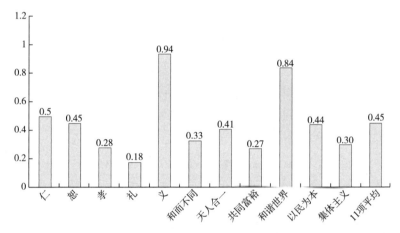

图 9 – 2　受访者赞同与认为中国人赞同中华价值观的均值之差（11 级量表）

3. 不同年龄段数据对比

将受访者分成 6 个年龄段：15 ~ 24 岁（263 人）、25 ~ 34 岁（233 人）、35 ~ 44 岁（203 人）、45 ~ 54 岁（183 人）、55 ~ 64 岁（102 人）、65 岁及以上（29 人）。不同年龄段对 7 项儒家核心价值观赞成的数值显示（见表 9 – 3），15 ~ 24 岁、25 ~ 34 岁和 35 ~ 44 岁受访者的平均值均明显高于整体平均值：15 ~ 24 岁的比例（77.1%）比整体（74.4%）高 2.7 个百分点，均值（7.13）比整体（7.09）高 0.04；25 ~ 34 岁的比例（79.4%）比整体（74.4%）高 5.0 个百分点，均值（7.37）比整体（7.09）高 0.28；35 ~ 44 岁的比例（76.9%）比整体（74.4%）高 2.5 个百分点，均值（7.27）比整体（7.09）高 0.18。

表 9 - 3　不同年龄段受访者认为中国人赞同中华核心价值观的
比例和均值（11 级量表）

	仁		恕		孝		礼		义		和而不同		天人合一		平　均	
	比例(%)	均值	比例(%)	均值	比例(%)	均值	比例(%)	均值	比例(%)	均值	比例(%)	均值	比例(%)	均值	比例(%)	均值
15~24 岁	77.9	7.11	74.1	6.92	78.3	7.33	79.5	7.35	77.6	7.01	75.7	7.05	76.8	7.16	77.1	7.13
25~34 岁	79	7.40	77.3	7.31	80.3	7.43	80.3	7.37	82.8	7.55	78.5	7.25	77.3	7.30	79.4	7.37
35~44 岁	75.4	7.27	73.9	7.04	79.3	7.40	78.8	7.36	75.9	7.27	76.4	7.21	78.8	7.38	76.9	7.27
45~54 岁	63	6.84	63.4	6.68	76.0	7.21	70.5	6.97	61.7	6.56	62.3	6.52	66.1	6.83	66.1	6.80
55~64 岁	70.6	6.63	64.7	6.30	74.5	7.21	70.6	6.87	67.6	6.54	72.5	6.94			71.0	6.82
65 岁及以上	59	5.86	41.4	5.17	65.5	6.31	69.0	6.10	51.7	5.55	55.2	5.59	58.6	5.83	57.2	5.77
整　　体	73.8	7.08	71.0	6.88	78.0	7.31	77.1	7.24	74.1	7.05	72.7	6.94	74.4	7.12	74.4	7.09

不同年龄段对 4 项社会主义核心价值观赞成的数值显示（见表 9 - 4），15~24 岁、25~34 岁和 35~44 岁受访者的平均值均明显高于整体平均值：15~24 岁的比例（75.8%）比整体（72.7%）高 3.1 个百分点，均值（6.98）比整体（6.91）高 0.07；25~34 岁的比例（78.6%）比整体（72.7%）高 5.9 个百分点，均值（7.25）比整体（6.91）高 0.34；35~44 岁的比例（76.1%）比整体（72.7%）高 3.4 个百分点，均值（7.16）比整体（6.91）高 0.25。

表 9 - 4　不同年龄段受访者认为中国人赞同社会主义价值观的
比例和均值（11 级量表）

	共同富裕		和谐世界		以民为本		集体主义		平　均	
	比例(%)	均值	比例(%)	均值	比例(%)	均值	比例(%)	均值	比例(%)	均值
15~24 岁	77.2	7.04	76.0	6.95	74.5	6.95	75.3	7.05	75.8	6.98
25~34 岁	78.5	7.35	78.1	7.21	77.3	7.21	80.3	7.36	78.6	7.25
35~44 岁	77.8	7.34	73.9	7.02	75.4	7.11	77.3	7.21	76.1	7.16
45~54 岁	65.6	6.66	62.8	6.15	62.8	6.43	62.8	6.52	63.5	6.41
55~64 岁	68.6	6.73	62.7	6.48	67.6	6.82	68.6	6.58	66.9	6.68
65 岁及以上	58.6	6.21	44.8	5.34	55.2	6.10	48.3	5.90	51.7	5.89
整　　体	74.1	7.05	71.5	6.78	72.0	6.91	73.1	6.98	72.7	6.91

一元方差分析显示，仁、恕、孝、礼、和而不同、以民为本的方差齐

性检验 p 值大于 0.05，因此继续解释方差分析的结果，发现显著性 p 值分别为：仁（0.003）、恕（0.000）、孝（0.207）、礼（0.044）、和而不同（0.000）、以民为本（0.013）。只有"孝"的显著性大于 0.05，接受原假设，即不同年龄段群体对孝的赞同均值没有差异，对仁、恕、礼、和而不同、以民为本的赞同均值存在差异。

义、天人合一、共同富裕、和谐世界、集体主义的方差齐性检验 p 值小于 0.05，因此选择 Welch 程序分析，发现各项的显著性 p 值——义（0.000）、天人合一（0.047）、共同富裕（0.011）、和谐世界（0.000）、集体主义（0.002），均小于 0.05，拒绝原假设，即不同年龄段群体对义、天人合一、共同富裕、和谐世界、集体主义的赞同均值没有差异。

（二）受访者对中国人思维方式的看法

思维方式与价值观有实质性差别，思维方式没有好与不好的价值判断，受访者可以更心平气和地打分。以下我们依然从受访者给中国人打分、对比受访者给自己打分与给中国人打分、不同年龄段数据对比等 3 方面进行分析。

1. 受访者给中国人打分

数据显示：受访者认为中国人赞同"综合思维方式"（两个问题赞同比例平均为 74.5%，均值平均为 7.1）胜于"辩证思维"（74.3%，7.01）。均值排名第一的"中医观点"（7.18）与排名倒数第一的"辩证思维"（7.01）之差为 0.17，4 项思维方式问题的均值平均为 7.14。4 项的众数均为 9，接近非常赞成。中国人对两种思维方式赞同均值有轻微差别（0.07）（见表 9 - 5、图 9 - 3）。

表 9 - 5 受访者认为中国人赞同中华思维方式的数据

	好坏互变	辩证思维	平　均	中医观点	综合思维	平　　均
0	2.2	1.8	1.97	1.7	1.8	1.73
1	1.4	1.2	1.28	1.4	1.3	1.33
2	1.3	1.5	1.38	.9	1.1	0.99
3	2.0	2.2	2.07	2.1	2.1	2.07
4	3.4	3.7	3.50	3.9	4.4	4.20
5	14.4	15.4	14.91	14.1	14.8	14.46
6	10.7	11.9	11.30	9.1	11.6	10.37

续表

	好坏互变	辩证思维	平　均	中医观点	综合思维	平　均
7	13.9	14.4	14.17	15.7	13.9	14.81
8	18.6	17.9	18.21	17.8	15.6	16.68
9	14.6	18.2	16.39	18.3	17.5	17.87
10	17.7	11.9	14.81	15.1	15.9	15.50
6~10之和	75.4	74.3	74.88	75.9	74.5	75.22
均　值	7.13	7.01	7.07	7.18	7.10	7.14
标准差	2.352	2.250	2.30	2.264	2.308	2.29

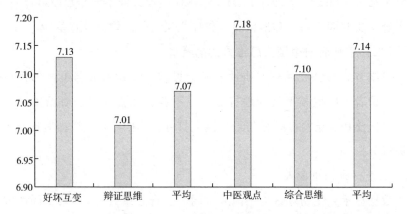

图 9-3　受访者认为中国人赞同中华思维方式均值（11 级量表）

2. 受访者给自己打分与给中国人打分对比

问卷的 V16 题已调查过受访者自己对 2 种思维方式同样的 4 个问题的赞同度，给自己打过分；在 V18 题中让受访者用同样的测量方法，就中国人是否赞同用同样的 2 项思维方式，给中国人打分。每位受访者不存在对 V12 和 V16 问题的理解差异，因而对比受访者给自己打分与给中国人打分，具有可比性。思维方式与价值观不同，思维方式具有高度的抽象性，一般受访者难以分辨思维方式的异同，受访者给自己打分与给中国人打分对比，在一般情况下更为客观。当然，由于思维方式高度抽象，有部分受访者理解有难度。

数据比较显示：受访者在 4 个问题上，给自己打分与给中国人打分之差，辩证思维两道题和综合思维两道题的差值均为正数。显示受访者认为自己比中国人更赞同辩证思维和综合思维。四个问题均值的差别从大到小依次为：中医观点（0.45）、好坏互变（0.41）、综合思维解释（0.39）、辩证思维解释（0.38）。从差别等级看，四项绝对值都没有超过"1"，表明受访者给自己打分与给中国人打分尽管有差别，但没有实质性的差异。从两种思维方式来看，综合思维两道题的平均差值（0.42）大于辩证思维（0.39），印度人认为中国人比自己更偏好综合思维，在辩证思维方面则相差不大（见表9-6、图9-4）。

这表明印度人对具体问题（"好坏互变"和"中医观点"）和高度概括的问题（"辩证思维解释"和"综合思维解释"）理解上区分不大，得到的数据均较可靠。

表9-6　受访者赞同与认为中国人赞同中华思维方式对比（11级量表）

		辩证思维			综合思维		
		好坏互变	辩证思维解释	平均	中医观点	综合思维解释	平均
比例	自己赞同	81.9	81.0	81.5	84.3	82.1	83.2
	中国人赞同	75.4	74.3	74.9	75.9	74.5	75.2
	两者之差	6.5	6.7	6.6	8.4	7.6	8.0
均值	自己赞同	7.54	7.39	7.46	7.63	7.49	6.36
	中国人赞同	7.13	7.01	7.07	7.18	7.10	7.56
	两者之差	0.41	0.38	0.39	0.45	0.39	0.42

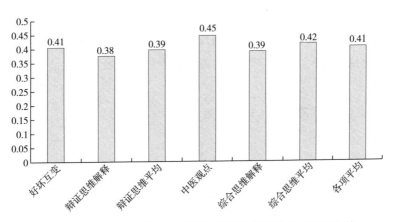

图9-4　受访者赞同与认为中国人赞同中华思维方式均值之差

3. 不同年龄段数据对比

将受访者分成 6 个年龄段：15～24 岁（263 人）、25～34 岁（233 人）、35～44 岁（208 人）、45～54 岁（183 人）、55～64 岁（102 人）、65 岁及以上（29 人）。65 岁及以上年龄段的样本较少，数据仅供参考。

不同年龄段受访者对中国人赞同两种思维方式的数值（见表 9-7）显示，25～34 岁受访者的平均值明显高于整体平均值：25～34 岁的比例（82.1%）比整体（75.0%）高 7.1 个百分点，均值（7.46）比整体（7.10）高 0.36。

表 9-7　不同年龄段受访者认为中国人赞同两种思维方式的
比例和均值（11 级量表）

	好坏互变		辩证思维定义		中医思想		综合思维定义		平　均	
	%	均值	%	均值	%	均值	%	均值	%	均值
15～24 岁	73.8	7.00	76.0	7.01	73.4	7.14	73.0	7.06	74.1	7.05
25～34 岁	83.3	7.58	80.3	7.39	82.0	7.42	82.8	7.46	82.1	7.46
35～44 岁	77.3	7.37	72.4	7.11	79.3	7.39	77.3	7.26	76.6	7.28
45～54 岁	68.9	6.72	67.8	6.55	72.1	6.99	67.2	6.74	69.0	6.75
55～64 岁	72.5	6.95	74.5	6.93	72.5	6.85	72.5	6.98	73.0	6.93
65 岁及以上	65.5	6.45	65.5	6.34	62.1	6.38	55.2	6.00	62.1	6.29
整　　体	75.4	7.13	74.2	7.01	75.9	7.18	74.5	7.10	75.0	7.10

一元方差分析显示，四项的方差齐性检验 p 值均大于 0.05，继续解释方差分析的结果发现，不同年龄段对 4 项思维方式的显著性 p 值均小于 0.05，拒绝原假设，也即不同年龄段群体对这 4 项思维方式的赞同均值存在差异。

（三）受访者对中国人的亲近度

1. 本次调查数据

亲近度就是心理距离。持愿意中国人"同子女结婚"态度的受访者体现了与中国人的心理距离最近，最亲近。受访者与中国人的心理距离最近的占整个受访者的 3.9%。

持将中国人"被驱逐出境"态度的受访者，体现了与中国人的心理距离最远。受访者中与中国人的心理距离最远者占整个受访者的 4.3%。

　　总体上，将同子女结婚赋值 1，将被驱逐出境赋值 7，以此类推，越接近 1 越亲密。受访者对 7 个问题回答的均值为 4.14，众数为 6（只能作为访问者停留在您的国家）（见表 9 - 8）。

表 9 - 8　受访者对中国人的亲近比例
单位：人次，%

		频　率	有效百分比
有效	同子女结婚	40	3.9
	作为亲密朋友	224	22.1
	做邻居	123	12.1
	在同一行业共事	185	18.3
	生活在印度	91	9.0
	只能作为访问者停留在印度	306	30.2
	被驱逐出境	44	4.3
合　计		1013	100.0

　　2. 不同年龄段数据对比

　　均值越接近 1（同自己子女结婚）越亲密。不同年龄段受访者对中国人亲近度的数值（见表 9 - 9）显示，15 ~ 24 岁受访者的均值明显低于整体均值：15 ~ 24 岁的均值（3.98）比整体（4.14）低 0.06。选择同子女结婚的比例，15 ~ 24 岁的为 4.9%，比例最高。65 岁及以上的为 0，比例最低。卡方检验显示，不同年龄段对中国人亲近度的显著性为 0.001，小于 0.05，可以认为不同年龄段的被调查者对中国人的亲近度有明显差异。

表 9 - 9　不同年龄段受访者对中国人亲近度的比例与均值（11 级量表）

	1. 同子女结婚（%）	2 作为亲密朋友（%）	3. 做邻居（%）	4. 在同一行业共事（%）	5. 生活在印度（%）	6. 只能作为访问者停留在印度（%）	7. 被驱逐出境（%）	均值
15 ~ 24 岁	4.9	23.6	10.3	22.4	11.0	24.3	3.4	3.98
25 ~ 34 岁	4.3	20.6	13.3	21.0	13.3	22.3	5.2	4.06
35 ~ 44 岁	3.9	25.6	10.8	17.2	5.4	35.0	2.0	4.07
45 ~ 54 岁	3.8	20.2	13.1	12.0	7.7	38.3	4.9	4.34

续表

	1. 同子女结婚（%）	2. 作为亲密朋友（%）	3. 做邻居（%）	4. 在同一行业共事（%）	5. 生活在印度（%）	6. 只能作为访问者停留在印度（%）	7 被驱逐出境（%）	均值
55~64 岁	2.0	19.6	17.6	10.8	4.9	38.2	6.9	4.39
65 岁及以上	0.0	17.2	3.4	31.0	3.4	34.5	10.3	4.66
整　体	3.9	22.1	12.1	18.3	9.0	30.2	4.3	4.14

（四）受访者与中国人的接触

1. 本次调查数据

与中国人直接接触，最主要的渠道有两种，一是拥有中国朋友，二是来过中国。

拥有中国朋友的受访者平均有 2.08 位朋友或熟人，众数为 0（没有中国朋友），41.8% 的人有中国朋友或熟人。极大值为 91（有 100 位中国朋友），标准差为 6.478。拥有中国朋友或熟人的情况见表 9-10。

表 9-10　受访者有中国朋友或熟人情况

朋友数（人）	0	1	2	3	4	5	6	7	8	10	12	14	15
频率（人次）	590	106	110	50	34	56	10	4	5	3	15	6	1
百分比（%）	58.2	10.5	10.9	4.9	3.4	5.5	1.0	0.4	0.5	0.3	1.5	0.6	0.1

朋友数（人）	16	20	25	29	45	50	56	75	91
频率（人次）	1	3	2	1	1	4	3	1	1
百分比（%）	0.1	0.3	0.2	0.1	0.1	0.4	0.3	0.1	0.1

来过中国的受访者平均来过中国 0.81 次，众数为 0（没来过），64.4% 没有来过中国。极大值为 23（来过 23 次），标准差为 1.844。受访者来过中国的情况见表 9-11。

表 9-11　受访者来过中国情况

来过中国次数（次）	0	1	2	3	4	5	6	7	8	9	12	16	23
频率（人次）	652	185	94	34	15	9	5	1	6	1	9	1	1
百分比（%）	64.4	18.3	9.3	3.4	1.5	0.9	0.5	0.1	0.6	0.1	0.9	0.1	0.1

2. 不同年龄段数据对比

不同年龄段受访者来过中国的数值显示，25～34 岁受访者来过中国的比例最高，233 位中有 50.2% 来过中国；55～64 岁的最低，102 位受访者中有 25.5% 来过中国。不同年龄段人均来过中国的次数，25～34 岁的最多，117 位平均来过中国 1.18 次，65 岁及以上的受访者最少，3 位平均来过中国 0.10 次。相关分析显示，不同年龄段受访者来过中国的显著性为 0.000，小于 0.05，拒绝原假设，说明不同年龄段受访者来过中国的情况有明显差异。相关系数为负，说明年龄越小，来过中国的次数越多（见表 9 - 12、表 9 - 13）。

表 9 - 12　不同年龄段受访者来过中国数据对比

	15～24 岁		25～34 岁		35～44 岁		45～54 岁		55～64 岁		65 岁及以上		合　计	
	频率（人次）	比例（%）	频率（人次）	比例（%）	频率（人次）	比例（%）	频率（人次）	比例（%）	频率（人次）	比例（%）	频率（人次）	比例（%）	频率（人次）	比例（%）
0	178	67.7	116	49.8	116	57.1	140	76.5	76	74.5	26	89.7	652	64.4
1	35	13.3	57	24.5	46	22.7	28	15.3	16	15.7	3	10.3	185	18.3
2	25	9.5	32	13.7	21	10.3	12	6.6	4	3.9	0	0.0	94	9.3
3	7	2.7	10	4.3	10	4.9	3	1.6	4	3.9	0	0.0	34	3.4
4	5	1.9	5	2.1	3	1.5	0	0.0	2	2.0	0	0.0	15	1.5
5	3	1.1	5	2.1	1	0.5	0	0.0	0	0.0	0	0.0	9	0.9
6	2	0.8	2	0.9	1	0.5	0	0.0	0	0.0	0	0.0	5	0.5
7	1	0.4	0	0.0	0	0.0	0	0.0	0	0.0	0	0.0	1	0.1
8	2	0.8	2	0.9	2	1.0	0	0.0	0	0.0	0	0.0	6	.6
9	0	0.0	0	0.0	1	0.5	0	0.0	0	0.0	0	0.0	1	0.1
12	5	1.9	3	1.3	1	0.5	0	0.0	0	0.0	0	0.0	9	0.9
16	0	0.0	1	0.4	0	0.0	0	0.0	0	0.0	0	0.0	1	0.1
23	0	0.0	0	0.0	1	0.5	0	0.0	0	0.0	0	0.0	1	0.1
来过者合计	85	32.3	117	50.2	87	42.9	43	23.5	26	25.5	3	10.3	361	35.6
来华次数合计	236	—	276	—	201	—	61	—	44	—	3	—	821	—
人均来华次数	0.90	—	1.18	—	0.99	—	0.33	—	0.43	—	0.10	—	0.81	—

表 9 - 13　不同年龄段来过中国次数的相关分析

			age. age	V25. 您去过几次中国？（数值填空）
Spearman 的 rho	age. age	相关系数	1.000	- .120**
		Sig.（双侧）	0.0	0.000
		N	1013	1013
	V25. 您去过几次中国？（数值填空）	相关系数	- .120**	1.000
		Sig.（双侧）	0.000	0.0
		N	1013	1013

注：**. 在置信度（双测）为 0.01 时，相关性是显著的。

（五）受访者对中国人的刻板印象

1. 本次调查数据

刻板印象是受访者在接触和谈及中国人时，头脑中第一时间浮现出的印象。本次调查通过对 12 对褒、贬对立形容词的 7 级语义量表法，调查了受访者对中国人的刻板印象。11 对形容词为调查精神面貌类，1 对形容词为体貌特征类（身体孱弱的——身体强健的）。7 级量表中，1 为贬义的一极，7 为褒义的一极，请受访者在 1 ~ 7 中选择。通过计算均值和比例评估，均值越接近 7 印象越好。受访者对中国人的刻板印象数据见表 9 - 14。

表 9 - 14　受访者对中国人的刻板印象

	均值	众数	标准差	负面（%）	中立（%）	正面（%）	正极 <7>（%）	负极 <1>（%）	极差（%）
因循守旧的—有创造性的	5.08	6	1.629	15.8	18.6	65.6	23.2	3.6	19.6
不平等待人的—平等待人的	4.76	4	1.666	19.9	22.0	58.0	16.8	5.4	11.4
狡诈的—守诚信的	4.62	4	1.699	21.9	24.2	53.9	15.6	6.9	8.7
粗野的—有教养的	4.96	5	1.575	15.2	20.6	64.2	18.7	3.9	14.8
懒惰的—勤劳的	5.18	6	1.580	13.9	15.3	70.8	22.3	3.8	18.5
痛苦的—幸福的	5.00	6	1.548	14.3	21.0	64.7	18.5	3.7	14.8
好战的—爱好和平的	4.70	4	1.707	21.5	21.5	57.0	17.4	5.8	11.6

	均值	众数	标准差	负面 （%）	中立 （%）	正面 （%）	正极 <7> （%）	负极 <1> （%）	极差 （%）
傲慢的—谦逊的	4.75	5	1.629	19.9	20.7	59.3	15.9	5.0	10.9
自卑的—自信的	5.06	6	1.601	14.3	19.4	66.2	21.2	3.9	17.3
唯利是图的—见义勇为的	4.75	4	1.543	17.7	24.6	57.7	13.9	3.9	10
蛮横的—和善的	4.90	6	1.592	16.4	21.2	62.4	17.0	4.1	12.9
身体孱弱的—身体强健的	5.11	6	1.554	14.1	17.8	68.1	21.7	3.3	18.4
12 项平均	4.09	5	1.610	17.1	20.6	62.3	18.5	4.4	14.1

计算均值显示：得分居前三位的为："懒惰的—勤劳的"5.18、"身体孱弱的—身体强健的"5.11、"因循守旧的—有创造性的"5.08，折合成 10 级量表，以百分制计算分别为 74.0 分、73.1 分、72.6 分。得分最低的为："狡诈的—守诚信的"4.62（65.9 分）。12 项平均均值为 4.09，为百分制的 58.4 分。4 项（不平等待人的—平等待人的、狡诈的—守诚信的、好战的—爱好和平的、唯利是图的—见义勇为的）的众数是 4，2 项（粗野的—有教养的、傲慢的—谦逊的）的众数是 5，其余众数均为 6。

计算比例显示，12 对形容词平均，17.1% 的受访者持负面（选择 1、2、3 比例之和）看法，20.6% 的持中立（选择 4）看法，62.3% 的持正面（选择 5、6、7 比例之和）看法。极差（选择 7 的比例减选择 1 的比例之差）均为正数，最大的是"因循守旧的—有创造性的"（19.6%），最小的是"狡诈的—守诚信的"（8.7%），12 项平均为 14.1%。

从上面各项指标评价综合来看，在印度人眼中，中国人形象尚好，突出的优点是勤劳、身体强健、自信，尚有不足的是诚信、爱好和平、见义勇为方面。

2. 不同年龄段数据对比

不同年龄段受访者对中国人印象的数值（见表 9 - 15）显示，对中国人 11 项精神面貌印象持正面看法的比例（选择 5、6、7 比例之和）最高的是 25～34 岁，为 71.2%，最差的为 55～64 岁以上，为 57.8%；对中国人体貌特征的正面看法，比例最高的是 25～34 岁者，为 73.4%；最低的是 65 岁及以上，为 51.7%。

对不同年龄段和 12 项刻板印象的相关分析显示，"不平等待人的—平等待人的""狡诈的—守诚信的""痛苦的—幸福的""好战的—爱好和平的""傲慢的—谦逊的""自卑的—自信的""唯利是图的—见义勇为的" 7 项的显著性小于 0.05，拒绝原假设，说明不同年龄段群体对这 7 项中国人印象的看法存在差异。

表 9 – 15   不同年龄段受访者对中国人印象数据对比

	15～24 岁	25～34 岁	35～44 岁	45～54 岁	55～64 岁	65 岁及以上	合计
	正面（%）	正面（%）	正面（%）	正面（%）	正面（%）	正面（%）	正面（%）
因循守旧的—有创造性的	64.6	71.2	67.5	62.8	57.8	62.1	65.6
不平等待人的—平等待人的	57.8	63.9	61.6	54.1	48.0	48.3	58.0
狡诈的—守诚信的	54.4	63.5	58.1	43.7	44.1	41.4	53.9
粗野的—有教养的	61.6	69.1	68.5	64.5	52.0	58.6	64.2
懒惰的—勤劳的	73.0	70.8	72.9	67.8	65.7	72.4	70.8
痛苦的—幸福的	64.6	71.7	63.5	65.0	52.9	55.2	64.7
好战的—爱好和平的	57.8	66.5	59.6	49.2	47.1	37.9	57.0
傲慢的—谦逊的	63.1	66.5	60.6	54.6	44.1	41.4	59.3
自卑的—自信的	68.8	69.1	67.0	63.9	59.8	51.7	66.2
唯利是图的—见义勇为的	62.4	63.5	57.6	51.9	46.1	48.3	57.7
蛮横的—和善的	63.5	65.7	65.0	61.2	53.9	44.8	62.4
11 项平均	62.9	67.4	63.8	58.1	52.0	51.1	61.8
身体孱弱的—身体强健的	66.5	73.4	68.5	67.2	65.7	51.7	68.1
12 项平均	63.2	67.9	64.2	58.8	53.1	51.2	62.3

（六）受访者对旅印中国人的印象

1. 整体印象

1013 名受访者中有 199 人未遇到在印度旅游的中国人，占总数的 19.6%。在遇到过中国旅游者的 814 人中，印象好的（包括较好和很好）占 57.1%，印象差（不好和很不好）占 2.6%，中立的占 20.7%，众数是中立，均值为 3.10，折合百分制为 62.0 分，标准差是 1.689（见表 9 – 16）。

表 9 – 16　受访者对旅印中国人的印象

单位：人次,%

		频　率	有效百分比
有　　效	从没遇到过	199	19.6
	很　不　好	11	1.1
	不　　好	15	1.5
	中　　立	210	20.7
	较　　好	422	41.7
	很　　好	156	15.4
	合　　计	1013	100.0

2. 不同年龄段数据对比

遇到过中国游客的比例不同年龄段受访者对中国游客印象的数据对比见表 9 – 17。25 ~ 34 岁遇到过的比例最高（86.3%），65 岁及以上遇到过比例最低（65.5%），整体平均为 64.0%。

表 9 – 17　不同年龄段受访者遇到过中国游客情况

单位：人,%

	15 ~ 24 岁		25 ~ 34 岁		35 ~ 44 岁		45 ~ 54 岁		55 ~ 64 岁		65 岁及以上		合　计	
	人数	比例	人数	比例	人数	比例	人数	比例	人数	比例	人数	比例	人数	比例
没遇到过	46	17.5	32	13.7	33	16.3	43	23.5	35	34.3	10	34.5	364	36.0
遇到过	217	82.5	201	86.3	170	83.7	140	76.5	67	65.7	19	65.5	647	64.0
合　计	263	100	233	100	203	100	183	100	102	100	29	100	1013	100

各年龄段受访者对中国旅游者印象的数据对比见表 9 – 18。由于 65

岁及以上受访者的人数较少，数据参考价值不大，不参与各年龄段的比较。其余 5 个年龄段的数据比较显示，160 名 15～24 岁的受访者对中国游客印象持正面看法的比例（73.7%）最高，比最低的 45～54 岁的（62.1%）高 11.6 个百分点。5 级量表的均值，45～54 岁为 3.72，比 55～64 岁（3.94）低 0.22。相关分析显示，不同年龄段受访者对中国游客印象的显著性为 0.000，小于 0.05，不同年龄段受访者对中国游客的印象存在差异。相关系数为负，说明年龄越小，对中国游客印象越好（见表 9-19）。

表 9-18　不同年龄段受访者对中国游客印象数据对比

	15～24 岁		25～34 岁		35～44 岁		45～54 岁		55～64 岁		65 岁及以上		合　计	
	人数（人）	比例（%）	人数（人）	比例（%）	人数（人）	比例（%）	人数（人）	比例（%）	人数（人）	比例（%）	人数（人）	比例（%）	人数（人）	比例（%）
很不好	4	1.8	3	1.5	2	1.2	2	1.4	0	0.0	0	0.0	11	1.4
不　好	7	3.2	4	2.0	2	1.2	2	1.4	0	0.0	0	0.0	15	1.8
中　立	46	21.2	49	24.4	45	26.5	49	35.0	15	22.4	6	31.6	210	25.8
较　好	117	53.9	103	51.2	83	48.8	67	47.9	41	61.2	11	57.9	422	51.8
很　好	43	19.8	42	20.9	38	22.4	20	14.3	11	16.4	2	10.5	156	19.2
较好与很好比例之和	160	73.7	145	72.1	121	71.2	87	62.1	52	77.6	13	68.4	578	71.0
均　值	3.87		3.88		3.90		3.72		3.94		3.79		3.86	
标准差	0.831		0.810		0.797		0.778		0.625		0.631		0.791	

表 9-19　不同年龄段对中国游客印象的相关分析

			age. age	V23. 您对到贵国旅游的中国人印象如何？（单选）
Spearman 的 rho	age. age	相关系数	1.000	-0.113**
		Sig.（双侧）	0.0	0.000
		N	1013	1013
	V23. 您对到贵国旅游的中国人印象如何？（单选）	相关系数	-.113**	1.000
		Sig.（双侧）	0.000	0.0
		N	1013	1013

注：**. 在置信度（双测）为 0.01 时，相关性是显著的。

三 中国杰出人物的知名度和美誉度

以下从中国名人的知名度、美誉度、知名度与美誉度对比、阅读名人著作等四个方面来分析印度受访者对中国名人的认知、态度和行为。

（一）知名度

1. 本次调查数据

20 位名人中，知名度排在首位的是成龙，1013 名受访者中有 97.8% 知道这位影星。排在第二到第五位的是毛泽东（84.0%）、孔子（79.7%）、章子怡（75.7%）和马云（74.5%）。排在倒数第一到倒数第三的是李白（63.7%）、屠呦呦（64.1%）、曹雪芹（64.2%）。20 位名人平均知名度为（70.8%）（见表 9 – 20）。

表 9 – 20 受访者对中国名人知名度情况

名人分类	姓 名	知晓人数（人）	知名度（%）	排 名
当今影视明星	成龙	991	97.8	1
新中国创建者	毛泽东	851	84.0	2
古代哲学家	孔子	807	79.7	3
当今影视明星	章子怡	767	75.7	4
当今企业家	马云	755	74.5	5
中国改革开放领导人	邓小平	752	74.2	6
篮球明星	姚明	738	72.9	7
当今宇航员	景海鹏	728	71.9	8
中国民主革命开拓者	孙中山	704	69.5	9
古代哲学家	老子	700	69.1	10
当今女排教练	郎平	682	67.3	11
当今文学家艺术家	莫言	660	65.2	12
当今钢琴家	郎朗	657	64.9	13
当今流行歌手	周杰伦	656	64.8	14
古代医学家	张仲景	653	64.5	14
古代航海家	郑和	652	64.4	16
当代京剧艺术家	梅兰芳	652	64.4	17
古代文学艺术家	曹雪芹	650	64.2	18
当今科学家	屠呦呦	649	64.1	19
古代诗人	李白	645	63.7	20
平　　　均		717	70.8	—

2. 不同年龄段数据对比

不同年龄段的受访者对中国名人的知名度数据对比见表9-21。对比结果显示，20名中国名人知名度平均，65岁及以上为57.6%，在所有年龄段中最低，25~34岁为78.5%，在所有年龄段中最高，两者相差20.9个百分点。

表9-21　不同年龄段受访者对中国名人的知名度数据对比

单位:%

姓　　名	15~24岁	25~34岁	35~44岁	45~54岁	55~64岁	65岁及以上	合计
成　龙	98.9	99.1	98.0	95.6	96.1	96.6	97.8
毛泽东	82.5	84.1	84.7	79.8	91.2	93.1	84.0
孔　子	77.6	82.8	81.3	78.1	76.5	82.8	79.7
章子怡	78.3	83.3	78.3	66.7	68.6	55.2	75.7
马　云	77.2	84.1	74.9	63.4	71.6	51.7	74.5
邓小平	70.3	77.3	75.9	68.9	83.3	75.9	74.2
姚　明	78.3	81.5	77.3	59.6	58.8	55.2	72.9
景海鹏	75.7	80.7	78.8	56.8	57.8	62.1	71.9
孙中山	68.8	75.5	72.9	57.9	72.5	65.5	69.5
老　子	70.3	74.2	75.9	55.2	66.7	65.5	69.1
郎　平	69.6	75.5	72.9	53.6	64.7	37.9	67.3
莫　言	68.4	75.1	72.4	53.0	49.0	37.9	65.2
郎　朗	67.3	73.0	71.4	49.2	58.8	51.7	64.9
周杰伦	68.8	75.1	71.4	46.4	54.9	48.3	64.8
张仲景	65.4	76.4	67.0	48.6	60.8	55.2	64.5
郑　和	65.0	73.0	70.0	50.3	61.8	48.3	64.4
梅兰芳	63.9	74.2	68.0	56.3	55.9	44.8	64.4
曹雪芹	64.3	75.1	73.4	49.2	53.9	41.4	64.2
屠呦呦	66.5	74.2	70.4	51.9	49.0	44.8	64.1
李　白	66.2	75.1	67.5	51.9	52.0	37.9	63.7
平　均	72.2	78.5	75.1	59.6	65.2	57.6	70.8

（二）名人著作的阅读情况

1. 本次调查数据

开列的哲学、文学和政治类的5本著作的知晓率和阅读率都很接近，相比之下，《论语》知晓率（66.8%）和阅读率（读过一点和通读过之和70.1%）均名列第一。由于5种著作知晓度和阅读率相差都不大，知晓

率极差为 6.1% ，阅读率极差为 15.0% ，均值极差为 0.12 。《论语》
《毛泽东选集》的知晓率和阅读率较高，《红楼梦》的知晓率和阅读率
最低（见表 9 - 22）。

表 9 - 22　中国名人著作知晓率、阅读率及均值

名人著作	听说和阅读的比例（%）				知晓者		
	没听说过	从未读过	读过一点	通读过	知晓率（%）	阅读率（%）	均值
《论语》	33.2	20.0	36.5	10.3	66.8	70.1	1.85
《道德经》	37.7	24.5	26.9	10.9	62.3	60.7	1.78
《红楼梦》	39.3	25.7	22.7	12.3	60.7	57.7	1.78
《西游记》	34.6	23.1	30.6	11.7	65.4	64.7	1.83
《毛泽东选集》	34.5	24.1	27.1	14.3	65.5	63.2	1.85
平均	35.8	23.5	28.8	11.9	64.2	63.3	1.82

2. 不同年龄段数据对比

5 部著作在不同年龄段受访者中知晓率和阅读率的数据对比（见表
9 - 23）显示，对 5 部著作知晓率平均最高的是 25 ~ 34 岁，为 74.1% ，
最低的是 45 ~ 54 岁者，知晓率为 49.6% 。对年龄段与知晓和阅读 5 部著
作的相关分析显示，不同年龄段知晓和阅读《论语》《道德经》《红楼
梦》《西游记》《毛泽东选集》的显著性分别为 0.055、0.000、0.000、
0.000、0.000，除了《论语》，其余四项均小于 0.05，表明不同年龄段对
除《论语》外的 4 部著作的知晓和阅读情况存在显著差异。

表 9 - 23　不同年龄段受访者对 5 部著作的知晓和阅读数据对比

名人著作	群体	听说和阅读情况的比例 %				知晓者	
		没听说过	从未读过	读过一点	通读过	知晓率 %	阅读率%
《论语》	15 ~ 24 岁	37.3	20.5	31.9	10.3	62.7	67.3
	25 ~ 34 岁	20.6	20.2	46.8	12.4	79.4	74.6
	35 ~ 44 岁	28.6	20.2	37.4	13.8	71.4	71.7
	45 ~ 54 岁	45.4	20.2	26.8	7.7	54.7	63.0
	55 ~ 64 岁	40.2	17.6	36.3	5.9	59.8	70.5
	65 岁及以上	27.6	20.7	51.7	0	72.4	71.4
	整体	33.2	20	36.5	10.3	66.8	70.0

续表

名人著作	群体	听说和阅读情况的比例 %				知晓者	
		没听说过	从未读过	读过一点	通读过	知晓率 %	阅读率%
《道德经》	15～24 岁	32.7	26.2	27	14.1	67.3	61.0
	25～34 岁	24.5	23.6	35.6	16.3	75.5	68.8
	35～44 岁	33.5	27.1	31.5	7.9	66.5	59.3
	45～54 岁	53	21.3	18.6	7.1	47	54.7
	55～64 岁	55.9	23.5	14.7	5.9	44.1	46.7
	65 岁及以上	58.6	20.7	20.7	0	41.4	50.0
	整体	37.7	24.5	26.9	10.9	62.3	60.7
《红楼梦》	15～24 岁	32.7	27.4	24.3	15.6	67.3	59.3
	25～34 岁	25.8	24.9	30.9	18.5	74.3	66.5
	35～44 岁	32.5	28.6	23.2	15.8	67.6	57.7
	45～54 岁	57.9	24	14.2	3.8	42	42.9
	55～64 岁	59.8	19.6	18.6	2	40.2	51.2
	65 岁及以上	65.5	27.6	6.9	0	34.5	20
	整体	39.3	25.7	22.7	12.3	60.7	57.7
《西游记》	15～24 岁	30.4	22.1	33.8	13.7	26.1	68.3
	25～34 岁	23.6	23.6	34.3	18.5	76.4	69.1
	35～44 岁	32.5	25.6	30	11.8	67.4	62
	45～54 岁	48.1	20.2	26.8	4.9	51.9	61.1
	55～64 岁	44.1	22.5	27.5	5.9	55.9	59.6
	65 岁及以上	55.2	31	10.3	3.4	44.7	30.8
	整体	34.6	23.1	30.6	11.7	65.4	64.7
《毛泽东选集》	15～24 岁	34.2	23.6	23.2	19	65.8	64.2
	25～34 岁	26.2	20.2	36.5	17.2	73.9	72.7
	35～44 岁	29.6	28.6	27.1	14.8	70.5	59.4
	45～54 岁	51.4	22.4	18	8.2	48.6	53.9
	55～64 岁	35.3	26.5	28.4	9.8	64.7	59.1
	65 岁及以上	27.6	31	41.4	0	72.4	57.1
	整体	34.5	24.1	27.1	14.3	65.5	63.3

续表

名人著作	群体	听说和阅读情况的比例 %				知晓者	
		没听说过	从未读过	读过一点	通读过	知晓率 %	阅读率%
平均	15~24 岁	32.1	24.3	28.1	15.5	67.9	64.0
	25~34 岁	25.9	22.9	36	15.2	74.1	70.3
	35~44 岁	34.5	24.9	29.2	11.4	65.6	62.0
	45~54 岁	50.4	22.1	21	6.5	49.6	55.1
	55~64 岁	49.3	23.6	21.7	5.4	50.7	57.4
	65 岁及以上	42.8	24.6	30.3	2.3	57.2	45.9
	整体	39.2	23.7	27.7	9.4	60.9	63.3

知道这些著作的受访者中，25~34 岁对 5 部著作的平均阅读率（读过一点与通读过的比例）最高（70.3%），最低的是 65 岁及以上，阅读率为 45.9%，前者比后者高出 24.4 个百分点。

四　调查后的思考

（一）中国与印度的价值观差异比调查结果还要大

印度民众认可中华核心价值观，在印度人眼中，中国人勤劳、身体强健、有创造性，对中国游客印象也不坏，但是他们不愿意与中国人过于亲密。在亲近度的调查中，认同"作为访问者停留在印度"的最多，占三成，"生活在印度"占 9%，"在同一行业共事"占 18.3%，"做邻居"占 12.1%、"作为亲密朋友"占 22.1%，"同子女结婚"占 3.9%。既然认同中国价值观，却不愿意通婚、不愿意中国人住在印度，这又是为什么呢？

印度历史悠久，有独特的文化，不同职业的人被划分为不同种姓，不同种姓之间一般不通婚。中国人的生活方式与印度人有较大差异，所以他们不愿意与中国人通婚。举例来说，印度人结婚女方必须送给男方巨额聘金，这个习俗与中国相反，印度男性与中国女性通婚将产生巨额损失。印度民众认为人死后，必须经过轮回，但女性轮回的高度与丈夫的种姓阶级有关，丈夫的种姓高她下辈子轮回的种姓就高，反之，种姓就低。因此，印度女性与外国男性通婚的意愿也很低。

过去中国人（主要是广东梅县人）曾大量移居到加尔各答，他们从事皮革业，宰杀牛，吃牛肉，贩卖皮鞋等皮革制品，但屠宰牲口会沾到血液，在印度人的洁净观中，这属于被污染，会拉开到彼岸世界的距离。所以，只有贱民这种处于种姓阶级之外的不可接触者，才会从事这种职业。当地华人本不在印度社会的种姓阶层中，但其行为与贱民相似，被视为贱民。由于牛在印度被视为圣物，宰杀牛只行为引发印度民众反感，后来也发生大规模的针对华人的暴力事件，华人试图寻求警方的帮助，但也得不到公权力支持，导致最后华人大量移出印度。

因此，调查显示印度民众认同中华价值观，但引发了两个问题需要思考。首先是价值观调查效度。这些价值观是指单一价值观，并没有涉及整个价值体系，更没有与价值观相联系的行为，导致调查结果不能反映真实情况。其次，美国心理学家博加德斯设计的"社会距离量表"（Bogardus scale）并不能反映印度社会的情况。它的社会距离应该说是美国社会的距离，美国国情与印度有极大差异，不能反映印度的情况。最后，中印生活方式的差异比调查结果所反映的大得多。

（二）提高中国文化符号的喜爱度，需要中国名人做贡献

20位名人中，知名度排在首位的是成龙，97.8%的印度民众知道这位影星，毛泽东排第二（84.0%），孔子排第三（79.7%），接下来是章子怡（75.7%）、马云（74.5%）。排在倒数第一到倒数第三的是李白（63.7%）、屠呦呦（64.1%）、曹雪芹（64.2%），对中国文化符号的调查发现，功夫在印度相当受欢迎，功夫/太极拳喜爱度达到（70.7%），在所有文化元素中排名第四。成龙是国际知名功夫演员、章子怡在《卧虎藏龙》中的表现也令人印象深刻，他们在海外推广中国功夫非常成功，印度民众不仅喜欢中国功夫，对中国功夫也有很大好感，中国功夫的知名度与喜爱度都很高。

京剧在中国文化符号调查中喜爱度为37.7%，排名第21位。梅兰芳知名度64.4%，排名第17，喜爱度仅52.1%，虽然排名第10，但实际上不到平均值。唐诗宋词在中国文化符号调查中喜爱度仅25.4%，排名第27，李白在调查中知名度仅63.7%，排名第20，喜爱度46.2%，排名第17。由此看来，印度民众对中国杰出人物的评价与他们对中国符号的看法几乎一致，中国名人的知名度与美誉度反映了他们对中国文化符号的喜爱程度。要提高中国文化符号的影响力，需要这些名人发挥更大的作用。

（三）年轻人对中国人的认知和态度好于年长者

针对不同年龄段的知名度比较发现，中国名人在 25 ~ 34 岁的印度民众中知名度最高，为 78.5%，65 岁及以上为 57.6%，在所有年龄段中最低，两者相差 20.9 个百分点。24 ~ 35 岁受访者对 20 位中国名人的美誉度比例平均值最高（56.3%），最低的是 65 岁及以上者 46.8%）。前者比后者高出 9.5 个百分点。知名著作的平均阅读率也反映了这种现象，25 ~ 34 岁最高（73.32%），最低的是 65 岁及以上者，阅读率为 56.00%，前者比后者高出 17.32 个百分点。其余年龄段的调查结果没有明显的差异，这可能与印度民众的受教育水平有关，也可能与年轻人更容易接触新事物有关。

第十章　对中国经济发展的看法

　　文化与政治、经济、外交、军事、国家整体形象密切相关，相互影响。中国文化国际影响力评估"既要见树木，又要见森林"，就是说不仅要评估其对中国文化的认知、态度、行为，而且要评估受访者对中国改革开放以来的经济、政治、外交、军事、中国整体国家形象的认知和态度。本章首先调查分析印度民众对中国经济发展的看法。政治、外交、军事、中国整体国家形象在后面的各章中讨论。

一　问卷修订

（一）设计思路

　　对改革开放以来中国发展道路的了解和评价同对中国的看法密切相关。中国沿着中国特色社会主义的和平发展道路，在经济和社会发展方面取得了世界瞩目的成就，GDP 在世界排名由 1978 年的第 15 位上升到 2010 年的第 2 位，从一个贫穷国家发展成今天的世界第二大经济体，中国的 GDP 将不可避免地超过美国。对于这样一个世界奇迹，外国民众对这一情况是否了解？如何评价？这是本调查想要从受访者了解的信息。本次问卷调查的问题在 2011 年和 2013 年问卷的基础上进行了调整：首先对中国经济状况的认知问题进行了调整，由原来的抽象概括性问法"您对近 30 多年来中国的社会和经济发展了解吗？"改为具体问法："1978 年中国的 GDP 在世界各国中排名第 15 位，2015 年排名第几位？"设计者认为用后一种问法得出的结果更准确。其次，增加了一个问题："您觉得中国近年来经济快速发展的原因是什么？"从政治制度、改革、全球化、中国人勤奋努力等方面设了四个选项，进一步调查受访者对中国经济发展的深层认知。随着知识经济的兴起，科技进步与经济发展呈现相互依存、相互促进、相互融合、协同发展的总趋势，科技进步与经济增长互动。科技进步是促进经济发展的内在动力，推动经济增长方式转变，促进经济结构优化调整，同时简要概括了对科技的资金投入。为此，在调查时增加了一道调查受访者对中国科技发展认知的问题。

（二）问卷内容

问卷设计了四个问题，两个问题涉及认知，两个问题涉及态度。

V42. 1978 年中国的 GDP 在世界各国中排名第 15 位，2015 年排名第几位？

1. 第 15 位或更后　2. 第 11～14 位　3. 第 7～10 位

4. 第 3～6 位　5. 第 1～2 位　6. 不知道

V42－1. 您认为近 30 年来中国所走的经济发展道路如何？

1. 非常不好　2. 较不好　3. 中立　4. 较好　5. 非常好　6. 不知道

V42－2. 您觉得中国经济发展前景乐观吗？

1. 非常不乐观　2. 不乐观　3. 中立　4. 乐观　5. 非常乐观

6. 不知道

V42－3. 您觉得中国近年来经济快速发展的原因是什么？

1. 政治制度优越　2. 改革解放了市场经济活力　3. 积极融入经济全球化　4. 中国人的勤奋努力　5. 其他

V45. 您认为中国科技发展水平在世界上处于何种地位？【单选】

1. 50 名之后　2. 30～49 名　3. 11～29 名　4. 6～10 名　5. 1～5 名

二　整体受访者数据分析

（一）对 30 多年来中国经济发展的现状认知

1. 认知情况

调查受访者对中国改革开放 30 多年来经济发展状况的了解情况，首先，展示受访者在回答"1978 年中国的 GDP 在世界各国中排名第 15 位，2015 年排名第几位？"时选择各选项的比例。其次，排除回答"不知道"者，计算自认为了解者的认知情况：将回答"第 15 位或更后"定为"非常不了解"，赋值 1，回答"第 11～14 位"定为"很不了解"，赋值 2，回答"第7～10位"定为"不太了解",赋值3,回答"第3～6位"定为"接近了解",赋值4,回答"第1～2位"定为"正确了解"①,赋值5,计算出受访者对30多年来中国经济发展情况了解程度的均值,均值越接近5,表明对中国经济发展越了解。

印度1013名受访者中,329名选择不知道,占整体的32.5%。自认为了解者684名,占整体的67.5%,其中"正确了解"者192名,占整体的19.0%。数据显示,整个受访问者中有81%尚不知2010年之后中国GDP一直处于世界第2位(见表10-1)。

表10-1　对中国经济排名的认证情况

	第15位或更后	第11～14位	第7～10位	第3～6位	第1～2位	不知道	合计
频率(人次)	38	86	146	222	192	329	1013
比例(%)	3.8	8.5	14.4	21.9	19.0	32.5	100.0

去除选择"不知道"者,自认为了解者中只有28.1%为正确了解,71.9%为了解有误(见图10-1)。用5级量表测量,自认为了解者对中国GDP现状的了解程度均值为3.65,标准差为1.172。

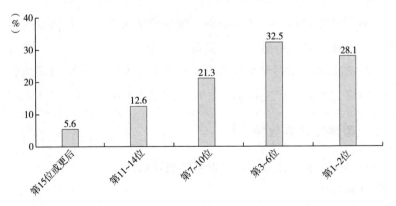

图10-1　自认为了解者认为2015年中国GDP在世界排名占比

① 2014年国际货币基金组织曾正式宣布,中国按购买力平价算法,中国的GDP相当于美国的101.1%,已经超过美国。尽管中国多数学者不同意这种算法,但可以作为一种说法。所以受访者回答第一第二都为正确。

（二）对 30 多年来中国经济发展的评价

1. 评价情况

受访者对 30 多年来中国所走的经济发展道路如何评价？本次调查就受访者对中国经济发展的态度情况，用 5 级量表进行了评估。

数据分析显示：首先，展示受访者对近 30 年中国经济发展道路的评价；其次，去除回答"不知道"者，将选择"非常不好"赋值 1，选择"非常好"赋值 5，以此类推，计算出受访者评价的均值，均值越接近 5，表明评价越高。

受访者中 46 名（4.5%）回答不知道，967 名（95.6%）作出了评价。评价为好的（"非常好"与"较好"之和）占 81.5%，"中立"占 11.3%，"不好的"（"非常不好"与"较不好"之和）占 2.8%（见表 10-2）。

表 10-2　受访者对近 30 年中国经济的评价

	非常不好	较不好	中立	较好	非常好	不知道	合计
频率（人次）	11	17	114	343	482	46	1013
占比（%）	1.1	1.7	11.3	33.9	47.6	4.5	100

去除不知道者，967 名给出评价者中，评价好的占 85.3%，中立占 11.8%，不好的占 2.9%（见图 10-2）。均值为 4.31，介于"较好"与"非常好"之间，倾向较好，众数为 5（非常好），标准差为 0.832。

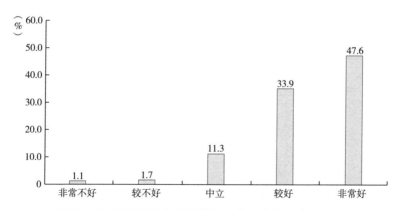

图 10-2　给出评价者对中国近 30 年经济发展道路评价

2. 知否 GDP 排名与对发展道路态度的关系

将正确回答中国 GDP 排名的受访者界定为"知道排名"的受访者，将错误回答中国 GDP 排名以及回答不知道的受访者，界定为"不知道排名"的受访者。再将"知道排名"和"不知道排名"的受访者，与对中国近 30 年经济道路作出评价的受访者进行交叉分析，分析结果见表 10 - 3。"知道排名"的受访者中，对近 30 年中国经济道路无法作出好坏评价的（回答"不知道"），占比 0.5%，"不知道排名"的受访者中，这一比例为 5.5%，两者相差 5 个百分点。

表 10 - 3　知否 GDP 排名与对发展道路评价的数据对比

	很不好	较不好	中立	较好	非常好	不知道	合计
"知道排名" $n = 192$（%）	0.5	0	6.2	22.4	70.3	0.5	100
"不知道排名" $n = 821$（%）	1.2	2.1	12.4	36.5	42.3	5.5	100
两者之差（个百分点）	- 0.7	- 2.1	- 6.2	- 14.1	28	- 5	0

去除无法对近 30 年中国经济道路进行好坏评价（回答"不知道"）的受访者，"知道排名"的受访者中，对近 30 年中国经济道路表示赞赏（回答"非常好"和"较好"的比例之和）的比例为 93.2%，"不知道排名"的受访者中这一比例为 83.4%，比前者低了 9.8 个百分点。从均值看，前者为 4.63，后者为 4.23，相差 0.40（见表 10 - 4）。

再将"是否知道中国 GDP 排名"与"对中国经济道路评价"进行相关分析，得到显著性为 0.004，肯德尔相关系数为 0.076，说明是否知道中国 GDP 排名与如何评价中国经济道路存在正相关关系，即知道中国 GDP 排名的受访者，更倾向于对中国经济道路作出赞赏的评价。

表 10 - 4　知否 GDP 排名与对中国经济道路评价的数据对比

	很不好	较不好	中立	较好	非常好	赞赏	均值
"知道排名" $n = 192$（%）	0.5	0.0	6.3	22.5	70.7	93.2	4.63
"不知道排名" $n = 821$（%）	1.3	2.2	13.1	38.7	44.7	83.4	4.23
两者之差（个百分点）	- 0.8	- 2.2	- 6.9	- 16.1	26.0	9.8	0.40

（三）对中国经济发展前景的态度

1. 对前景的态度

关于受访者对中国经济发展前景的评价情况，本次调查用5级量表进行了评估。数据分析首先展示受访者对中国经济发展前景的评价。其次，将非常不乐观赋值1，非常乐观赋值5，以此类推，计算出受访者对中国经济发展前景评价的均值，均值越接近5，对中国经济发展前景预期越乐观。

1013名受访者中回答不知道的占6.4%（65人），回答知道作出预期的占93.6%（948人）（见表10-5）。

表10-5 受访者对中国经济发展前景的评价

	非常不乐观	不乐观	中立	乐观	非常乐观	不知道	合计
频率（人次）	13	32	252	423	228	65	1013
比例（%）	1.3	3.2	24.9	41.8	22.5	6.4	100

去除回答"不知道"者，明确给出预期者有948名，预期为看好（"非常乐观"和"乐观"之和）的占68.6%；中立的占26.6%，不看好（"非常不乐观"和"不乐观"之和）的占4.8%。评价的均值为3.87，在中立和乐观之间，倾向乐观。众数为中立，标准差为0.864（见图10-3）。

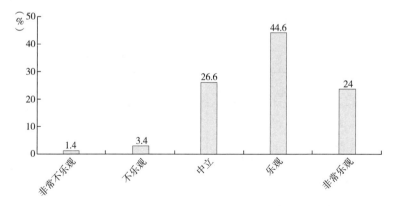

图10-3 作出预期者对中国经济发展前景的评价

2. 知否GDP排名与对中国经济发展前景态度的关系

同样，将正确回答中国GDP排名的受访者界定为"知道排名"的受访者，将错误回答中国 GDP 排名以及回答不知道的受访者，界定为"不知道排名"的受访者。再将"知道排名"和"不知道排名"的受访者，与对中国经济发展前景作出评价的受访者进行交叉分析，得到结果见表10 - 6。"知道排名"的受访者对中国经济发展前景表示"不知道"的有1.6%，"不知道排名"的受访者中这一比例为7.6%。

表 10 - 6　知否 GDP 排名与对中国经济发展前景判断的关系

	非常不乐观	不乐观	中立	乐观	非常乐观	不知道	合计
"知道排名" n = 192（%）	0.5	1.6	22.4	44.8	29.2	1.6	100
"不知道排名" n = 821（%）	1.5	3.5	25.5	41.0	21.0	7.6	100
两者之差（个百分点）	- 1	- 1.9	- 3.1	3.8	8.2	- 6	—

将对中国经济发展前景回答"不知道"的受访者剔除，"知道排名"的受访者中，看好中国经济发展前景的比例为75.1%，"不知道排名"的受访者中这一比例为67.1%，比前者低了8个百分点。均值方面，前者为4.02，后者为3.83，相差0.19（见表10 - 7）。

将对中国 GDP 排名回答"不知道"的受访者和对中国经济发展前景回答"不知道"的受访者去除，然后将"对中国 GDP 排名的认知"与"对中国经济发展前景的评价"两者进行相关分析，得到显著性为0.001，肯德尔相关系数为0.106，说明两者存在正相关关系，即对中国 GDP 排名越了解的受访者，对中国经济发展前景的评价也越高。

表 10 - 7　知否 GDP 排名与对中国经济发展前景判断的对比

	1. 非常不乐观	2. 不乐观	3. 中立	4. 乐观	5. 非常乐观	看好前景	均值
知者 n = 189（%）	0.5	1.6	22.8	45.5	29.6	75.1	4.02
不知者 n = 759（%）	1.6	3.8	27.5	44.4	22.7	67.1	3.83
两者之差（个百分点）	- 1.1	- 2.2	- 4.7	- 1.1	6.9	8.0	0.19

3. 对中国发展道路目前和将来的综合评价

问卷中设计的问题"您认为近30年来中国所走的经济发展道路如何"，目的是调查受访者对中国发展道路现状的评价情况，而问题"您觉得中国经济发展前景乐观吗"调查的则是受访者对中国发展道路前景的预期。目前好不等于将来好，将两者综合分析可以更全面和准确地调查受访者对中国经济的态度。首先，将受访者回答两个问题同质选项的比例相加除以 2，得出平均数。例如，对发展道路评价为"非常好"的比例（47.6%）与对发展前景预期"非常乐观"的比例（22.5%）相加除以 2，得出非常赞赏比例为 35.1%（见表 10－8）。

表 10－8　受访者对中国经济发展道路和前景预期比例平均数

单位：%

	很不赞赏	较不赞赏	中立	较赞赏	很赞赏	不知道
道路评价/ 前景预期	非常不好/ 非常不乐观	较不好/ 不乐观	中立/ 中立	较好/ 乐观	非常好/ 非常乐观	不知道/ 不知道
道路评价 $n=1013$	1.1	1.7	11.3	33.9	47.6	4.5
前景预期 $n=1013$	1.3	3.2	24.9	41.8	22.5	6.4
两项平均	1.2	2.5	18.1	37.9	35.1	5.5

去除回答"不知道"者，把对发展道路作出明确评价的比例和对发展前景作出明确预期的比例相加后再除以 2，求出平均值（见表 10－9）。赞赏的比例（较赞赏和很赞赏之和）为 77.1%，不赞赏的比例（较不赞赏和很不赞赏之和）为 3.9%，中立为 19.2%。受访者对中国经济发展道路赞赏的均值为 4.09，折合成百分比为 81.8%。可见，中国经济发展道路得到受访者的普遍赞赏。

表 10－9　受访者赞赏中国经济发展道路和对其前景评价比例平均数

道路评价 前景预期	1. 很不赞赏 非常不好/ 非常不乐观（%）	2. 较不赞赏 较不好/ 不乐观（%）	3. 中立 中立/ 中立（%）	4. 较赞赏 较好/ 乐观（%）	5. 很赞赏 非常好/ 非常乐观（%）	均值
道路评价 $n=967$	1.1	1.8	11.8	35.5	49.8	4.31
前景预期 $n=948$	1.4	3.4	26.6	44.6	24.1	3.87
两项平均	1.3	2.6	19.2	40.1	37.0	4.09

（四）30 多年来中国经济快速发展归因

1. 对经济发展归因的判断

中国经济发展奇迹的原因是什么？这是个复杂的问题，原因有多种。不同人会有不同的回答。本次调查增添一个问题："您觉得中国近年来经济快速发展的原因是什么？"请受访者从政治制度优越（以下简称"制度"）、改革促进了市场经济活力（以下简称"改革"）、积极融入经济"全球化"（以下简称全球化）、中国人的勤奋努力（以下简称"勤奋"）、其他五个选项中选择（可多选）。主要是从政治、经济、民族特点来探寻受访者认为的各种原因中的主要原因，调查受访者对中国经济发展的深层认知。数据显示，1013 名受访者五种归因依比例大小排名如下：勤奋（54%）、全球化（51.4%）、改革（35.9%）、制度（23.6%），其他（9.1%）（见表 10 - 10）。

表 10 - 10　受访者认为近年来中国经济快速发展的原因

	制度	改革	全球化	勤奋	其他	合计
频率（人次）	239	364	521	547	92	1013
比例（%）	23.6	35.9	51.4	54.0	9.1	100

2. 知否 GDP 排名与判断中国经济快速发展原因的关系

按照受访者对中国 GDP 排名的回答分为"知道者"和"不知道者"，再将其与"对中国经济发展原因的回答"进行交叉分析，得到表 10 - 11。认为中国经济快速发展得益于制度的，知道者（31.8%）比不知道者（21.7%）高 10.1 个百分点；将中国经济快速发展归因于改革的，知道者（43.8%）比不知道者（34.1）高 9.7 个百分点；归因于全球化的，知道者（55.2%）比不知道者（50.6%）高 4.6 个百分点；归因于勤奋的，知道者（62.0%）比不知道者（52.1%）高 9.9 个百分点；归因于其他原因的，知道者（7.3%）比不知道者（9.5%）低 2.2 个百分点。

总的来看，对中国 GDP 排名的知道者与不知道者，对中国经济快速发展原因的认识差异不大，都认为"勤奋"是首要原因，也都把"其他"排在末位。

表 10-11　知否 GDP 排名与中国经济快速发展归因的关系

	制度	改革	全球化	勤奋	其他
知道者 $n=192$（%）	31.8	43.8	55.2	62.0	7.3
不知道者 $n=821$（%）	21.7	34.1	50.6	52.1	9.5
两者之差（个百分点）	10.1	9.7	4.6	9.9	-2.2

（五）对当今中国科技发展的认知

1. 认知情况

科学技术是第一生产力，民众对一国科技发展状况的认知会在一定程度上影响对该国经济发展状况的印象。印度民众对当今中国科技发展状况的印象如何？本次调查首次就受访者对中国科技发展现状的认知进行了评估。与中国 GDP 在世界近两百个国家的排名有权威且公认的确切说法不同，关于中国科技水平在世界各国的排名没有一个确切的说法[①]。因而在数据分析部分，特意调查了受访者对中国科技在世界排名的看法（见表10-12、图 10-4）。1013 名受访者中，有 303 名认为中国科技发展水平在世界处于第 1~5 名，占整体的 29.9%。

将回答"50 名之后"赋值为 1，回答"30~49 名"赋值为 2，回答"11~29 名"赋值为 3，回答"6~10 名"赋值为 4，回答"1~5 名"赋值为 5，计算出受访者对中国科技发展情况判断的均值，均值越高，说明对中国科技发展的判断越先进。计算得到其均值为 4.02，众数为 4，标准差为 1.069。可以看出，印度民众还是很认可中国的科技发展水平的。

表 10-12　受访者认为中国科技发展水平在世界上所处地位

	50 名之后	30~49 名	11~29 名	6~10 名	1~5 名	合计
频率（人次）	41	88	246	335	303	1013
比例（%）	4.0	8.7	24.3	33.1	29.9	100

[①] 胡鞍钢根据世界银行数据库、世界知识产权数据库、OECD 数据库的数据计算，2016 年中美科技实力占世界总量比重分别为 24.81% 和 18.63%。他认为我国科技实力已居全球第一阵营，科技水平已居全球第二阵营。胡鞍钢：《中国实力跃居世界前列，秘诀是什么？》，新华网思客，2017 年 10 月 19 日，http://sike.news.cn/statics/sike/posts/2017/10/219525635.html。

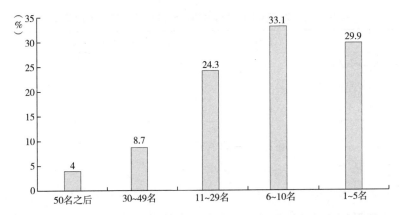

图 10 - 4　受访者认为 2015 年中国科技水平在世界上所处的位次情况

2. 科技发展水平与中国 GDP 排名

将受访者对中国科技发展水平的评价，与对中国 GDP 排名的评价（剔除"不知道"者）进行交叉分析，结果见表 10 - 13、表 10 - 14。

认为中国科技水平排位第 1 ~ 5 名的受访者，将中国 GDP 排在第 1 ~ 2 位的比例（47.2%）和均值（4.17）最高，从总体上看，认为中国科技水平排名靠前的受访者，其对中国 GDP 的排名评价也越靠前。认为中国 GDP 排名第 1 ~ 2 位的受访者，将中国科技水平排在第 1 ~ 5 名的比例（53.1%）和均值（4.26）也最高，同样，总体上认为中国 GDP 排名靠前的受访者，其对中国科技水平的排名评价也越靠前。将受访者对中国科技发展水平的排名，与受访者对中国经济发展道路的评价进行相关分析，得到显著性为 0.000，肯德尔相关系数为 0.107，说明两者存在正相关关系，即对中国科技水平排名越靠前的受访者，其对中国的发展道路也越赞赏，反之亦然。

表 10 - 13　对中国科技发展水平排名与对 GDP 排名评价的交叉分析

	排名评价（%）					均值	标准差
	第 15 位或更后	第 11 ~ 14 位	第 7 ~ 10 位	第 3 ~ 6 位	第 1 ~ 2 位		
50 名之后 n = 22	31.8	0.0	18.2	22.7	27.3	3.24	1.609
30 ~ 49 名 n = 55	20.0	32.7	21.8	14.5	10.9	2.65	1.276
11 ~ 29 名 n = 169	4.7	17.8	37.3	26.6	13.6	3.26	1.050
6 ~ 10 名 n = 222	2.7	10.8	19.4	42.3	24.8	3.76	1.031
1 ~ 5 名 n = 216	2.8	6.5	11.1	32.4	47.2	4.17	1.008
合计 n = 684	5.6	12.6	21.3	32.5	28.1	3.66	1.164

表 10 – 14　对 GDP 排名与对中国科技发展水平排名的交叉分析

	排名评价（%）					均值	标准差
	50 名之后	30 ~ 49 名	11 ~ 29 名	6 ~ 10 名	1 ~ 5 名		
第 15 位或更后 n = 38	18.4	28.9	21.1	15.8	15.8	2.81	1.305
第 11 ~ 14 位 n = 86	0.0	20.9	34.9	27.9	16.3	3.40	0.987
第 7 ~ 10 位 n = 146	2.7	8.2	43.2	29.5	16.4	3.49	0.956
第 3 ~ 6 位 n = 222	2.3	3.6	20.3	42.3	31.5	3.98	0.931
第 1 ~ 2 位 n = 192	3.1	3.1	12.0	28.6	53.1	4.26	0.997
合计 n = 684	3.2	8.0	24.7	32.5	31.6	3.82	1.062

3. 科技发展水平与中国经济发展道路评价

将受访者对中国科技发展水平的评价，与对近 30 年中国经济发展的评价（剔除回答"不知道"者）进行交叉分析，结果见表 10 – 15。认为科技发展水平排位第 1 ~ 5 名的受访者，对近 30 年中国经济发展表示赞赏（"较好"和"非常好"之和）的比例（92.0%）和均值（4.50）均最高，而且受访者对中国科技发展水平评价排名越高，其对中国发展道路的赞赏度也越高。将受访者对中国科技发展水平的排名与受访者对中国经济发展道路的评价进行相关分析，得到显著性为 0.000，肯德尔相关系数为 0.217，说明两者存在正相关关系，即对中国科技发展水平排名评价越高的受访者，其对中国发展道路也越赞赏，反之亦然。

表 10 – 15　对中国科技发展水平排名与发展道路评价的交叉分析

	评价情况（%）						均值	标准差
	非常不好	较不好	中立	较好	非常好	赞赏		
50 名之后 n = 34	8.8	5.9	35.3	20.6	29.4	50.0	3.56	1.236
30 ~ 49 名 n = 82	1.2	2.4	20.7	39.0	36.6	75.6	4.07	0.886
11 ~ 29 名 n = 234	0.0	3.4	18.8	38.9	38.9	77.8	4.13	0.836
6 ~ 10 名 n = 329	0.3	0.9	7.9	39.5	51.4	90.9	4.41	0.702
1 ~ 5 名 n = 288	2.1	0.7	5.2	28.8	63.2	92.0	4.50	0.805
合计 n = 967	1.1	1.8	11.8	35.5	49.8	85.3	4.31	0.832

4. 科技发展水平与中国经济发展前景评价

将受访者对中国科技发展水平的评价，与对中国经济发展前景的评价（去除回答"不知道"者）进行交叉分析，结果见表 10 – 16。

认为科技发展水平排位第 1～5 名的受访者，对中国经济前景看好（乐观和非常乐观之和）的比例（74.2%）和均值（4.03）均最高。从总体上看，对中国科技发展水平排名评价越高的受访者，其对中国经济发展的前景也越看好。将受访者对中国科技发展水平的排名评价，与受访者对中国经济发展前景的看法（去除回答"不知道"者）进行相关分析，得到显著性为 0.000，肯德尔相关系数为 0.159，说明两者存在正相关关系，即对中国科技发展水平排名评价越高的受访者，其对中国发展的前景也越看好，反之亦然。

表 10 - 16　对中国科技发展水平排名与经济发展前景预测的交叉分析

	评价情况（%）						均值	标准差
	非常不乐观	不乐观	中立	乐观	非常乐观	看好		
50 名之后 n = 35	14.3	8.6	54.3	11.4	11.4	22.9	2.97	1.124
30～49 名 n = 79	0.0	3.8	31.6	40.5	24.1	64.6	3.85	0.833
11～29 名 n = 231	1.7	3.9	29.4	50.6	14.3	64.9	3.72	0.820
6～10 名 n = 321	0.0	3.4	24.1	48.8	23.8	72.5	3.93	0.783
1～5 名 n = 283	1.4	2.1	22.3	40.3	33.9	74.2	4.03	0.881
合计 n = 948	1.4	3.4	26.6	44.6	24.1	68.7	3.87	0.865

三　不同年龄段数据对比

（一）对 2015 年中国 GDP 排名的认知

不同年龄段对 2015 年中国 GDP 排名的认知情况见表 10 - 17。回答不知道的，占比最多的前三名是 65 岁及以上（55.2%）、45～54 岁（42.6%）、55～64 岁（41.2%）。各个年龄段回答不知道的人，占比均较高（见图 10 - 5）。不同年龄段与对 GDP 排名认知的卡方分析显示，显著性为 0.000，小于 0.05，显示整个年龄段对 GDP 排名的认知存在显著差异。

表 10 - 17　不同年龄段受访者对中国 GDP 排名的认知　单位:%

年龄段	第 15 位或更后	第 11～14 位	第 7～10 位	第 3～6 位	第 1～2 位	不知道	合计
15～24 岁 n = 263	4.9	11.4	16.0	23.2	19.8	24.7	100

续表

年龄段	第15位或更后	第11~14位	第7~10位	第3~6位	第1~2位	不知道	合计
25~34 岁 n = 233	5.6	7.3	19.3	24.9	18.9	24.0	100
35~44 岁 n = 203	2.5	8.4	14.3	22.2	17.2	35.5	100
45~54 岁 n = 183	0.5	6.6	12.0	15.3	23.0	42.6	100
55~64 岁 n = 102	5.9	7.8	7.8	21.6	15.7	41.2	100
65 岁及以上 n = 29	0.0	6.9	0.0	27.6	10.3	55.2	100
整体 n = 1013	3.8	8.5	14.4	21.9	19.0	32.5	100

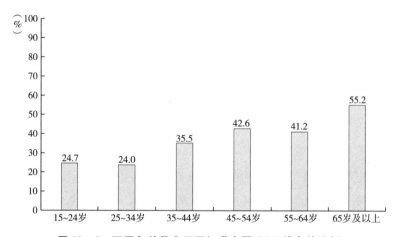

图 10 - 5　不同年龄段表示不知道中国 GDP 排名的比例

去除回答"不知道"的受访者，65 岁及以上的样本太少（共 13 个），样本数据难以准确推断整体，不参与对比。正确了解中国 GDP 排名（即选择排名第 1~2 位）的受访者中，45~54 岁占比最高（40.0%），第二是 55~64 岁和 35~44 岁（均为 26.7%）。将受访者对中国 GDP 排名"第 15 位或更后"赋值 1，排名"第 1~2 位"赋值 5，以此类推，用 5 级量表测量不同年龄段的受访者对中国 GDP 排名的认知的均值，结果见表 10 - 18。

45~54 岁的均值最高（3.93），65 岁及以上的排名第二（3.92）。对年龄段与"GDP 排名认知"进行卡方分析，得到显著性为 0.087，大于 0.05，说明不同年龄段对 GDP 排名的认知没有显著影响。

表 10 – 18　不同年龄段自认为知道中国 GDP 排名的情况对比

	排名认知度（%）						
	第 15 位或更后	第 11～14 位	第 7～10 位	第 3～6 位	第 1～2 位	均值	标准差
15～24 岁 n = 198	6.6	15.2	21.2	30.8	26.3	3.55	1.212
25～34 岁 n = 177	7.3	9.6	25.4	32.8	24.9	3.58	1.172
35～44 岁 n = 131	3.8	13	22.1	34.4	26.7	3.67	1.115
45～54 岁 n = 105	1	11.4	21	26.7	40.0	3.93	1.071
55～64 岁 n = 60	10	13.3	13.3	36.7	26.7	3.57	1.283
65 岁及以上 n = 13	0	15.4	0	61.5	23.1	3.92	0.917
整体 n = 684	5.6	12.6	21.3	32.5	28.1	3.65	1.172

（二）对 30 多年来中国经济发展道路的评价

1. 评价情况

不同年龄段受访者对近 30 年来中国经济发展道路的评价，见表 10 – 19。回答"不知道"的，25～34 岁（2.1%）占比最少，65 岁及以上（10.3%）占比最多。将"年龄段"与"近 30 年中国经济发展道路评价"进行卡方分析，得到显著性为 0.624，大于 0.05，说明"年龄段"对中国经济发展道路的评价没有显著影响。

表 10 – 19　不同年龄段受访者对中国经济发展道路评价对比

单位:%

	非常不好	较不好	中立	较好	非常好	不知道	合计
15～24 岁 n = 263	0.8	2.3	11.8	31.9	46.8	6.5	100
25～34 岁 n = 233	2.1	1.7	11.6	35.6	46.8	2.1	100
35～44 岁 n = 203	0.5	2	13.8	35	45.3	3.4	100
45～54 岁 n = 183	0.5	1.1	10.4	36.1	46.4	5.5	100
55～64 岁 n = 102	2	1	6.9	30.4	55.9	3.9	100
65 岁及以上 n = 29	0	0	6.9	27.6	55.2	10.3	100
整体 n = 1013	1.1	1.7	11.3	33.9	47.6	4.5	100

去除回答"不知道"的受访者，不同年龄段受访者对中国经济发展道路的评价数据，见表 10 – 20。认为发展道路好（"较好"和"非常好"比例之和）的比例，65 岁及以上者最高（92.3%），35～44 岁的最低

（83.2%）。将"非常不好"赋值 1，"非常好"赋值 5，以此类推，用 5级量表测出对中国经济发展道路评价的均值。65 岁及以上均值最高（4.54），为较好。25～34 岁的最低（4.26），处于"较好"和"非常好"之间。各年龄段大致呈现上升趋势。将"年龄段"与"中国经济发展道路评价"进行卡方分析，得到显著性为 0.848，大于 0.05，说明"年龄段"对中国经济发展道路评价没有显著影响。

表 10 - 20　不同年龄段自认为知道中国 GDP 排名者对中国经济发展道路的评价

	评价比例（%）						均值	标准差
	非常不好	较不好	中立	较好	非常好	发展道路好		
15～24 岁 n=246	0.8	2.4	12.6	34.1	50.0	84.1	4.30	0.842
25～34 岁 n=228	2.2	1.8	11.8	36.4	47.8	84.2	4.26	0.895
35～44 岁 n=196	0.5	2.0	14.3	36.2	46.9	83.2	4.27	0.819
45～54 岁 n=173	0.6	1.2	11.0	38.2	49.1	87.3	4.34	0.766
55～64 岁 n=98	2.0	1.0	7.1	31.6	58.2	89.8	4.43	0.837
65 岁及以上 n=26	0.0	0.0	7.7	30.8	61.5	92.3	4.54	0.647
整体 n=967	1.1	1.8	11.8	35.5	49.8	85.3	4.31	0.832

2. 知否 GDP 排名与对发展道路评价的关系

将知道中国 GDP 排名的受访者与不知道中国 GDP 排名的受访者，以"年龄段"进行划分，再将其与对近 30 年中国经济发展道路的评价进行交叉分析，得到表 10 - 21。其中 65 岁及以上的受访者样本太少，根据样本数据难以准确推断国家整体，故不参与分析对比。

15～64 岁的数据比较显示：各年龄段中，知道排名的受访者对"近30 年中国经济发展道路"回答"不知道"的比例比不知道排名的受访者少 8.1 个百分点；知道排名的受访者认为中国经济发展道路好（"较好"和"非常好"比例之和）的比例，比不知道排名的受访者高 17.0 个百分点。总之，各个年龄段知道排名的受访者比不知道排名的受访者，更倾向于对近 30 年中国经济发展道路作出积极评价。

表 10 – 21   不同年龄段知否 GDP 排名与对发展道路评价情况

单位:% , 个百分点

		非常不好	较不好	中立	较好	非常好	不知道	发展道路好
15~24 岁	知者 n = 52	1.9	0.0	5.8	19.2	73.1	0.0	92.3
	不知者 n = 211	0.5	2.8	13.3	35.1	40.3	8.1	75.4
	知与不知者之差	1.4	− 2.8	− 7.5	− 15.8	32.8	− 8.1	17.0
25~34 岁	知者 n = 44	0.0	0.0	9.1	27.3	63.6	0.0	90.9
	不知者 n = 189	2.6	2.1	12.2	37.6	42.9	2.6	80.4
	知与不知者之差	− 2.6	− 2.1	− 3.1	− 10.3	20.8	− 2.6	10.5
35~44 岁	知者 n = 35	0.0	0.0	5.7	25.7	68.6	0.0	94.3
	不知者 n = 168	0.6	2.4	15.5	36.9	40.5	4.2	77.4
	知与不知者之差	− 0.6	− 2.4	− 9.8	− 11.2	28.1	− 4.2	16.9
45~54 岁	知者 n = 42	0.0	0.0	4.8	21.4	71.4	2.4	92.9
	不知者 n = 141	0.7	1.4	12.1	40.4	39.0	6.4	79.4
	知与不知者之差	− 0.7	− 1.4	− 7.3	− 19.0	32.4	− 4.0	13.4
55~64 岁	知者 n = 16	0.0	0.0	6.3	12.5	81.3	0.0	93.8
	不知者 n = 86	2.3	1.2	7.0	33.7	51.2	4.7	84.9
	知与不知者之差	− 2.3	− 1.2	− 0.7	− 21.2	30.1	− 4.7	8.9
65 岁及以上	知者 n = 3	–	–	0.0	33.3	66.7	0.0	100.0
	不知者 n = 26	–	–	7.7	26.9	53.8	11.5	80.8
	知与不知者之差	–	–	− 7.7	6.4	12.8	− 11.5	19.2
合计	知者 n = 192	0.5	0.0	6.3	22.4	70.3	0.5	92.7
	不知者 n = 821	1.2	2.1	12.4	36.5	42.3	5.5	78.8
	知与不知者之差	− 0.7	− 2.1	− 6.2	− 14.1	28.0	− 5.0	13.9

（三）对中国经济发展前景的预测

不同年龄段受访者对中国经济发展前景的预测数据,见表 10 – 22。回答“不知道”者中,占比最少的是 25 ~ 34 岁（3.4%）,最多的是 45 ~ 54 岁（9.3%）。将“年龄段”与“中国经济发展前景”进行卡方分析,得到显著性为 0.842,大于 0.05,说明“年龄段”对中国经济发展前景的预测没有显著影响。

表 10 – 22　不同年龄段对未来中国经济发展前景的态度

单位:%

	非常不乐观	较不乐观	中立	较乐观	非常乐观	不知道	合计
15～24 岁 n＝263	0.8	1.5	25.9	40.7	23.2	8.0	100
25～34 岁 n＝233	1.7	2.6	21	44.6	26.6	3.4	100
35～44 岁 n＝203	2.5	4.9	27.1	38.4	22.2	4.9	100
45～54 岁 n＝183	0	3.8	28.4	41.5	16.9	9.3	100
55～64 岁 n＝102	2	3.9	21.6	45.1	20.6	6.9	100
65 岁及以上 n＝29	0	3.4	20.7	41.4	27.6	6.9	100
整体 n＝1013	1.3	3.2	24.9	41.8	22.5	6.4	100

　　去除回答"不知道"的受访者,各年龄段对中国经济发展前景预测数据见表 10 – 23。对中国经济发展前景看好(较乐观和非常乐观比例之和)的,65 岁及以上比例最高(74%),35～44 岁的最低(63.7%)。将"非常不乐观"赋值 1,"非常乐观"赋值 5,以此类推,用 5 级量表测量不同年龄段受访者对中国经济发展前景的看法的均值。65 岁及以上的均值最高(4.00),属于较乐观。35～44 岁的最低(3.77),处于中立和较乐观之间,偏向较乐观。将"年龄段"与"中国经济发展前景"进行卡方分析,得到显著性为 0.438,大于 0.05,说明"年龄段"对中国经济发展前景的预测没有显著影响。

表 10 – 23　不同年龄段对中国经济发展前景预测

	乐观度（%）						均值	标准差
	非常不乐观	较不乐观	中立	较乐观	非常乐观	看好发展前景		
15～24 岁 n＝142	0.8	1.7	28.1	44.2	25.2	69.4	3.91	0.818
25～34 岁 n＝191	1.8	2.7	21.8	46.2	27.6	73.8	3.95	0.872
35～44 岁 n＝188	2.6	5.2	28.5	40.4	23.3	63.7	3.77	0.953
45～54 岁 n＝178	0	4.2	31.3	45.8	18.7	64.5	3.79	0.792
55～64 岁 n＝23	2.1	4.2	23.2	48.4	22.1	70.5	3.84	0.891
65 岁及以上 n＝29	0	3.7	22.2	44.4	29.6	74.0	4.00	0.832
整体 n＝751	1.4	3.4	26.6	44.6	24.1	68.7	3.87	0.865

（四）对中国经济快速发展的归因

1. 对经济发展原因的判断

不同年龄段对中国经济快速发展的归因见表 10 - 24。五种原因中，归因"勤奋"的比例最高（54.0%）。

"年龄段"与"改革""全球化""制度"的卡方分析显示，显著性分别为 0.637、0.353、0.343，大于 0.05，说明"年龄段"对这 3 种原因的看法没有显著影响；"年龄段"与"勤奋""其他"的卡方分析显示，显著性分别为 0.001、0.011，小于 0.05，说明"年龄段"对"勤奋""其他"这两种原因的看法具有显著影响。

表 10 - 24   不同年龄段对中国经济快速发展的归因   单位:%

	制度	改革	全球化	勤奋	其他
15 ~ 24 岁 $n = 263$	19.8	33.5	51.7	52.1	12.9
25 ~ 34 岁 $n = 233$	24.5	36.5	57.1	43.3	6.0
35 ~ 44 岁 $n = 203$	27.1	39.9	48.8	59.1	5.4
45 ~ 54 岁 $n = 183$	25.1	32.8	50.8	59.0	8.7
55 ~ 64 岁 $n = 102$	19.6	39.2	47.1	57.8	14.7
65 岁以上 $n = 29$	31.0	34.5	41.4	75.9	6.9
整体 $n = 1013$	23.6	35.9	51.4	54.0	9.1

2. 不同年龄段是否知道排名与归因的关系

将知道中国 GDP 排名的受访者与不知道中国 GDP 排名的受访者，以"年龄段"进行划分，再将其与"近年来中国经济快速发展的原因"进行交叉分析，结果见表 10 - 25。65 岁及以上的样本太少，样本数据难以准确推断全国整体，故不参与分析对比。

对 15 ~ 64 岁的数据分析显示：整体上，对中国经济发展道路的归因回答"不知道"（即"其他"项）的比例中，知道排名的受访者比不知道排名的受访者低 2.2 个百分点，表明前者比后者更清楚中国经济发展的原因；各个年龄段中知道排名的受访者，与"制度""改革""全球化""勤奋""其他"的卡方分析，得到显著性分别为 0.179、0.310、0.786、0.553、0.060，均大于 0.05，说明"年龄段"对 5 种归因均没有显著影响。

表 10 – 25 不同年龄段知道排名与中国经济快速发展归因的关系

单位:%,个百分点

	知否中国 GDP 排名	制度	改革	全球化	勤奋	其他
15~24 岁 n = 263	知者 n = 52	28.8	48.1	57.7	69.2	9.6
	不知者 n = 211	17.5	29.9	50.2	47.9	13.7
	两者之差	11.3	18.2	7.5	21.4	– 4.1
25~34 岁 n = 233	知者 n = 44	31.8	31.8	56.8	50.0	6.8
	不知者 n = 189	22.8	37.6	57.1	41.8	5.8
	两者之差	9.1	– 5.7	– 0.3	8.2	1.0
35~44 岁 n = 203	知者 n = 35	48.6	54.3	45.7	62.9	2.9
	不知者 n = 168	22.6	36.9	49.4	58.3	6.0
	两者之差	26.0	17.4	– 3.7	4.5	– 3.1
45~54 岁 n = 183	知者 n = 42	28.6	38.1	57.1	64.3	2.4
	不知者 n = 141	24.1	31.2	48.9	57.4	10.6
	两者之差	4.5	6.9	8.2	6.8	– 8.3
55~64 岁 n = 102	知者 n = 16	18.8	50.0	62.5	62.5	25.0
	不知者 n = 86	19.8	37.2	44.2	57.0	12.8
	两者之差	– 1.0	12.8	18.3	5.5	12.2
65 岁及以上 n = 29	知者 n = 3	0.0	66.7	33.3	66.7	0.0
	不知者 n = 26	34.6	30.8	42.3	76.9	7.7
	两者之差	– 34.6	35.9	– 9.0	– 10.3	– 7.7
整体 n = 1013	知者 n = 192	31.8	43.8	55.2	62.0	7.3
	不知者 n = 821	21.7	34.1	50.5	52.1	9.5
	两者之差	10.1	9.6	4.7	9.8	– 2.2

(五) 对当今中国科技发展的认知

不同年龄段受访者中,认为中国科技发展水平在世界处于第 1~10 名的比例为:15~24 岁 (66.2%)、25~34 岁 (62.7%)、35~44 岁 (61.1%)、45~54 岁 (62.3%)、55~64 岁 (60.8%)、65 岁及以上 (62.1%)。可以得出结论:各年龄段对当今中国科技发展水平的认知差异不大。

表 10 – 26　　不同年龄段认为中国科技发展水平在世界上所处地位

	比例（%）						均值	标准差
	50 名之后	30 ~ 49 名	11 ~ 29 名	6 ~ 10 名	1 ~ 5 名	1 ~ 10 名合计		
15 ~ 24 岁 n = 263	4.2	7.6	22.1	34.2	31.9	66.2	3.82	1.090
25 ~ 34 岁 n = 233	4.7	11.6	21.0	28.8	33.9	62.7	3.76	1.174
35 ~ 44 岁 n = 203	5.4	4.9	28.6	34.5	26.6	61.1	3.72	1.076
45 ~ 54 岁 n = 183	1.6	6.0	30.1	34.4	27.9	62.3	3.81	0.965
55 ~ 64 岁 n = 102	4.9	16.7	17.6	31.4	29.4	60.8	3.64	1.203
65 岁及以上 n = 29	0.0	10.3	27.6	44.8	17.2	62.1	3.69	0.875
整体 n = 1013	4.0	8.7	24.3	33.1	29.9	63.0	3.76	1.094

四　调查后的思考

（一）对中国经济发展有较好的评价

印度民众约有三分之一（32.5%）不知道中国 GDP 在 2010 年后一直处于世界第 2 位，只有两成左右（19%）的印度民众能正确回答，另外有两成认为处于第 3 ~ 6 位，14.4% 以为处于第 7 ~ 10 位。还有一部分的人有较大误解，12.3% 认为在第 10 位之后。尽管如此，印度民众对于中国改革开放后经济方面取得的成就还是有较为正面的评价。85.3% 认为好（"较好"与"非常好"之和），仅有 2.9% 认为不好（"非常不好"与"较不好"之和），这个比例远高于他们对中国 GDP 的正确认识。换言之，他们对中国 GDP 的排名估计过低，但他们认为已经相当优秀。因此，68.6% 的印度民众对中国经济发展前景比较乐观，仅有 4.8% 的人不看好中国未来的发展，如果他们知道中国 GDP 的准确排名，这方面的调查数据应该会更高。

（二）对中国人民勤劳的评价远高于对政治制度的评价

印度民众认为中国经济快速发展最主要的原因是：中国人的勤奋努

力，占 54%，积极融入经济全球化占 51.4%，认为改革解放了市场经济
活力的只有 35.9%，政治制度优越只有 23.6%。与 2011 年的调查比较，
近五成的印度民众认为是政治制度优越促进了经济发展，这个比例大幅降
低，减少了 20 个百分点左右，但也应当注意到，2011 年的问法与这一次
的调查稍有不同。在有更多选项的时候，印度民众忽略了"政治制度优
越"这个因素。这与印度民众不认同中国的政治制度有密切联系，上一
次的调查中也反映了印度民众更认同西方式民主制度。

（三）对中国科技的评价过低

另外，值得一提的还有印度民众对中国科技的看法，63.1% 认为排名
世界前十。24.3% 认为排在第 11～29 名，12.7% 认为在 30 名之后。认为
中国科技水平过低的人肯定是偏见，中国的科技发展水平，不论怎么看都
不可能排在 30 名之后。同时我们也发现，认为中国科技水平排名越靠前
的人，对中国发展道路越赞赏；认为越靠后的，对中国发展道路也持有越
负面的态度。

第十一章　中国整体国家形象的看法

前面从经济、政治、外交等方面分析了受访者对中国的认知和评价。然而，对中国的认识是个复杂的心理现象，以上分析可能遗漏了一些影响中国的整体形象的因素，有必要从宏观角度调查受访者对中国的整体印象。

一　问卷修订

1. 设计思路

问卷从三个方面调查受访者对中国的整体印象。首先沿用 2011 年和 2013 年调查使用的 BAV（杨·罗必凯品牌资产评估机构）国家形象调查维度进行调查。2006 年美国人乔舒亚·库珀·雷默（《时代》杂志前国际版编辑）提出，"中国目前最重大的战略挑战都与其'国家形象'有关"。"国家形象直接关系到一国在国际社会的'声誉资本'，而这种资本的缺乏会放大改革的风险。"因而，外国人眼中的中国形象成为本次调查关注的重要问题。如何评估外国民众眼中的中国形象？雷默在《淡色中国》一文中引用了 2004~2006 年 BAV 从"可靠可信、令人愉悦、有领导力、充满活力、颇具魅力、坚定不移、不断发展、有创新力"8 个维度在 18 个国家的调查结果。本次调查依然使用它们来测量外国民众眼中的中国形象，这 8 个维度是国外描绘国家形象常用的维度，也便于用本次的调查结果与 BAV 的调查结果进行对比，与 2011 年调查结果对比。测量中依然使用 11 级量表（0~100%）。

其次，调查受访者对中国在世界主要国家中的喜欢度情况排名及喜欢中国的原因。问题设置基本沿袭 2011 年、2013 年问卷，但进行了略微修改。第一步是测量中国在世界主要国家中的喜欢度排名。请受访者在列出的被调查国中选出 1 个最喜欢的国家，根据常识，绝大多数受访者都会最喜欢自己的祖国，所以问卷的选项中不包括受访国。用这种方法测出中国在受访者心目中的排名。修改之处是列出的备选国名单增加到 19 个，包括欧盟之外的所有 G20 国家，并按照国际惯例以英文字母排序。第二步依然是请受访者选择最喜欢该国的原因（可多选）。修改之处：将原因增加到 10 项，增加了科技发达、巩固的国防两项；政治民主改为政治制度优越。

再次，调查受访者对中国的亲近度。问题设置沿袭 2013 年问卷的基本思路，即除了对中国是否喜欢的调查外，借鉴心理学中测量人与人的心理距离的思路，自创了测量个人对中国的亲近度量表。本次调查根据 2013 年调查实践进行了修改：将原有的五种选择（对到中国旅游、到中国做生意、到中国学习、到中国工作、到中国移民）的 5 级定序量表改为提供 7 种选择（与中国没有任何来往、与中国做生意、到中国旅游、短期到中国工作、较长时间到中国工作、获得永久居住中国许可证、移民中国）的 7 级定序量表。请受访者对每个选择都说出自己的意愿。七种选择中，以与中国没有任何来往表示亲近度最低的意愿为一极，以移民中国表示亲近度最高的意愿为另一极。简化了受访者回答方式：由用李克特 5 级量表请受访者在每项都作选择的方式修改为请受访者在七种选择中只选一项。

2. 问卷内容

V47. 下面有一些关于中国的说法，请用 0~10 的数字表明你对这些说法的认同程度。【循环出示，行单选】

评价内容	0 = 0，1 = 10%，2 = 20%，3 = 30%，4 = 40%，5 = 50%，6 = 60%，7 = 70%，8 = 80%，9 = 90%，10 = 100%
1. 中国可靠可信	0 1 2 3 4 5 6 7 8 9 10
2. 中国令人愉悦	0 1 2 3 4 5 6 7 8 9 10
3. 中国有领导力	0 1 2 3 4 5 6 7 8 9 10
4. 中国充满活力	0 1 2 3 4 5 6 7 8 9 10
5. 中国颇具魅力	0 1 2 3 4 5 6 7 8 9 10
6. 中国坚定不移	0 1 2 3 4 5 6 7 8 9 10
7. 中国不断发展	0 1 2 3 4 5 6 7 8 9 10
8. 中国有创新力	0 1 2 3 4 5 6 7 8 9 10

V48. 除了您的国家外，您最喜欢以下哪个国家？（只选一项）

1. 阿根廷　2. 澳大利亚　3. 巴西　4. 加拿大　5. 中国　6. 法国

7. 德国　8. 印度　9. 印度尼西亚　10. 意大利　11. 日本　12. 墨西哥

13. 俄罗斯　14. 沙特　15. 南非　16. 韩国　17. 土耳其　18. 英国

V48 - 1. 您最喜欢该国的原因是什么？（可多选）

1. 社会稳定　2. 环境优美　3. 灿烂文化　4. 政治制度优越

5. 经济发达　6. 外交和平　7. 公民素质高　8. 科技发达

9. 巩固的国防　10. 其他

V49. 在以下 7 种选择中，选择您最愿意的一项：

1. 与中国没有任何来往　2. 与中国做生意　3. 到中国旅游　4. 短期到中国工作　5. 较长时间到中国工作　6. 获得永久居住中国许可证（中国绿卡）　7. 移民中国

二　中国的整体国家形象

（一）BAV 指标测量的中国形象

1. 数据分析

受访者对有关中国的八项评价从 0 到 10 级打分，5 为中立值。用两种方法计算受访者的评价：一是计算 6～10 比例之和，称之为赞同度；二是计算均值，0 赋值 0，中立值 50% 赋值 5，100% 赞成赋值 10，以此类推，并计算出均值。

受访者对各项指标用 0～10 级评价的比例见表 11 - 1。八项指标中，所有指标的赞同度都超过 50%。赞同度最高的是不断发展（73.9%），排名倒数第 1 的是可靠可信（53%），八项平均为 65.3%。均值超过中立值 5（见图 11 - 1），最高的是不断发展（同为 6.89）。

表 11 - 1　受访者对中国各项评价的赞同比例、均值（11 级量表）和标准差

	0 (%)	1 (%)	2 (%)	3 (%)	4 (%)	5 (%)	6 (%)	7 (%)	8 (%)	9 (%)	10 (%)	6～10 之和 (%)	均值	标准差
可靠可信	6.9	3.3	4.9	7.5	8.3	16.1	12.4	11.4	11.6	10.6	7.0	53.0	5.62	3.54
令人愉悦	4.9	2.6	4.0	5.2	8.3	15.6	12.0	13.4	14.3	11.4	8.2	59.3	6.02	4.30

续表

	0（%）	1（%）	2（%）	3（%）	4（%）	5（%）	6（%）	7（%）	8（%）	9（%）	10（%）	6~10之和（%）	均值	标准差
有领导力	3.5	2.1	1.8	4.2	5.6	13.8	11.4	15.0	16.9	14.8	11.0	69.1	6.61	5.47
充满活力	4.0	2.1	2.4	4.7	7.5	14.3	11.6	15.6	15.8	13.6	8.3	64.9	6.34	5.08
颇具魅力	4.4	2.3	2.6	5.0	6.8	16.0	11.9	14.9	15.4	12.0	8.6	62.8	6.23	4.96
坚定不移	3.2	2.5	2.8	3.6	6.5	14.4	12.5	14.6	15.8	14.9	9.3	67.1	6.48	5.27
不断发展	3.0	1.6	2.1	3.5	4.9	11.2	11.7	14.8	17.9	16.2	13.8	73.9	6.89	5.90
有创新力	3.2	2.0	1.9	3.1	5.0	11.9	10.6	14.7	16.6	16.3	14.8	73.0	6.88	5.82
八项平均	4.1	2.3	2.8	4.6	6.6	14.2	11.7	14.3	15.5	13.7	10.1	65.3	6.38	4.87

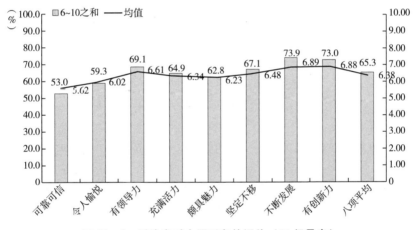

图 11 -1　受访者对中国形象的评价（11 级量表）

2. 人口统计指标与 BAV 对中国评价的交叉分析

（1）性别

8 项指标与性别的卡方分析显示，除了"有创新力"外，其他各项的显著性均大于 0.05，说明不同性别对"可靠诚信、令人愉悦、有领导力、充满活力、颇具魅力、坚定不移、不断发展"这七个指标的赞同度没有显著差异。但是"有创新力"卡方检验的显著性为 0.041，小于 0.05，说明不同性别对"有创新力"的赞同度存在显著差异。

（2）职业

8 项指标与职业的卡方分析显示：充满活力（0.535）、坚定不移

（0.072）、有创新力（0.095）这三项卡方检验的显著性大于 0.05，说明不同职业群体对这 3 项的赞同情况没有显著差异。可靠可信（0.000）、令人愉悦（0.030）、有领导力（0.035）、颇具魅力（0.000）、不断发展（0.007）这五项卡方检验的显著性小于 0.05，说明不同职业群体对这 5 项的赞同情况存在显著差异。均值见表 11 - 2。

表 11 - 2　不同职业对 8 项指标评价均值比较（11 级量表）

	可靠可信	令人愉悦	有领导力	充满活力	颇具魅力	坚定不移	不断发展	有创新力
雇主/经理（有十个或十个以上员工）	6.19	6.34	6.69	6.57	6.64	6.77	6.96	7.00
雇主/经理（有十个或十个以下员工）	5.70	5.83	6.67	6.25	6.20	6.19	6.55	6.41
专业技术人员、会计、教师、律师等	5.45	6.00	6.86	6.45	6.27	6.61	7.19	7.09
办公室中层管理人员	5.67	6.04	6.36	6.50	6.31	6.54	7.04	6.93
一般文员（办公室工作人员）	4.88	5.06	6.18	5.12	4.82	5.82	6.35	5.82
工头或领班	4.00	4.00	5.00	5.00	6.00	7.00	5.00	5.00
技工	6.82	6.88	6.94	6.59	7.29	6.76	7.06	7.00
熟练工	5.57	5.14	6.00	4.71	6.86	5.14	6.29	6.43
体力劳动者	4.00	5.67	5.00	5.67	4.00	4.33	6.00	6.00
农场主（有自己的农场）	5.00	4.00	7.00	7.00	4.00	6.00	3.00	5.00
农民	8.50	7.25	7.00	6.25	8.00	8.00	7.50	7.75
军/警人员	7.50	8.00	8.00	8.00	8.50	7.50	5.50	8.00
从来没有工作的人员	5.27	5.22	6.29	5.88	5.76	5.85	6.54	6.66
大学生	5.24	6.17	6.63	6.19	6.09	6.39	6.75	7.07
其他	4.55	5.49	6.21	5.90	5.22	5.88	6.58	6.48
总　　计	5.62	6.02	6.61	6.34	6.23	6.48	6.89	6.88

（3）地区

8 项指标与地区的卡方测试显示：可靠可信（0.000）、令人愉悦（0.031）、颇具魅力（0.050）、坚定不移（0.000）这 4 项的显著性小于或等于 0.05，说明不同地区与这 4 项之间有显著差异。不断发展（0.570）、有创新力（0.912）、有领导力（0.169）、充满活力（0.068）这 4 项的显著性大于 0.05，说明不同地区与这 4 项没有显著差异。均值见表 11 - 3。

表 11 – 3 不同地区受访者对 BAV 8 项指标评价均值比较（11 级量表）

	可靠可信	令人愉悦	有领导力	充满活力	颇具魅力	坚定不移	不断发展	有创新力
阿萨姆邦	5.92	5.83	6.17	6.42	5.80	6.07	6.28	6.65
特里凡得琅行政区	6.82	5.69	6.92	6.72	6.97	8.00	6.70	7.34
喀拉拉邦	6.07	6.33	7.05	6.75	6.33	6.85	7.30	7.13
德里	6.32	6.81	7.09	6.74	6.75	6.90	7.10	6.97
古吉拉特邦	5.13	5.90	6.35	6.21	5.68	6.16	6.84	6.62
旁遮普邦	5.68	5.80	6.42	6.42	6.37	6.63	6.32	6.60
泰米尔纳德邦	5.77	6.80	7.07	6.51	6.90	7.00	7.41	7.07
中央邦	6.27	6.18	6.83	6.93	7.08	6.85	6.72	7.28
北方邦	5.43	5.78	6.35	6.13	5.78	6.12	6.80	6.83
安德拉邦	5.76	6.10	6.73	6.00	6.30	6.33	7.07	6.99
西孟加拉邦	6.05	5.85	6.50	6.58	6.22	6.75	7.02	6.85
其他	4.45	5.57	6.24	5.88	5.63	5.75	6.84	6.66
总　计	5.62	6.02	6.61	6.34	6.23	6.48	6.89	6.88

（4）受教育程度

BAV 8 项指标与受教育程度相关分析显示，各项的 p 值均大于 0.05，不拒绝原假设，即受教育程度与对中国的看法没有显著关系。均值见表 11 – 4。

表 11 – 4 不同教育程度受访者对 BAV 8 项指标评价均值比较（11 级量表）

	可靠可信	令人愉悦	有领导力	充满活力	颇具魅力	坚定不移	不断发展	有创新力
文盲	8.50	6.75	6.75	7.25	9.00	8.50	7.75	7.25
小学程度	7.17	6.83	7.17	6.67	6.83	7.50	7.67	8.00
中学毕业	4.23	5.39	5.39	5.06	4.71	5.29	6.16	6.23
在校大学生	5.81	6.16	6.67	6.40	6.57	6.43	6.84	6.78
有学士学位	5.47	5.91	6.54	6.25	6.04	6.38	6.82	6.82
有硕士或博士学位	5.85	6.20	6.84	6.57	6.52	6.74	7.09	7.09
其他	3.00	3.50	2.00	1.75	2.00	1.75	2.75	2.00
总　计	5.62	6.02	6.61	6.34	6.23	6.48	6.89	6.88

（5）家庭收入、个人收入。

家庭收入与 BAV 8 项指标相关分析显示，只有家庭收入与"中国可靠可信"和"中国颇具魅力"两项 p 值大于 0.05，家庭收入与对这两项的看法没有显著关系；与剩余各项的看法存在显著关系，且均呈正相关。均值见表 11-5。

表 11-5　不同收入受访者对 BAV 8 项指标评价均值（比较 11 级量表）

	可靠 可信	令人 愉悦	有领 导力	充满 活力	颇具 魅力	坚定 不移	不断 发展	有创 新力
低于 100000 卢比	5.59	5.79	6.21	5.72	5.86	6.06	6.30	6.66
100000~399999 卢比	5.39	5.75	6.28	6.07	6.12	6.21	6.67	6.62
400000~799999 卢比	5.63	6.10	6.61	6.37	6.33	6.67	6.87	6.78
800000~999999 卢比	5.90	6.11	7.02	6.70	6.51	6.58	7.24	7.24
1000000 卢比以上	5.71	6.44	6.99	6.73	6.21	6.79	7.28	7.26
总　　计	5.62	6.02	6.61	6.34	6.23	6.48	6.89	6.88

（二）中国在世界大国中的排名及喜欢中国的原因

1. 中国在世界主要国家中的排名

本次调查通过"除了您的国家外，您最喜欢以下哪个国家（只选一项）"这个问题，调查中国在世界 18 个主要国家中受访者的喜欢度。

1013 名受访者选出自己最喜欢的国家，以占比从高到低，中国排名第二（11.5%），排在第一的是美国（25.1%）、第三是澳大利亚（10.6%）、第四是加拿大（9.6%）、第五是日本和德国（同为 8.4%）（见图 11-2）。

2. 与 2011 年调查数据对比

2011 年曾经用与 2016 年同样的题干进行过调查，只是候选国有 5 个（中、德、俄、美、日），而 2016 年有 18 个。将 2016 年调查的中、德、俄、美、日 5 国数据摘出来，两次调查的结果具有一定的可比性。2016年喜欢五国的共有 582 个样本，喜欢各国的频率和百分比见表 11-6。2016 年与 2011 年调查数据相对比（见表 11-7、图 11-3）显示，2016年喜欢中国的比例（19.93%）比 2011 年（32.92%）低 12.99 个百分点。差距最大的是印度，2016 年的比例（43.64%）比 2011 年

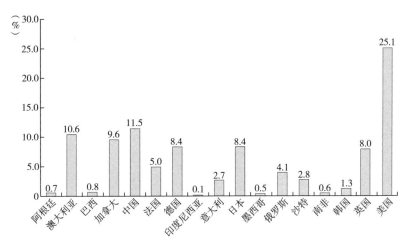

图 11-2　印度人最喜欢的 18 国的比例排名

（28.87%）高了 14.77 个百分点。差距最小的是俄罗斯，2016 年的比例
（7.22%）比 2011 年（8.37%）低 1.15 个百分点。5 年来受访者喜欢中
国的比例下降较多。

表 11-6　2016 年受访者喜欢五国的频率与比例。

	频率（人次）	百分比（%）
中　　国	116	19.93
德　　国	85	14.60
俄 罗 斯	42	7.22
印　　度	254	43.64
日　　本	85	14.60
总　　计	582	100.00

2011 年受访者喜欢五国的频率与比例

	频率（人次）	百分比（%）
中　　国	342	32.92
德　　国	103	9.91
俄 罗 斯	87	8.37
印　　度	300	28.87
日　　本	207	19.92
总　　计	1039	100.00

表 11 - 7 2011 年与 2016 年受访者喜欢五国的数据比较

单位:%

	中国	德国	俄罗斯	印度	日本	合计
2016 年	19. 93	14. 6	7. 22	43. 64	14. 6	100
2011 年	32. 92	9. 91	8. 37	28. 87	19. 92	100
两年之差	- 12. 99	4. 69	- 1. 15	14. 77	- 5. 32	0

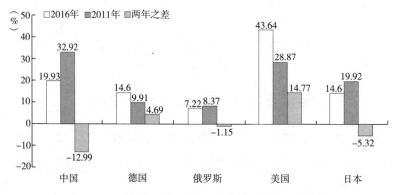

图 11 - 3 2011 年与 2016 年受访者喜欢五国的比例

3. 喜欢中国的原因及中华文化国际竞争力

紧接上一问题又调查了受访者最喜欢该国的原因,请受访者在 10 个选项(社会稳定、环境优美、灿烂文化、政治制度优越、经济发达、外交和平、公民素质高、科技发达、巩固的国防、其他)中进行选择(可多选)。

(1)喜欢中国的原因

116 名首选最喜欢中国的受访者中,选择喜欢中国的原因中,经济和外交因素对中国形象的贡献率居榜首。有 53 人选择了"经济发达"和"外交和平",占喜欢中国者的 45. 69%,在 10 个选项中并列第一,比第二名"科技发达"(44. 83%)高出 0. 86 个百分点。排名倒数第一为"其他"(6. 03%)(见表 11 - 8、图 11 - 4)。

表 11 - 8　受访者喜欢中国的频率和百分比

	社会稳定	环境优美	灿烂文化	政治制度优越	经济发达	外交和平	公民素质高	科技发达	巩固的国防	其他
频率（人次）	46	36	38	36	53	53	46	52	28	7
百分比（%）	39.66	31.03	32.76	31.03	45.69	45.69	39.66	44.83	24.14	6.03

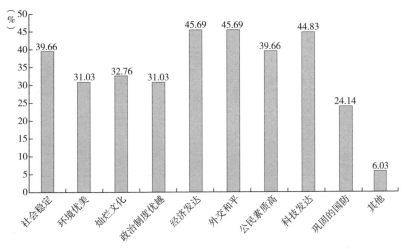

图 11 - 4　受访者喜欢中国的原因比例

（2）中国文化的国际竞争力

中国与排名靠前的印度、澳大利亚、加拿大、德国、日本相比，受访者喜欢各国的原因情况见表 11 - 9。

将受访者最喜欢中国所选取原因比例与最喜欢其他 5 国所选取的原因比例相比，有两种方式：一种是就中国各原因与每个国家一对一对比，另一种是就中国各原因与其他 5 国的平均值相比。

一国对一国的数据相比显示：在喜欢中国的原因中，经济发达和和平外交的比例最高，说明中国经济和外交因素相对其他原因更有吸引力。

与外国五国平均值对比，中外之差为正数的是：政治制度优越、巩固的国防、其他，说明印度民众对中国的政治制度和国防实力认可度较高。表 11 - 9 表明，因为政治制度喜欢某个国家，中国仅次于印度，名列第二。因为认可国防实力喜欢中国名列第三。

表 11 –9   印度受访者最喜欢某国及喜欢该国原因对比

		喜欢该国人数	喜欢该国原因（可多选）的比例（%）									
			社会稳定	环境优美	灿烂文化	政治制度优越	经济发达	和平外交	公民素质高	科技发达	巩固的国防	其他
最喜欢的国家	中国	116	39.66	31.03	32.76	31.03	45.69	45.69	39.66	44.83	24.14	6.03
	印度	254	45.28	46.85	37.80	33.86	66.93	40.94	56.30	58.27	35.43	4.33
	澳大利亚	107	41.12	55.14	36.45	22.43	56.07	53.27	42.99	32.71	15.89	4.67
	加拿大	97	52.58	38.14	34.02	24.74	49.48	59.79	47.42	34.02	17.53	1.03
	德国	85	37.65	32.94	35.29	29.41	58.82	44.71	55.29	48.24	20.00	0.00
	日本	85	47.06	30.59	40.00	22.35	56.47	50.59	52.94	64.71	29.41	3.53
外国五国平均		125.6	44.74	40.73	36.71	26.56	57.55	49.86	50.99	47.59	23.65	2.71
中外之差		–9.6	–5.08	–9.70	–3.95	4.47	–11.86	–4.17	–11.33	–2.76	0.49	3.32

4. 对中国形象评价与喜欢中国的交叉分析

国家形象与是否喜欢该国有密切联系。将回答"喜欢中国"的 116 个样本与受访者对"中国国家形象"的 8 个指标的评价进行交叉分析，结果见表 11 – 10、图 11 – 5。选择 0~4 为"不认同"，5 为"中立"，6 ~ 10 为"认同"。对 8 个指标的认同比例（6 ~ 10 的比例之和）越高，对中

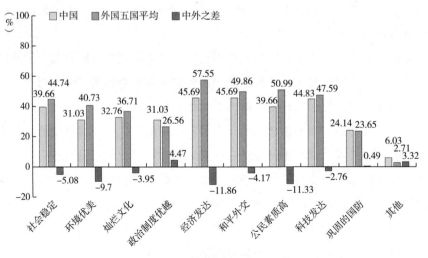

图 11 – 5   喜欢中国原因与喜欢其他 5 国原因对比

国越喜欢。对中国"颇具魅力""坚定不移""有创新力"认同的比例和不认同的比例差距最大，都达到 81.90 个百分点。对中国"充满活力"认同的比例和不认同的比例差距最小，为 72.41 个百分点。八项平均，认同的比例（85.24%）比不认同的比例（7.76%）高77.48 个百分点。结论：对"中国国家形象"评价越高越喜欢中国（见图 11 - 6）。

表 11 - 10　最喜欢中国者对中国形象 8 项指标的认同度

认同程度	单位	可靠可信	令人愉悦	有领导力	充满活力	颇具魅力	坚定不移	不断发展	有创新力	八项平均
0	人次	3	1	0	0	0	0	2	2	1
	%	2.5	0.86	0.00	0.00	0.00	0.00	1.72	1.72	0.86
1	人次	0	1	0	0	2	0	1	0	0.5
	%	0.00	0.86	0.00	0.00	1.72	0.00	0.86	0.00	0.43
2	人次	2	2	1	1	0	1	1	1	1.13
	%	1.72	1.72	0.86	0.86	0.00	0.86	0.86	0.86	0.97
3	人次	4	0	4	6	1	1	3	1	2.63
	%	3.45	0.00	3.45	5.17	1.72	0.86	2.59	0.86	2.26
4	人次	2	4	4	5	4	6	2	3	3.75
	%	1.72	3.45	3.45	4.31	3.45	5.17	1.72	2.59	3.23
5	人次	8	10	13	8	5	5	9	7	8.13
	%	6.90	8.62	11.21	6.90	4.31	4.31	7.76	6.03	7.00
6	人次	10	11	5	10	4	7	8	8	7.88
	%	8.62	9.48	4.31	8.62	3.45	6.03	6.90	6.90	6.79
7	人次	13	14	10	10	18	13	11	15	13
	%	11.21	12.07	8.62	8.62	15.52	11.21	9.48	12.93	11.21
8	人次	19	17	21	21	22	17	25	20	20.25
	%	16.38	14.66	18.10	18.10	18.97	14.66	21.55	17.24	17.46
9	人次	28	28	24	26	30	35	21	31	27.88
	%	24.14	24.14	20.69	22.41	25.86	30.17	18.10	26.72	24.03

认同程度	单位	可靠可信	令人愉悦	有领导力	充满活力	颇具魅力	坚定不移	不断发展	有创新力	八项平均
10	人次	27	28	34	29	29	31	33	28	29.88
	%	23.28	24.14	29.31	25.00	25.00	26.72	28.45	24.14	25.75
0～10 合计	人次	116	116	116	116	116	116	116	116	116
	%	100.00	100.00	100.00	100.00	100.00	100.00	100.00	100.00	100.00
认同 (6～10) 合计	人次	97	98	94	96	103	103	98	102	98.88
	%	83.62	84.48	81.03	82.76	88.79	88.79	84.48	87.93	85.24
不认同 (0～4) 合计	人次	11	8	9	12	8	8	9	7	9
	%	9.48	6.90	7.76	10.34	6.90	6.90	7.76	6.03	7.76
认同与不认同之差	人次	86	90	85	84	95	95	89	95	89.875
	%	74.14	77.59	73.28	72.41	81.90	81.90	76.72	81.90	77.48

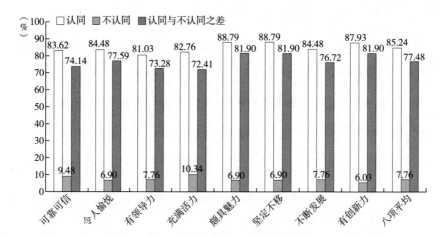

图 11-6　最喜欢中国者对中国形象 8 项指标的认同与不认同比例对比

5. 2011 年与 2016 年喜欢原因对比

2011 年曾经用与 2016 年同样的题干进行过调查，只是将选项中的原因由 8 项增加到 10 项，增加了科技发达、巩固的国防两项，政治民主改为政治制度优越。此外，2011 年调查的国家为 5 个（中国、德国、俄罗斯、印度、日本），2016 年有 18 个。我们将 2016 年调查喜欢中、德、俄、美、日五国的 8 项数据摘出来进行对比，从逻辑上讲两次调查的结果具有一定的可比性。受访者中最喜欢中国的有 116 人、德国 85 人、印度 254 人、俄罗斯 42 人、日本 85 人。由于俄罗斯样本量过小，比较的数据无意义，因而只对喜欢中、德、美、日进行比较。由于 2016 年的样本量比 2011 年少很多，两次调查不具备完全的可比性，数据仅供参考，值得关注的是变化大的原因。

（1）本国纵向比

与 2011 年数据相比较，受访者喜欢中国的原因波动较大，有变好的，也有变差的。其中变好最明显的是"和平外交"，赞同率由 2011 年的 31.87% 提升至 45.69%，提升 13.82 个百分点。而"环境优美"则下降最明显，下降了 10.78 个百分点。此外，"社会稳定"基本不变，"灿烂文化"下降 6.13 个百分点（见表 11 - 11、图 11 - 7）。

表 11 - 11　2011 年与 2016 年中、日、德、美受访者喜欢原因对比

单位:%

		社会稳定	环境优美	灿烂文化	政治制度优越	经济发达	和平外交	公民素质高	其他
中国 2016	n = 116	39.66	31.03	32.76	31.03	45.69	45.69	39.66	6.03
中国 2011	n = 342	39.47	41.81	38.89	32.75	47.08	31.87	35.09	7.02
中国差值		0.19	- 10.78	- 6.13	- 1.72	- 1.39	13.82	4.57	- 0.99
日本 2016	n = 85	47.06	30.59	40.00	22.35	56.47	50.59	52.94	2.78
日本 2011	n = 207	45.89	42.51	40.10	30.42	55.56	39.13	43.48	8.70
日本差值		1.17	- 11.92	- 0.10	- 8.07	0.91	11.46	9.46	- 5.92
德国 2016	n = 85	37.65	32.94	35.29	29.41	58.82	44.71	55.29	3.25
德国 2011	n = 103	28.16	45.63	33.98	33.98	45.63	25.24	37.86	9.71
德国差值		9.49	- 12.69	1.31	- 4.57	13.19	19.47	17.43	- 6.46
美国 2016	n = 254	45.28	46.85	37.80	33.86	66.93	40.94	56.30	4.33
美国 2011	n = 300	48.67	41.0	21.67	23.33	52.33	25.67	49.33	15.67
美国差值		- 3.39	5.85	16.13	10.53	14.60	15.27	6.97	- 11.34

日本：2016 年受访者喜欢日本的原因的比例变动如下：认为日本"社会稳定""经济发达""和平外交"和"公民素质提高"分别提高了 1.17、0.91、11.46、9.46 个百分点。只有"环境优美""灿烂文化""政治制度优越"和"其他"下降了 11.92、0.1、8.07、5.92 个百分点。

德国：与 2011 年数据相比，受访者喜欢德国的原因升多降少，三项

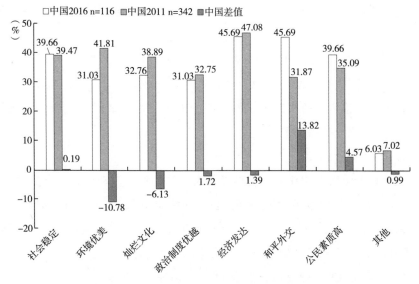

图 11 - 7 2011 年与 2016 年喜欢中国原因对比

下降趋势明显:"环境优美""政治制度优越""其他"分别下降 12.69、4.57、6.46 个百分点。

(2) 中国与外国比

中国与日本比,将两次调查两国被喜欢原因比例平均值相比,中国仅在"政治制度优越"和"其他"两项超过日本(见表 11 - 12、图 11 - 8)。

表 11 - 12 中日受访者喜欢的原因比较

单位:

	社会稳定	环境优美	灿烂文化	政治制度优越	经济发达	和平外交	公民素质高	其他
中国 2016　n = 116	39.66	31.03	32.76	31.03	45.69	45.69	39.66	6.03
中国 2011　n = 342	39.47	41.81	38.89	32.75	47.08	31.87	35.09	7.02
中国平均	39.57	36.42	35.825	31.89	46.385	38.78	37.375	6.525
日本 2016　n = 85	47.06	30.59	40.00	22.35	56.47	50.59	52.94	2.78
日本 2011　n = 207	45.89	42.51	40.10	30.42	55.56	39.13	43.48	8.70
日本平均	46.48	36.55	40.05	26.39	56.02	44.86	48.21	5.74

将中国与德国两次调查中被喜欢原因比例平均值相比,中德相差不大(见表 11 - 13、图 11 - 9)。

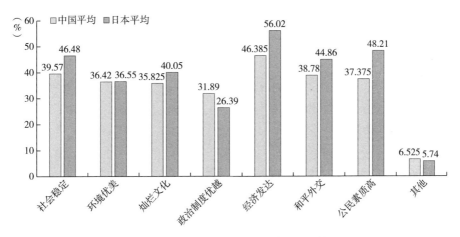

图 11 - 8 被访者喜欢中日的原因比较

表 11 - 13 中德受访者喜欢的原因比较

单位:%

	社会稳定	环境优美	灿烂文化	政治制度优越	经济发达	和平外交	公民素质高	其他
中国 2016 n = 116	39. 66	31. 03	32. 76	31. 03	45. 69	45. 69	39. 66	6. 03
中国 2011 n = 342	39. 47	41. 81	38. 89	32. 75	47. 08	31. 87	35. 09	7. 02
中国平均	39. 57	36. 42	35. 83	31. 89	46. 39	38. 78	37. 38	6. 53
德国 2016 n = 85	37. 65	32. 94	35. 29	29. 41	58. 82	44. 71	55. 29	3. 25
德国 2011 n = 103	28. 16	45. 63	33. 98	33. 98	45. 63	25. 24	37. 86	9. 71
德国平均	32. 91	39. 29	34. 64	31. 70	52. 23	34. 98	46. 58	6. 48

6. 人口统计指标与喜欢的国家交叉分析

（1）性别

性别与喜欢国家的交叉分析卡方检验的显著性为 0. 458，大于 0. 05，说明不同性别喜欢某个国家没有显著差异（见表 11 - 14）。

表 11 - 14 性别与喜欢中国的数据对比

	人数（人）	百分比（%）
女	53	45. 69
男	63	54. 31
合　计	116	100

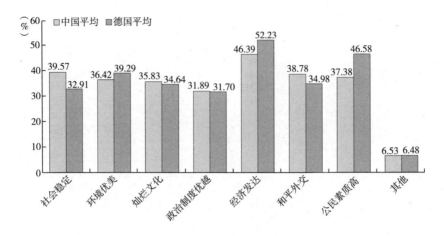

图 11 - 9　被访者喜欢中德的原因比较

（2）职业

职业与喜欢国家的卡方测试的显著性数值为 0.000，小于 0.05，说明职业与喜欢中国有显著差异（见表 11 - 15）。

表 11 - 15　不同职业对 BAV8 项指标评价均值比较（11 级量表）

单位：人，%

	喜欢中国者		整体受访者	
	人　数	占　比	人　数	占　比
雇主/经理（有十个或十个以上员工）	48	41.38	312	30.80
雇主/经理（有十个或十个以下员工）	6	5.17	69	6.81
专业技术人员、会计、教师、律师等	27	23.27	233	23.00
办公室中层管理人员	12	10.34	98	9.67
一般文员（办公室工作人员）	0	0	17	1.68
工头或领班	0	0	2	0.20
技工	3	2.59	17	1.68
熟练工	1	0.86	7	0.20
体力劳动者	0	0	3	1.68
农场主（有自己的农场）	0	0	1	0.69
农民	1	0.86	4	0.30
军/警人员	1	0.86	2	0.20
从来没有工作的人员	1	0.86	41	4.05
大学生	11	9.48	100	9.87
其他	5	4.31	107	10.56
总　　计	116	100	1013	100

（3）地区

受访者居住地区与喜欢国家的卡方测试的显著性数值为 0.000，小于 0.05，说明地区不同与喜欢中国有显著差异（见表 11 - 16）。

表 11 - 16 不同地区受访者喜欢中国情况

单位：人，%

	喜欢中国者		整体受访者	
	人 数	占 比	人 数	占 比
阿萨姆邦	4	3.45	60	5.92
特里凡得琅行政区	10	8.62	61	6.02
喀拉拉邦	11	9.48	60	5.92
德里	22	18.97	115	11.35
古吉拉特邦	9	7.76	63	6.22
旁遮普邦	6	5.17	60	5.92
泰米尔纳德邦	10	8.62	61	6.02
中央邦	11	9.48	60	5.92
北方邦	6	5.17	60	5.92
安德拉邦	11	9.48	134	13.23
西孟加拉邦	7	6.03	60	5.92
其他	9	7.76	219	21.62
总 计	116	100	1013	100

（4）受教育程度

受教育程度与喜欢国家的交叉分析显示，卡方显著性水平为 0.000，小于于 0.05，说明受教育程度不同与喜欢中国有显著差异。

（5）家庭收入

家庭收入与喜欢国家的交叉分析显示，卡方显著性水平为 0.028，小于 0.05，说明家庭收入不同与喜欢中国有显著差异。

（三）受访者对中国的亲近度

1. 对中国的亲近度

本次调查尝试用亲近度的七种选项（定序变量）来测量受访者对中国的亲近度。具体做法是，请受访者从"1 与中国没有任何来往"（作为与中国最不亲近的一极端）到"7 移民中国"（作为与中国最亲近的另一极端）中做单项选择。1013 名受访者的评价见表 11 – 17、图 11 – 10。亲近度的均值为 2.78，受访者的亲近度位于与中国做生意和到中国旅游之间，倾向于到中国旅游。标准差为 1.307。从选择比例看，一小半人选择到中国旅游（45.1%），其次是与中国没有任何来往（21.6%），再次是与中国做生意（13.5%），说明印度人与中国不是很亲近，能够接受和中国做生意以及来中国旅游。当然，该量表的效度仍需要进一步检验，到中国做生意和到中国旅游哪一个在前需要进一步探讨。

表 11 – 17　受访者对中国的亲近情况

	频次（人次）	百分比（%）	均值	标准差
	1013		2.78	1.307
与中国没有任何来往	219	21.6		
与中国做生意	137	13.5		
到中国旅游	457	45.1		
短期到中国工作	97	9.6		
较长时间到中国工作	70	6.9		
获得永久居住中国许可证（中国绿卡）	20	2.0		
移民中国	13	1.3		
合　　计	1013	100.0	—	—

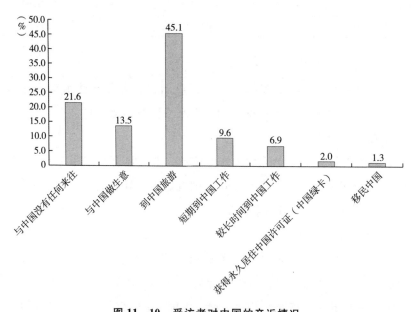

图 11 – 10　受访者对中国的亲近情况

2. BAV 国家整体形象指标与对中国亲近度的相关分析

将 8 个维度与对中国亲近度进行相关分析显示，双尾检验的显著性水平均为 0.000。对中国的亲近度与国家形象 8 个维度中的可靠可信、令人愉悦、有领导力、充满活力、颇具魅力、坚定不移、不断发展和有创新力的斯皮尔曼相关系数分别为 0.295、0.258、0.266、0.241、0.320、0.295、0.226、0.243，8 对变量的相关性显著。

结论：受访者对中国 BAV 国家整体形象 8 项指标（11 级量表，数值越大越认同）的评价与对中国亲近度（7 级量表，数值越大亲近度越高）呈正相关，即对中国 BAV 国家整体形象 8 项指标的评价越高对中国越亲近，反之亦然。

3. 人口统计指标与对中国亲近度的交叉分析

（1）性别

对中国的亲近度与性别的卡方测试的显著性为 0.300，大于 0.05，即性别与对中国的亲近度没有显著区别。男性亲近中国的均值为 2.74，女性亲近中国的均值为 2.82（见表 11-18）。

表 11-18　不同性别受访者对中国的亲近度

V1_ 2. 您的性别（单选）	均值	N	标准差
女	2.82	485	1.347
男	2.74	528	1.268
总　　计	2.78	1013	1.307

（2）职业

对中国的亲近度与职业的卡方测试的显著性数值为 0.000，小于 0.05，即职业不同与对中国的亲近度有显著区别（见表 11-19）。

表 11-19　不同职业受访者对中国的亲近度

V54_ India. 您的职业是什么？（单选）	均值	N（人次）	标准差
雇主/经理（有十个或十个以上员工）	2.90	312	1.327
雇主/经理（有十个或十个以下员工）	2.87	69	1.175
专业技术人员、会计、教师、律师等	2.82	233	1.241
办公室中层管理人员	2.47	98	1.186

V54_ India. 您的职业是什么？（单选）	均　值	N（人次）	标准差
一般文员（办公室工作人员）	3.35	17	1.766
工头或领班	3.50	2	0.707
技工	3.24	17	1.678
熟练工	2.57	7	0.787
体力劳动者	3.67	3	1.155
农场主（有自己的农场）	3.00	1	0.0
农民	2.75	4	1.258
军/警人员	5.00	2	0.000
从来没有工作的人员	2.24	41	1.241
大学生	2.80	100	1.371
其他	2.50	107	1.306
总　　计	2.78	1013	1.307

（3）地区

地区与对中国的亲近度的卡方测试的显著性数值为 0.001，小于 0.05，即地区不同与对中国的亲近度有显著区别（见表 11 - 20）。

表 11 - 20　不同地区受访者对中国的亲近度

V1_ 5_ India. 您现在住在哪个地区（单选）	均　值	N（人次）	标准差
阿萨姆邦	2.70	60	1.293
特里凡得琅行政区	2.80	61	1.209
喀拉拉邦	2.83	60	1.060
德里	2.98	115	1.433
古吉拉特邦	2.89	63	1.166
旁遮普邦	2.72	60	1.106
泰米尔纳德邦	3.15	61	1.424
中央邦	3.10	60	1.602
北方邦	2.63	60	1.377
安德拉邦	2.68	134	1.272
西孟加拉邦	2.90	60	1.434
其他	2.53	219	1.220
总　　计	2.78	1013	1.307

（4）受教育程度

受教育程度与对中国亲近度相关分析显示，相关系数为 0.057，但是显著性水平为 0.070，大于 0.05，接受原假设，即两个变量间没有显著关系。（见表 11 - 21）。

表 11 - 21　受教育程度与对中国亲近度的相关分析

		V49. 在以下 7 种选择中，选择您最愿意的一项：（单选）	V53_ India. 您的受教育程度是什么（单选）
V49. 在以下 7 种选择中，选择您最愿意的一项：（单选）	Pearson 相关性	1	0.057
	显著性（双侧）		0.070
	N	1013	1013
V53_ India. 您的受教育程度是什么（单选）	Pearson 相关性	0.057	1
	显著性（双侧）	0.070	
	N	1013	1013

（5）家庭收入

家庭收入与对中国的亲近度相关分析显示，相关系数是 0.030，但显著性水平为 0.344，大于 0.05，接受原假设，即两个变量间没有显著关系（见表 11 - 22）。

表 11 - 22　家庭收入与对中国亲近度的相关分析

		V49. 在以下 7 种选择中，选择您最愿意的一项：（单选）	V1_ 3_ India. 去年您家庭的税前年收入是多少？（卢比）
V49. 在以下 7 种选择中，选择您最愿意的一项：（单选）	Pearson 相关性	1	0.030
	显著性（双侧）		0.344
	N	1013	1013
V1_ 3_ India. 去年您家庭的税前年收入是多少？（卢比）	Pearson 相关性	0.030	1
	显著性（双侧）	0.344	
	N	1013	1013

三 不同年龄段数据对比

（一） BAV 指标测量的中国形象

将不同年龄段受访者与 BAV 国家形象的 8 个维度进行相关分析显示：中国充满活力（-0.059）和中国不断发展（-0.145）的显著性分别为 0.062 和 0.133，大于 0.05，接受原假设，即对这两项的看法与年龄因素没有显著关系。

其余 6 项的显著性均小于 0.05，斯皮尔曼系数分别是：中国可靠可信 -0.131，中国令人愉悦 -0.110，中国有领导力 -0.089，中国颇具魅力 -0.145，中国坚定不移 -0.073，中国有创新力 -0.098，显示与年龄因素均存在负相关关系，即年龄越小，越认同这些说法。

（二） 中国在世界大国中的排名及喜欢中国的原因

1. 中国在世界主要国家中的排名

将不同年龄段与喜欢国家进行交叉分析，卡方检验显著性为 0.002，小于 0.05，即年龄段不同与喜欢国家有显著差异。将不同年龄段喜欢加拿大、英国、澳大利亚、日本、中国、意大利、德国、法国、墨西哥等样本超过 30 个的国家进行交叉对比，数据见表 11 - 23。将整个受访者分为 15 ~ 44 岁和 45 岁以上两个年龄段，数据显示：15 ~ 44 岁喜欢澳大利亚、中国的比 45 岁以上的高 7.9、28.9 个百分点；15 ~ 44 岁喜欢加拿大、法国、德国、日本、俄罗斯、英国、印度的比 45 岁以上的低 5.4、4.7、15.9、0.9、3.4、9.5、9.6 个百分点。

表 11 - 23 不同年龄段整体喜欢国家的比例对比

单位:%

	澳大利亚	加拿大	中国	法国	德国	日本	俄罗斯	英国	印度
	N = 107	N = 87	N = 116	N = 51	N = 85	n = 85	n = 42	n = 81	n = 254
15 ~ 24 岁　　n = 263	13.7	9.5	14.8	2.3	5.7	8	2.3	5.7	25.5
25 ~ 34 岁　　n = 233	9.4	8.6	16.3	5.2	8.2	5.6	5.2	7.7	25.3
35 ~ 44 岁　　n = 203	11.8	8.4	9.9	6.4	7.4	10.3	4.4	9.4	22.7
45 ~ 54 岁　　n = 183	9.3	9.3	8.2	4.4	13.1	8.7	5.5	7.7	24.6
55 ~ 64 岁　　n = 102	3.9	15.7	3.9	10.8	6.9	12.7	2.9	10.8	27.5

续表

	澳大利亚	加拿大	中国	法国	德国	日本	俄罗斯	英国	印度
	N = 107	N = 87	N = 116	N = 51	N = 85	n = 85	n = 42	n = 81	n = 254
65 岁及以上 n = 29	13.8	6.9	0	3.4	17.2	3.4	6.9	13.8	31
整体 n = 1013	10.6	9.6	11.5	5	8.4	8.4	4.1	8	25.1
15~44 岁之和	34.9	26.5	41	13.9	21.3	23.9	11.9	22.8	73.5
45 岁以上之和	27	31.9	12.1	18.6	37.2	24.8	15.3	32.3	83.1
两者之差	7.9	-5.4	28.9	-4.7	-15.9	-0.9	-3.4	-9.5	-9.6
两者之比	1.29	0.83	3.39	0.75	0.57	0.96	0.78	0.71	0.88

结论：喜欢中国的 15~44 岁的受访者远远多于 45 岁以上的受访者，差距在 9 国中名列第一，印度年轻人对中国更具好感。

2. 喜欢中国的原因

将不同年龄段与喜欢各国的原因进行交叉分析，不同年龄段与环境优美、灿烂文化、其他的卡方检验显著性为 0.25、0.284、0.261，大于 0.05，接受原假设，说明不同年龄段对"环境优美""灿烂文化""其他"这三项的看法没有显著差异。社会稳定、政治制度优越、经济发达、外交和平、公民素质高、科技发达、巩固的国防的卡方检验显著性为 0.000、0.000、0.012、0.002、0.001、0.001、0.005，小于 0.05，拒绝原假设，说明不同年龄段对这些因素的看法存在显著差异。

在 9 个国家中，受访者喜爱超过 60 份的样本中（美、中、澳、加、德、日、英），英国与印度历史渊源最为密切，意大利是欧洲文明古国、日本与中国同属于东方文化，将不同年龄段喜欢英国、日本、中国、意大利等具有文化典型意义的国家进行交叉对比，数据见表11-24。

表 11 - 24　各年龄段喜欢中国、英国、日本、意大利诸原因比例对比

单位:%

		社会稳定	环境优美	灿烂文化	政治制度优越	经济发达	外交和平	公民素质高	科技发达	巩固的国防	其他	平均
15~24岁	中	11	9	16	6	25	17	19	17	12	1	13.3
	日	11	6	10	0	11	11	14	13	3	0	7.9
	英	2	4	5	3	4	4	6	2	1	1	3.2
	意	1	4	5	1	1	1	2	1	0	2	1.8
25~34岁	中	12	13	7	14	10	16	10	11	3	2	9.8
	日	6	3	5	2	7	4	5	7	5	1	4.5
	英	8	8	2	5	13	4	9	7	2	0	5.8
	意	1	1	1	4	2	1	1	0	0	0	1.1
35~44岁	中	12	8	10	9	11	11	6	12	6	1	8.6
	日	6	3	4	4	7	6	7	12	5	0	5.4
	英	10	8	3	2	9	5	10	3	2	0	5.2
	意	2	3	2	2	3	3	2	2	1	0	2
45~54岁	中	9	4	4	6	4	6	7	8	5	0	5.3
	日	10	9	9	8	12	14	12	13	7	1	9.5
	英	7	10	8	6	8	7	11	8	7	0	7.2
	意	1	2	3	0	0	1	0	00	0		0.7
55~64岁	中	2	2	1	1	3	3	4	4	2	3	2.5
	日	6	4	6	4	10	7	6	9	5	1	5.8
	英	0	6	3	2	7	5	4	3	0	0	3
	意	0	0	0	0	0	0	0	0	0	0	0
65岁及以上	中	0	0	0	0	0	0	0	0	0	0	0
	日	1	1	0	1	1	1	1	1	0	0	0.7
	英	1	2	1	3	3	4	4	3	1	0	2.2
	意	0	0	0	0	0	0	0	0	0	0	0
合计	中	46	36	38	36	53	53	46	52	28	7	39.5
	日	40	26	34	19	48	43	45	55	25	3	33.8
	英	2	38	22	21	44	29	44	26	13	1	24
	意	5	10	11	7	6	6	5	3	1	2	5.6

数据显示：15~44 岁的受访者喜欢中国诸因素的平均值高于同年龄段的日、英、意三国，平均数高说明喜欢该国多个原因的比例都较高，平

均数低说明喜欢该国集中在少数原因。因而，在 15～44 岁年龄段，喜欢中国的因素多于喜欢日、英、意的因素。45 岁以上年龄段，喜欢中国诸因素的平均值低于英、日两国，因而在 45 岁以上年龄段，喜欢英、日的因素多于喜欢中国的因素。

（三）受访者对中国的亲近度

将不同年龄段受访者与对中国亲近度进行交叉分析，卡方检验显著性为 0.000，小于 0.05，拒绝原假设，说明不同年龄段对中国的亲近度存在显著差异。将不同年龄段受访者与对中国亲近度相关分析显示，斯皮尔曼相关系数为 -0.172，双尾检验的显著水平为 0.000，小于 0.05，这对变量的相关性显著，且呈负相关。

结论：不同年龄段对中国的亲近度存在显著差异。不同年龄段与对中国的亲近度呈负相关，即年龄越小越对中国亲近（见表 11 - 25、表 11 - 26、表 11 - 27）。

表 11 - 25　不同年龄段对中国亲近度对比

	V49. 在以下 7 种选择中，选择您最愿意的一项：（单选）									
	与中国没有任何来往	与中国做生意	到中国旅游	短期到中国工作	较长时间到中国工作	获得永久居住中国许可证（中国绿卡）	移民中国	合计	均值	标准差
15～24 岁	17.5	10.6	46.8	11.8	8.4	2.7	2.3	100.0	3.00	1.368
25～34 岁	15.5	14.6	42.1	12.9	11.6	2.6	0.9	100.0	3.02	1.316
45～54 岁	35.0	10.4	42.6	6.6	3.3	2.2	0.0	100.0	2.39	1.240
55～64 岁	20.6	18.6	50.0	7.8	1.0	0.0	2.0	100.0	2.58	1.130
65 岁及以上	31.0	13.8	51.7	0.0	3.4	0.0	0.0	100.0	2.31	1.039
合　　计	21.6	13.5	45.1	9.6	6.9	2.0	1.3	100.0	2.78	1.307

不论哪一个年龄段，愿意到中国旅游的比例都是最高的。不愿意与中国有任何往来的，在 45～54 岁、65 岁及以上两个年龄段大幅增加，都超过了三成。

表 11 - 26　年龄段与对中国亲近度卡方检验

	值	df	渐进 Sig.（双侧）
Pearson 卡方	66.805 [a]	30	0.000
似然比	75.004	30	0.000
线性和线性组合	30.005	1	0.000
有效案例中的 N	1013		

a. 14 单元格（33.3%）的期望计数少于 5。最小期望计数为 0.37。

表 11 - 27　年龄段与对中国亲近度相关分析

			age. age	V49. 在以下 7 种选择中，选择您最愿意的一项：（单选）
Spearman 的 rho	age. age	相关系数	1.000	-0.172 **
		Sig.（双侧）	0.0	0.000
		N	1013	1013
	V49. 在以下 7 种选择中，选择您最愿意的一项：（单选）	相关系数	-0.172 **	1.000
		Sig.（双侧）	0.000	0.0
		N	1013	1013

注：**. 在置信度（双测）为 0.01 时，相关性是显著的。

四　调查后的思考

（一）中国总体形象不错，但诚信度低

将中国的整体形象、中国在各国的排名和对中国的亲近度综合起来，情况如下：1013 名受访者对于 BAV 中国国家形象整体评价尚好，用 11 级量表测量，八项指标中，全部指标的赞同度都超过 50%。八项指标中赞同度最高的是不断发展（73.9%），有创新力次之（73%），其后依次是有领导力（69.1%）、坚定不移（67.1%）、充满活力（64.9%）、颇具魅力（62.8%）、令人愉悦（59.3%），最低的是可靠可信（53%）。8 项平均为 65.3%，六成多的印度民众赞成这八项指标。在不同年龄段中，年龄越小对中国 BAV 国家整体形象 8 项指标的评价越高。

虽然印度民众对中国的整体形象评价不错，但主要是基于经济方面取得的成果，以及所具有的创新能力，但可靠可信排名最后。在 2011 年的调查中，有一个关于中国人整体印象的问题，在中国人有创造力、有效

率、充满活力、待人友好、敏感、守诚信、有教养的调查中，守诚信的均值也是排名最后。它是利用五级量表进行计算，均值排名第一的是充满活力（3.91），其后是有效率（3.83）、有创造性（3.59）、有教养（3.57）、待人友好（3.51）、敏感（3.468）、守诚信（3.462）。诚信问题值得注意。

（二）喜欢中国的人大幅下降

在18个国家中，印度最喜欢的国家，第一名是美国，占25.1%，第二名是中国，占11.5%，第三是澳大利亚10.6%，第四是加拿大9.6%，第五是日本和德国，同为8.4%。然而，虽然中国排名第二，但与美国相比，有比较大的差距，喜欢美国的总人数有254人，是中国人数116人的两倍。

2011年调查的五国中，排名分别是中国、印度、日本、德国、俄罗斯，选取同样的国家进行比较，依序是印度、中国、日本、德国（日德并列）、俄罗斯。变化最大的是印度，2016年的比例（43.64%）比2011年（28.87%）高了14.77个百分点，在2011年的调查中，中国本来是印度最喜欢的国家，占比32.92%，但这五年下降了12.99个百分点。其余的国家排序没有变化。

另外，值得一提的是，年轻人对中国比较有好感，15~44岁的受访者喜欢中国的比例远远多于45岁以上的受访者，其中15~24岁与25~34岁这两个年龄段最有好感。男性也比女性更喜欢中国。不同职业、地区、家庭收入、教育程度群体对是否喜欢中国有显著差异。喜欢中国的人大量减少是值得思考问题，是否因为中印边界冲突导致印度民众对中国的观感发生变化呢？

（三）喜欢外交和平的人数大幅增加

喜欢中国的10个原因中，"经济发达"和"外交和平"占比最高，同为45.69%，接下来是科技发达（44.83%）、社会稳定（39.66%）、公民素质高（39.66%），都在四成左右，这几个因素属于第一档。灿烂文化（32.76%）、环境优美（31.03%）、政治制度优越（31.03%）等因素占三成左右，属于第二档，比第一档落后10个百分点左右。巩固的国防（24.14%）处于最后，还有不知道理由的其他，也有6.03%。

在 2011 年；我们做过类似的调查，但如前文所交代，喜欢中国的原因只有八个，排名也可以分为三档。第一档，在四成以上，经济发达 47.1%，社会稳定 39.5%，环境优美 41.8%。第二档在三成左右，灿烂文化 38.9%，外交和平 31.9%，政治民主 32.7%。公民素质高 35.1% 第三档：其他 7.0%。

在这两次调查中，变化最大的是"环境优美"与"外交和平"两个因素。外交和平上升了 13.82 个百分点，环境优美下降了 10.87 个百分点。调查显示，印度民众肯定中国的和平外交政策。喜欢中国的 10 个原因中，出于"经济发达"和"和平外交"的比例（45.69%）并列第一，其次为科技发达，说明中国经济和外交因素相对其他方面更有吸引力。

（四）对中国的亲近度的调查宜再调整

对中国亲近度的调查是一个新的尝试。对中国的亲近度偏低，7 级量表中，亲近度的均值为 2.78。根据我们的假定，亲近度由生疏到亲近依次是与中国没有任何来往（21.6%），与中国做生意（13.5%），到中国旅游（45.1%），短期到中国工作（9.6%），较长时间到中国工作（6.9%），获得永久居住中国许可证（中国绿卡）（2.0%），移民中国（1.3%）。在这几个因素中，排名第一的是到中国旅游，排名第二的是与中国没有任何往来，第三的是与中国做生意。从印度民众的选择来看，他们对中国并不是特别向往，一些调查显示，印度是全世界移民人数最多的国家，印度民众大量移民前往英国、加拿大、澳大利亚、新西兰、新加坡、马来西亚、迪拜等地，但想移民中国的民众不到 1.3%。可是在最喜欢的国家调查中，中国是印度民众喜欢排第二的国家。因此，这个亲近度调查的尝试，可能是不成功的，它不能作为判断一个国家亲近与否的依据。

第十二章 中华文化国际影响力

一 问卷修订

1. 设计思路

前面不仅从文化的各个要素分析了受访者对中华文化的认知、态度和行为，也探讨了受访者对中国经济、政治、外交、军事、科技和国家形象的认知和评价，所有这些认知和评价都影响着受访者对中华文化的看法。然而，文化是复杂的社会现象，前文上的分析可能遗漏了一些对中华文化有国际影响力的其他因素。

本次调查延续了 2011 年和 2013 年的路径：通过形容词调查受访者对中华文化的整体评价，调查受访者对中华文化的整体印象，调查中华文化在世界主要文化中的排名。但对问题的设问和选项进行了微调。

（1）对中华文化整体评价

如何测量受访者对中华文化的整体印象？在阅读文献的过程中，没有找到现成的可供参考的测量方法。在这种情况下，根据心理学刻板印象（stereotype）的理论和测量方法，试用一组意义相反的形容词来描述中华文化，在 2011 年和 2013 年调查探索的基础上，本次调查没有使用对中国文化正面描述的李克特 5 级量表调查方法，改用语义调查方法，使用 9 对褒贬对立的描绘中华文化的形容词，用 7 级语量表调查受访者对中华文化的评价。

（2）中华文化在世界主要文化中的排名

通过受访者在列出的多国文化名单（包括中华文化）中选出自己最喜欢的文化，可以直观地看到中华文化在受访者心目中的地位。开列候选多国文化名单的国家包括：受访国、联合国 5 个常任理事国、金砖国家、世界八大文化代表国（四者之间有重叠）。本次调查基本依据 2013 年对日本、韩国、越南、印度尼西亚的问卷，但根据本次调查对象国变化，作了调整改动，删除了越南、韩国、印度尼西亚，增加了墨西哥，形成了 12 国文化名单。增加墨西哥是因为拉美文化中不仅有代表葡萄牙语文化的巴西，而且有以墨西哥为代表的西班牙语文化，增加墨西哥使拉美文化的代表性更全面。请受访者最多可以从 12 国选项中选出 5 种文化。根据常识，受访者会最爱自己的祖国，但有一些人不一定最爱本国文化，如历史上曾经在亚洲国家出现过全盘西化的思潮。所以 12 个选项中都包括本国文化，供受访者挑选。

2. 问卷内容

V50. 总体来说，您如何评价中华文化？【循环出示，行单选】

1. 没吸引力的　1　2　3　4　5　6　7　富有吸引力的

2. 排外的　1　2　3　4　5　6　7　包容的

3. 衰落的　1　2　3　4　5　6　7　有活力的

4. 平淡无奇的　1　2　3　4　5　6　7　灿烂的

5. 单一的　1　2　3　4　5　6　7　多元的

6. 侵略性的　1　2　3　4　5　6　7　爱好和平的

7. 无价值的　1　2　3　4　5　6　7　有价值的

8. 守旧的　1　2　3　4　5　6　7　创新的

9. 不和谐的　1　2　3　4　5　6　7　和谐的

V51. 在以下各国文化中，您喜欢哪些国家的文化？（最多选 5 个）

1. 巴西　2. 中国　3. 德国　4. 法国　5. 印度　6. 日本　7. 俄罗斯

8. 沙特　9. 南非　10. 英国　11. 印度　12. 墨西哥　13. 其他

二　中华文化国际影响力概况

（一）对中华文化的整体评价

1. 对中华文化的评价

用 7 级语义量表测量，请受访者针对意义相反的 9 对形容词，在以贬义词为 1（一极）和以褒义词为 7（另一极）中选择打钩。用两种方法计算对中华文化的评价。一是计算赞同度。以 4 为中立值，以 1~3 为贬义，以 5~7 为赞成褒义，将打分 5、6、7 的比例之和作为赞同度。二是计算

7 级量表的均值。计算出受访者对中华文化评价的均值，均值越接近 7，说明评价越高。为行文简练，将评价中华文化的各对形容分别简称为"有吸引力的""包容的""有活力的""灿烂的""多元的""爱好和平的""有价值的""创新的""和谐的"。

1013 位受访者对 9 对形容词用 7 级语义量表评价的比例见表 12 - 1。从比例上看，赞同度排名前三名是"有价值的"（67.9%）、"创新的"（67.4%）、"有吸引力的"（66.7%）。倒数第一是"包容的"，赞同度为54%（见图 12 - 1）。9 项平均赞同度为 61.83%。

表 12 - 1　受访者对中华文化 9 种评价的比例

单位:%

	1	2	3	4	5	6	7		贬义 赞同度	褒义 赞同度
没有吸引力的	3.8	3	7.8	18.8	21.4	24.5	20.8	有吸引力的	14.6	66.7
排外的	5.3	5.3	10.7	24.6	20.8	19.4	13.8	包容的	21.3	54.0
衰落的	3.3	3.3	7.1	22.3	26.9	21.3	15.9	有活力的	13.7	64.1
平淡无奇的	4	3.3	8.1	20.8	26.7	22.2	14.9	灿烂的	15.4	63.8
单一的	3.9	5.3	10.3	24.2	19.7	22.6	13.9	多元的	19.5	56.2
侵略性的	5.9	6.9	11.5	19.7	21.3	17.9	16.7	爱好和平的	24.3	55.9
无价值的	4	2.8	7.2	18.2	26.3	22.9	18.7	有价值的	14	67.9
守旧的	3.5	2.4	7	19.7	21.2	25.2	21	创新的	12.9	67.4
不和谐的	4.5	3.8	9.8	21.4	25.8	18.6	16.1	和谐的	18.1	60.5
9 种平均数	3.92	3.81	8.25	19.37	21.51	20.06	15.88	9 种平均数	17.09	61.83

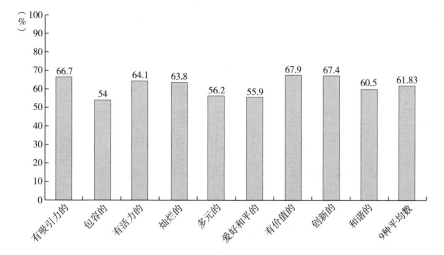

图 12 - 1　受访者对中华文化 9 种评价的赞同度

从均值上看，得分前三位是"创新的"（5.13）、"有吸引力的"（5.08）、"有价值的"（5.03）。得分最低的是"爱好和平的"和"包容的"（均为4.64）。9项均值平均值为4.88。9项中众数为5（见表12－2和图12－2）。

表12－2　受访者对中华文化9种评价的均值（7级量表）

	均　　值	众　　数	标准差
有吸引力的	5.08	6	1.562
包容的	4.64	4	1.620
有活力的	4.94	5	1.473
灿烂的	4.89	5	1.510
多元的	4.74	4	1.575
爱好和平的	4.64	5	1.717
有价值的	5.03	5	1.531
创新的	5.13	6	1.524
和谐的	4.80	5	1.572
9种平均数	4.88	—	1.565

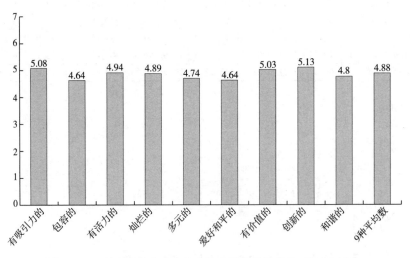

图12－2　印度受访者对中华文化9种评价的均值（7级量表）

（二）中华文化在世界主要文化中的排名

调查中华文化在世界主要国家影响力的数据用两种方法进行分析。第一，根据受访者对某国评价比例的高低进行排名，看中华文化在世界主要文化中的排名。第二，将受访者喜欢中华文化的比例与喜欢中国的比例加以对比。前一章调查了受访者对中国国家形象的看法。中华文化与中国这两个概念既有联系也有区别，中国包括政治、经济、社会、外交、军事、文化等，中华文化是中国整体形象的一部分。因而，对比受访者对中国和中华文化的评价，有助于进一步理解中华文化在受访者心目中的地位。喜欢一国文化的比例与喜欢一国的比例之差越大，说明该国的文化在国家形象形成中的作用越大。需要说明的是：由于国家的问题只允许受访者选一个选项且选项中不包括本国，而一国文化的问题允许受访者多选，且选项中包括本国文化；被喜欢国家选项的名单有 18 个，而文化选项名单只有 12 个；所以一国和一国文化数据的可比性存在不足。对比的数据仅供参考。

1. 中华文化排名

1013 名印度受访者喜欢印度文化的最多，占 81.3%，喜欢中华文化者有 388 人，占总人数的 38.3%，排名第 2，喜欢美国文化的也有 385 人，排在第三，占 38%，倒数第一到第三为其他（2.7%）、墨西哥（7.2%）和南非（9.3%）（见表 12 - 3、图 12 - 3）。

表 12 - 3 受访者最喜欢国家文化的调查情况（最多选 5 个）

国 家	频 率	百分比	排 名
巴 西	158	15.6	9
中 国	388	38.3	2
德 国	270	26.7	7
法 国	272	26.9	6
美 国	824	81.3	1
日 本	365	36.0	4
俄罗斯	182	18.0	8
沙 特	99	9.8	10
南 非	94	9.3	11
英 国	322	31.8	5
美 国	385	38.0	3
墨西哥	73	7.2	12
其 他	27	2.7	13

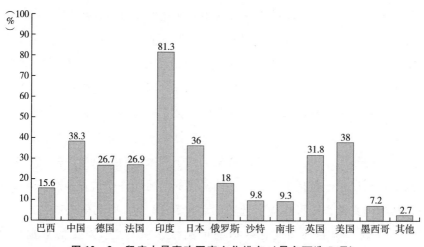

图 12 - 3　印度人最喜欢国家文化排名（最多可选 5 项）

通过交叉卡方检验，数据显示：受访者的居住地区（0.002）、信仰（0.002）、受教育程度（0.002）、职业（0.014）、支持党派（0.039）的显著性均小于 0.05，即这些因素与是否喜欢中国文化存在显著差异。

2. 中华文化排名与中国排名对比

对中华文化喜欢度排名与中国喜欢度排名进行比较时须说明，喜欢国家调查只选一项且不包括受访者自己的国家，喜欢文化的调查选项最多选 5 个且包括受访者自己国家的文化。国家喜欢度调查是单选题，文化喜欢度调查是多选题，直接比较数据差值可比性不强，因而选择比较排名。

将国家喜欢度与文化喜欢度的排名进行比较，各国排名相差不大。除了受访者喜欢巴西的程度排在第 12 名，巴西文化排在第 8 名；喜欢南非国家的程度排在第 14，南非文化排在第 10；墨西哥国家排在第 15，墨西哥文化排在第 11，这三国有 4 个名次的差距外，其余名次差距均小于 3（见表 12 - 4）。

中国的喜欢度排名与中国文化的喜欢度排名都是第 2，但是因喜欢哪个国家的文化没有除去印度，去除印度之后，中国可以排到第 1 位。

总体来看，文化喜欢度的排名要高于国家喜欢度的排名。排名倒数第一的是墨西哥，无论是国家还是文化，都不被印度民众喜欢。

表 12 – 4 受访者对一国文化的喜欢度排名与该国的喜欢度排名对比

名单上的国家	喜欢其文化	文化排名	喜欢其国家	国家排名	文化排名与国家排名之差
巴 西	15.6	8	0.8	12	– 4
中 国	38.3	1	11.6	2	– 1
德 国	26.7	6	8.4	5	1
法 国	26.9	5	5	7	– 2
日 本	36	3	8.4	5	– 2
俄罗斯	18	7	4.1	8	– 1
沙 特	9.8	9	2.8	9	0
南 非	9.3	10	0.6	14	– 4
英 国	31.8	4	8	6	– 2
印 度	38	2	25.1	1	1
墨西哥	7.2	11	0.5	15	– 4

3. 与 2011 年数据比较

2011 年曾用同样的问题调查中华文化在世界主要国家中的排名，与 2016 年不同的是选项只有 6 项（1. 中华文化　2. 德国文化　3. 日本文化 4. 俄罗斯文化　5. 印度文化　6. 其他国家文化），而 2016 年有 13 项。两次调查结果有一定可比性，结果仅供参考。对比 2011 年数据，在五国排名中，中国、印度、日本的排名不变，仍分别是第 1、2、3 位。德国和俄罗斯排名都下降了两位（见表 12 – 5）。

表 12 – 5 文化喜欢度排名对比

	2016 年喜欢度		2011 年喜欢度		2011 ~ 2016 年名次变化
	比 例	排 名	比 例	排 名	
中 国 文 化	38.3	1	52.8	1	0
日 本 文 化	36.0	3	32.0	3	0
德 国 文 化	26.7	6	20.3	4	2
印 度 文 化	38.0	2	37.0	2	0
俄罗斯文化	18.0	7	15.2	5	2

4. 对中华文化的评价与中华文化排名的交叉分析

对中华文化的评价与是否喜欢中华文化有密切联系。将对 9 对形容中华文化的形容词作出评价的 1013 个样本与受访者中选择喜欢中华文化的样本进行交叉分析显示，在没有吸引力的—富有吸引力的、排外的—包容的、衰落的—有活力的、平淡无奇的—灿烂的、单一的—多元的、侵略性的—和平的、无价值的—有价值的、守旧的—创新的、不和谐的—和谐的等 9 组对中华文化的评价与喜欢中国的卡方检验的显著性水平均为 0.000，小于 0.05，说明对中华文化的评价与喜欢中国文化有显著差异。

5. 人口统计特征与喜欢中华文化的交叉分析

性别与喜欢中华文化交叉分析显示（见表 12 - 6），男性喜欢中华文化的比例（40.7%）比女性（35.7%）高 5.0 个百分点，卡方检验的显著性水平为 0.099，大于 0.05，即不同性别在喜欢中华文化上没有显著差别（见表 12 - 6）。

表 12 - 6 性别与喜欢中华文化的交叉分析

	不喜欢		喜 欢	
	人数（人）	占比（%）	人数（人）	占比（%）
女	312	64.3	173	35.7
男	313	59.3	215	40.7

居住地区与是否喜欢中国文化的卡方检验显示，显著性为 0.002，小于 0.05，即不同居住地在喜欢中华文化上有显著差别（见表 12 - 8、表 12 - 9）。

表 12 - 7 性别与喜欢中国文化卡方检验

	值	df	渐进 Sig. （双侧）
Pearson 卡方	2.728[a]	1	0.099
连续校正[b]	2.518	1	0.113
似然比	2.731	1	0.098
Fisher 的精确检验			
线性和线性组合	2.725	1	0.099
有效案例中的 N	1013		

a. 0 单元格（0.0%）的期望计数少于 5。最小期望计数为 185.77。

b. 仅对 2 × 2 表计算

表 12 - 8　居住地与喜欢中华文化的交叉分析

	不喜欢		喜　欢	
	人数（人）	百分比（%）	人数（人）	百分比（%）
阿萨姆邦	38	63.3	22	36.7
特里凡得琅行政区	32	52.5	29	47.5
喀拉拉邦	33	55	27	45
德里	60	52.2	55	47.8
古吉拉特邦	44	69.8	19	30.2
旁遮普邦	48	80	12	20
泰米尔纳德邦	30	49.2	31	50.8
中央邦	35	58.3	25	41.7
北方邦	40	66.7	20	33.3
安德拉邦	91	67.9	43	32.1
西孟加拉邦	31	51.7	29	48.3
其他	143	65.3	76	34.7

表 12 - 9　居住地与喜欢中华文化的卡方检验

	值	df	渐进 Sig.（双侧）
Pearson 卡方	29.000[a]	11	0.002
似然比	29.613	11	0.002
线性和线性组合	2.739	1	0.098
有效案例中的 N	1013		

a. 0 单元格（0.0%）的期望计数少于 5。最小期望计数为 22.98。

政党偏好与喜欢中华文化的交叉分析结果显示，国大党（英）、印度共产党（马）、大众社会党和德拉维达进步联盟比其他政党更喜欢中华文化（见表 12 - 10）。卡方检验的显著性水平为 0.039，小于 0.05，即政党偏好在喜欢中华文化上有显著差别（见表 12 - 11）。

表 12 - 10　政党偏好与喜欢中华文化的交叉分析

	不喜欢		喜　欢	
	人数（人）	百分比（%）	人数（人）	百分比（%）
国大党（英）	43	48.9	45	51.1
印度人民党	388	61.9	208	38.1

续表

	不喜欢		喜　欢	
	人数（人）	百分比（%）	人数（人）	百分比（%）
人民党	1	100	0	0
印度共产党（马）	12	44.4	15	55.6
大众社会党	2	40	3	60
社会主义党	4	80	1	20
民族主义国大党	4	66.7	2	33.3
全印穆斯林联盟	1	50	1	50
德拉维达进步联盟	5	38.5	8	61.5
泰卢固之乡党	5	100	0	0
阿卡利党	1	100	0	0
无党派	140	66.7	70	33.3
其他	69	66.3	35	33.7

表 12-11　政党偏好与喜欢中华文化的卡方检验

	值	df	渐进 Sig.（双侧）
Pearson 卡方	21.889[a]	12	0.039
似然比	23.985	12	0.020
线性和线性组合	4.433	1	0.035
有效案例中的 N	1013		

a. 15 单元格（57.7%）的期望计数少于 5。最小期望计数为 0.38。

职业、信仰不同与喜欢中华文化有显著差别。对职业、信仰与喜欢中华文化进行交叉分析，卡方检验的显著性水平分别为 0.014 和 0.002，小于 0.05，即不同职业和不同信仰在喜欢中华文化上有显著差别（见表 12-12、表 12-13）。

表 12-12　职业与喜欢中华文化的卡方检验

	值	df	渐进 Sig.（双侧）
Pearson 卡方	28.009[a]	14	0.014
似然比	30.604	14	0.006
线性和线性组合	5.829	1	0.016
有效案例中的 N	1013		

a. 12 单元格（40.0%）的期望计数少于 5。最小期望计数为 0.38。

表 12 – 13　信仰与喜欢中华文化的卡方检验

	值	df	渐进 Sig.（双侧）
Pearson 卡方	33.161[a]	13	0.002
似然比	33.975	13	0.001
线性和线性组合	6.560	1	0.010
有效案例中的 N	1013		

a. 10 单元格（35.7%）的期望计数少于 5。最小期望计数为 0.38。

家庭收入与喜欢中华文化没有显著差异，对家庭收入与喜欢中华文化进行卡方检验，显著性为 0.065，大于 0.05，即不同家庭收入群体在喜欢中华文化上没有显著差别（见表 12 – 14）。

受教育程度与喜欢中华文化有显著差异。受教育程度与喜欢中华文化的卡方检验显著性为 0.002，小于 0.05，即不同受教育程度群体在喜欢中华文化上有显著差别（见表 12 – 15）。

表 12 – 14　家庭收入与喜欢中华文化的卡方检验

	值	df	渐进 Sig.（双侧）
Pearson 卡方	8.839[a]	4	0.065
似然比	8.909	4	0.063
线性和线性组合	5.957	1	0.015
有效案例中的 N	1013		

a. 0 单元格（0.0）的期望计数少于 5。最小期望计数为 39.07。

表 12 – 15　受教育程度与喜欢中华文化的卡方检验

	值	df	渐进 Sig.（双侧）
Pearson 卡方	20.726[a]	6	0.002
似然比	24.924	6	0.000
线性和线性组合	3.841	1	0.050
有效案例中的 N	1013		

a. 6 单元格（42.9%）的期望计数少于 5。最小期望计数为 1.53。

6. 对中印关系的看法与喜欢中华文化交叉分析

（1）认为中印关系好的受访者更喜欢中华文化

对中印关系的看法与喜欢中华文化交叉分析结果（见表 12 - 16）显示，认为中印关系很好者喜欢中华文化的比例（64.5%）比认为很不好的比例（18.3%）高 46.2 个百分点。卡方检验的显著性水平为 0.000，小于 0.05，即对中印关系评价不同的群体在是否喜欢中华文化上有显著差别（见表 12 - 17）。

表 12 - 16 对中印关系的评价与喜欢中华文化的交叉分析

中印关系	不喜欢中华文化		喜欢中华文化	
	人数（人）	占比（%）	人数（人）	占比（%）
很 不 好	49	81.7	11	18.3
较 不 好	164	74.2	57	25.8
不好不坏	199	65.0	107	35.0
较 好	152	54.3	128	45.7
很 好	43	35.5	78	64.5
不 知 道	18	72.0	7	28.0
合 计	625	61.7	388	38.3

表 12 - 17 对中印关系的评价与喜欢中华文化的卡方检验

	值	df	渐进 Sig.（双侧）
Pearson 卡方	68.875[a]	5	0.000
似然比	69.522	5	0.000
线性和线性组合	0.166	1	0.684
有效案例中的 N	1013		

a. 0 单元格（0.0%）的期望计数少于 5。最小期望计数为 9.58。

（2）认为中国发展对印度具有积极意义的更喜欢中华文化

将对中国发展对印度的意义评价与喜欢中华文化进行交叉分析（见表 12 - 18）显示，认为中国发展对印度很积极者喜欢中华文化的比例（49.2%）比认为很消极的比例（22.6%）高 26.6 个百分点，卡方检验的显著性水平为 0.000，小于 0.05，即对中国发展对印度的意义评价不同的群体在是否喜欢中华文化上有显著差别（见表 12 - 19）。

表 12 – 18　中国发展对印度的意义与喜欢中华文化的交叉分析

单位：人，%

中国发展对印度的意义 积极还是消极	不喜欢中华文化		喜欢中华文化	
	人　数	比　例	人　数	比　例
很消极	41	77.4	12	22.6
消极	155	75.6	50	24.4
不消极也不积极	260	65.7	136	34.3
积极	138	46.3	160	53.7
很积极	31	50.8	30	49.2
合　　计	625	61.7	388	38.3

表 12 – 19　中国发展对印度的意义与喜欢中华文化卡方检验

	值	df	渐进 Sig.（双侧）
Pearson 卡方	57.835[a]	4	0.000
似然比	58.359	4	0.000
线性和线性组合	48.502	1	0.000
有效案例中的 N	1013		

a. 0 单元格（0.0%）的期望计数少于 5。最小期望计数为 20.30。

三　不同年龄段数据对比

（一）对中华文化的评价

将年龄段与对中华文化的评价进行相关分析，斯皮尔曼相关系数和显著性水平显示，年龄段与"有吸引力的"（ – 0.097，0.002）、"多元的"（ – 0.092，0.003）、"爱好和平的"（ – 0.098，0.002）、"创新的"（ – 0.067，0.034）、"和谐的"（ – 0.082，0.009）的相关系数均为负相关；相关显著水平数值均小于 0.05，相关性显著。总之，年龄段与这 5 项中华文化评价呈现负相关，即年龄越小对这 5 项中华文化的评价越高。其余 4 项（包容的、有活力的、灿烂的、有价值的）的显著性均大于 0.05，相关性不显著。

（二）中华文化在世界主要文化中的排名

不同年龄段喜欢中华文化的情况见表 12 – 20。喜欢中国的受访者中，25 ～ 34 岁（43.8%）和 55 ～ 64 岁（40.2%）高于整体的平均值

（38.3％），其余年龄段喜欢中国的比例均低于整体比例。

通过交叉分析卡方检验，数据显示：不同年龄段与喜欢中华文化的卡方检验值为0.443，大于0.05，即不同年龄段同喜欢中华文化没有显著差异（见表12－21）。

表12－20　不同年龄段与喜欢中华文化的人数与比例

	15～24岁	25～34岁	35～44岁	45～54岁	55～64岁	65岁及以上	整体
喜欢中国人数（人）	98	102	71	65	41	11	388
喜欢比例（％）	37.3	43.8	35.0	35.5	40.2	37.9	38.3
不喜欢中国的人数（人）	165	131	132	118	61	18	625
不喜欢比例（％）	62.7	56.2	65.0	64.5	59.8	62.1	61.7
人数总计（人）	263	233	203	183	102	29	1013
比例总计（％）	100	100	100	100	100	100	100

表12－21　不同年龄段与喜欢中华文化的卡方检验

	值	df	渐进Sig.（双侧）
Pearson卡方	4.782[a]	5	0.443
似然比	4.753	5	0.447
线性和线性组合	.161	1	0.689
有效案例中的N	1013		

a.0单元格（0.0％）的期望计数少于5。最小期望计数为11.11。

四　调查后的思考

中国文化的总体印象调查中，得分排名依次是"有价值的"（67.9％）、"创新的"（67.4％）、"有吸引力的"（66.7％）、"有活力的"（64.1％）、"灿烂的"（63.8％）、"多元的"（56.2％）、"爱好和平的"（55.9％）、"包容的"（54.0％）。

在调查的12国文化中，去除印度文化，印度民众最喜欢的是中国文化，美国次之，接下来是日本、英国、法国、德国、俄罗斯、巴西、沙特、南非、墨西哥、其他。

2011年进行过同样的调查，但只选了6国文化，比较发现中国仍然排在第1，印度排在第2，接下来才是日本和其他国家。但值得一提的是，喜欢中国文化的人数下降很多，2011 年高达 52.8%，2016 年只剩下 38.3%，下降了 14.5 个百分点。而喜欢印度文化的比例与上次差不多，只有 1 个百分点的差别。喜欢中国文化的下降比例与喜欢中国的下降比例差不多。这说明喜欢中国文化与喜欢中国的原因密切相关。

我们发现对中印关系评价不同的群体在是否喜欢中华文化上有显著差别。对中印关系评价越好，越喜欢中华文化。喜欢中华文化的人数降低，与中印关系变化有关。

附录一　2011 年的调查报告："龙"对"象"的魅力

——印度民众对中国软实力的认知[*]

近年来，文化软实力越来越成为国际政治的重要议题，文化软实力建设也成为中国综合国力建设的重要组成部分。基于软实力的重要性，我们组织了国内首次印度民众对中国软实力认知的网络调查，着重从印度民众对中国形象、中国文化和价值观、发展模式、中印关系和孔子学院的认知等来分析中国软实力评价及中国软实力建设问题。以下拟根据调查问卷中受访者对这四个方面的回答，提出我们的分析报告。

一　对中国形象的认知

一个国家无论是历史原因还是现实原因，若在他国形成了不易接纳的形象，将直接影响其文化吸引力和国际活动的推展。在若干情形下，国家形象被"妖魔化"甚至可以直接影响实实在在的利益。了解"他者"对中国形象的认识，是提升我们文化吸引力并进而构建国家"软实力"的第一步。

对中国形象的认知包括对中国人、中国文化（文明）和中国国家形象三个层次，为此，问卷设计了三个问题。第一个问题是："您同意下列对中国人的描述吗？"回答情况见表 1。

---

* 本文发表于《国外社会科学》，参见尚会鹏、余忠剑《"龙"对"象"的魅力——印度民众对中国软实力的认知》，《国外社会科学》2012 年第 5 期。

表 1 受访者对中国人的描述的认知和态度

单位:%

	很不同意	不同意	中立	同意	很同意	不知道
中国人有创造性	7.7	4.6	16.7	37.5	28.4	5.0
中国人有效率	3.4	5.8	13.2	41.0	32.9	3.8
中国人充满活力	3.2	4.8	13.3	39.2	36.4	3.2
中国人待人友好	4.1	6.3	20.9	40.6	21.9	6.2
中国人敏感	4.3	7.3	25.2	28.8	27.4	6.9
中国人诚实守信	3.7	6.9	23.3	35.1	23.7	7.3
中国人有教养	3.5	6.1	21.1	35.5	27.2	6.6

需要说明的是,本题对"中国人"的描述,借鉴了心理学中的"人格"内容,因此得出的结论不如说是对中国人人格的认知。这 7 项描述,除了"中国人敏感"外,其他选项均为正面。表 1 提供的信息说明,总体上看,印度民众对中国人的印象并不差。在这些正面形象中,选择"很不同意"和"不同意"的比例都不高,均在 8% 以下。其中"很不同意"中"中国人有创造性"最高,有 7.7%;在"不同意"一项中,最高的是"中国人诚实守信",但也只有 6.9%——对"中国人诚实守信"赞同度不高也许跟近些年来中印两国民间贸易的发展有关,交易多了确实难免发生一些不守信的事。在"同意"这一项中,印度人最认同的是"中国人有效率",高达 41%。在"很同意"中,"中国人充满活力"比例最高,是 36.4%。"同意"和"很同意"比例相加,"中国人充满活力"也是最高的,达 75.6%,说明中国人在印度人眼中是非常积极、阳光的。

印度人普遍比较赞同"中国人敏感"("同意"和"很同意"相加达 56.2%),这里需要加以分析。在心理学中,"敏感"意味着灵敏、性格不稳定、浅薄、反应过度等。有超过一半的人选择这一项,说明在印度人眼中,中国人积极、高效,充满活力,但同时善变、对外界反应过度、缺乏自信。从心理学上看,这个看法是合乎规律的:积极、活泼的人通常敏感、善变。我们推测,印度人得出这个结论与中国人和印度人的民族性有关:印度人有根深蒂固的宗教观,哲学发达,爱思辨,重视精神超越,在西方文化面前显示更强的文化自信，中国人则缺乏真正的宗教，重实际，行动迅速，在学习西方经验、接受西方价值观和思想等方面走在印度人的前头，同时也表现为缺乏文化自信等。因此，印度人得出中国人"敏感"的结论是很自然的。

第二个问题："在以下六国文化中，您最喜欢哪国文化？"回答结果是：选择中国文化的人最多，占 52.84%，其他依次为：美国文化36.96%、日本文化 31.95%、德国文化 20.31%、俄罗斯文化 15.21%。

第三个问题："在以下 6 个国家中，您最喜欢哪个国家？"回答结果是：得票最多的仍然是中国，占 32.9%，其余依次为，美国占 28.87%，日本占 19.92%，德国占 9.91%，俄罗斯占 8.37%。

需要说明的是，第二个问题的设计目的是了解印度民众对"中国文化"形象的认知，这里的"文化"概念是广义的，其含义与"文明"接近。第三个问题是要了解印度民众对中国"国家形象"的认知。"文化形象"和"国家形象"有很高的关联度，但不是一回事。"国家"更多的是地缘政治意义上的概念，与国家现实利益有关。调查发现，印度民众眼中的中国"文化形象"良好，在六种文化中排在最前，这一结果并不太出人预料，这可能是受中印这两个古老文明体几千年友好交往的影响。而调查者对中国"国家形象"的认知也同样排在最前面，让研究者感到有些意外。因为从地缘政治的角度看，中印的现实情况是：同是崛起中的发展中大国，在诸多领域存在竞争，中印之间曾发生过严重的边界冲突，中印关系还存在诸多障碍，印度一些强硬派政府高官也常抛出"中国威胁印度安全"的言论[1]。由此看出，印度民众对中国国家形象的认知似乎应比较负面。另有调查结果表明：44%的印度人从战略上视中国为"敌人"[2]，也有报道说印度民众对中国抱有负面印象的人比较多[3]。但这次调查似乎

---

[1] 例如，印度前总理瓦杰帕伊在 1998 年印度进行核试验之后，曾写信给当时的美国总统克林顿，称中国"威胁"印度安全（不过他后来的观点有所变化）。印度前国防部部长费尔南德斯曾散布中国是印度的"主要威胁"等。

[2] 据《环球时报》2011 年 6 月 21 日援引法新社的报道，美国皮尤研究中心 17 日公布一份年度全球态度民意调查，44%的印度人从战略上视中国为"敌人"。

[3] 乔纳森·霍尔斯拉格：《中印关系的进展、认知与和平前景》，《当代亚太》2008 年第4 期。

不支持这个看法。原因是什么？据我们分析，一个原因是，严重受地缘政治思维影响的印度媒体和政府高官的观点未必代表一般民众的看法。另一个也是更重要的原因是：调查问卷中出现的"国家形象"更多的是文化意义上的。在这次问卷中，结构相似的第 48 题和第 49 题排列在一起，前一道题对后一道题的回答可能起了诱导作用，也就是说，回答者是沿着前一道题的思路、很大程度上是在文化意义上而不是地缘政治意义上理解中国"国家"这一概念的。近现代历史上的边界冲突在两国民众心中的阴影以及中印关系中尚未解决的问题，都会影响回答者对地缘政治意义上的中国的认知，但这似乎对文化意义上的中国形象影响不大。

我们的这个判断似乎也可以解释另一个让我们稍感意外的结果：印度民众对俄罗斯的认知在两道题中都排在最后。从地缘政治上看，俄罗斯对印度的确有更大的利益相关性，冷战期间印度和俄罗斯还曾是"盟友"，现在的印俄关系也比中印关系更好一些。但从文化上看，俄罗斯的分量难以与中国和印度这样的文明古国媲美，印俄历史上也缺乏像中印那样密切的文化联系。

从这三个问题的回答来看，中国在民族性格、文化（文明）和国家三个层次上均在被调查者中有良好形象，这是中国建构软实力相当有利的一个条件。发展软实力能够获得印度民众更多的好感，而对中国的好感必定有助于中国发展软实力。这个结果也提示我们，中国国家形象的建构应尽可能超越地缘政治思维，更多地借鉴中国文化资源。当然，对一个国家形象的认知通常是变化的，而且并非交流越深入印象就越好①。但无论怎样，由本次调查结果可知，印度民众对中国的整体印象比较理性，对中国形象尤其是文化意义上的中国形象有好感，建构中国的软实力应注意充分利用这一条件。

二 对中国文化和价值观的认知

前面，我们在"文明"层次上测试了印度民众对中国文化的认知，

---

① 据《环球时报》2012 年 6 月 21 日报道，美国皮尤研究中心 17 日公布一份年度全球态度民意调查，日韩民众对中国的印象较负面。对中国印象最不好的是日本，为 69%。韩国为 56%。但就交往的程度看，中国与日本和韩国的交往远远高于其他国家。

这里，我们还需要了解对作为"精神层面的活动及其造物"的文化的认知。为此，我们设计了两个问题："您对下面文化中的哪些部分感兴趣？"（第2题）和"在您的生活中可以接触到哪些中国文化表现形式"（第3题）。两个问题的选项完全相同，包括中国历史、中国哲学、中国绘画、中国建筑与园林、中国名胜古迹等在内25项，回答者可以多选。从回答数据来看，第一题选择中国功夫的人最多，占样本的51.97%；排在第二位的是中餐，占样本的47.45%；第三位是中国历史，占44.85%；排在第四、五位的分别是中国的宗教和电影，分别占28.10%和24.54%；排在后五位的是中国音乐、图书、杂技、电视剧、戏剧。

从这些数据可以看出，印度民众对中国功夫和中餐了解最多，也最欢迎。这似乎说明，越是浅层和实用的东西越容易被人接受。"中国历史"选项两次都位居第三，说明中国的历史对印度人来说还是非常有吸引力的，在以后的相关工作中可以加强历史方面的内容。而中国电影和影视明星也排在了前五位，一方面说明了中国电影的影响力，另一方面也印证了印度确实是一个"电影民族"：印度宝莱坞在世界上的广泛影响和印度全民对电影的狂热。而往往是我们认为国粹性的东西，如中国戏剧和杂技，两次都排在后五位，说明我们对最具传统性的东西宣传力度还不够，没有从细微处入手，让人更深入地理解中国文化的这些元素。另外，图书的对外推广，是一种思想的传播和认同，而图书选项也两次都列在后五位。中国要想真正获得话语权，图书被他国广泛接受是一个必要条件。所以，以后我们无论是在图书的内容构建、思想深度还是语言形式上都还有许多工作要做。

了解了印度对中国文化元素的认知后，我们还需要把这种认知进一步上升到价值观层面。一个国家的软实力须有与之相联系的价值观支撑。通过调查对中国价值观的认知，可以对中国软实力赖以建立的价值观基础作出评估。

所谓价值观，是一个群体从各种"期望的东西"中选择喜欢的、有意义的东西。群体价值观起着一个族群对诸事物的主次、轻重排列次序的作用，故可将群体价值观看作生活在相同文化背景下的人们在作出抉择和解决争端时的一种习得的规则体系。价值观是文化的核心部分，是"文

化基因"，具有较强的稳定性。我们选择了 "仁" "恕" "孝" "礼" "和
而不同" 等作为中国价值观的代表。这个部分的设计还有这样的深层考
虑：源于西方社会、带有个人主义特色、被认为是现代社会核心价值观的
西方价值观是有局限性的，世界需要另外的价值观来补充，而像中国和印
度这样的古老文明体，其延传的经验（如中国文化中的重视家庭、重视
人际关系和谐的价值观，印度文化重视精神超越以及和平主义价值观等）
有利于补充西方价值观之不足。譬如，现代西方社会对个人独立、自由、
竞争的过度强调带来了家庭的解体和人际关系的疏离，用中国文化中的
"孝" "恕" "和" 价值观或可缓和之；以满足个人欲望为特点的消费主
义造成了对自然的掠夺和严重破坏，用中国的 "天人合一" 价值理念或
可矫正之；以崇尚强力和利益为特点的现代国际秩序给人类带来了杀戮、
战争、恐怖活动以及大规模杀伤武器的扩散等问题，中国的 "仁" "和而
不同" 思想或可起到缓解作用；等等。我们选取了我们认为具有代表性
的中国传统价值观，这些价值观集中于解决人与人关系的和谐问题，反映
了 "伦人" 的 "人伦中心"① 的特点，构成了传统中国社会的关键词。
如果被调查者认同这样的价值观，说明这些价值观具有普适性，未来建立
在这样价值观基础上的中国软实力，不仅对世界有益，而且也有可行性。

　　为此，问卷设计了两个问题："您是否赞成下列价值观" "您认为中
国人赞同下列价值观吗？" 这个问题，两个问题相互印证，被选项相同。
其具体情况见表 2、表 3。

表 2　受访者对中华价值观的认同度

单位：%

仁	恕	孝	礼	义	和而不同	辩证思维	天人合一	共同富裕	和谐世界	以人为本	集体主义	都不赞成
64.87	39.65	42.16	35.90	53.42	24.16	20.40	39.75	25.51	33.97	21.66	23.10	2.98

① "伦人" 是相对于西方的 "个人"、印度教社会的 "阶序人" 而对中国人的 "基本人际
状态" 称谓。"人伦中心" 是相对于西方社会的 "个人中心"、印度教社会的 "超自然
中心" 而对中国社会心理文化取向的称谓。详见尚会鹏、游国龙《心理文化学：许烺光
学说的研究与应用》，台湾南天书局，2010 年 11 月。

表 3　受访者认为中国人认同的价值观情况

单位:%

仁	恕	孝	礼	义	和而不同	辩证思维	天人合一	共同富裕	和谐世界	以人为本	集体主义	都不赞成
55.44	35.42	36.38	41.77	44.66	25.41	23.48	32.63	25.79	25.31	20.79	24.06	3.75

从对这两个问题的回答可以看出，回答大部分是肯定的。如果我们选取的是能够代表中国文化的主要价值观（当然还可以讨论），那么在此基础上建构中国文化软实力，至少对印度人来说是被认可的。

问卷所选取的价值观大部分是传统文化价值观，只有"共同富裕""集体主义""辩证思维"这几项我们认为是新时期中国的价值观（这也可以再讨论）。回答结果表明，对传统文化价值观的认可程度，高于对几项新价值观的认可程度。这是否表明：建构中国软实力应更多地从传统文化价值观中发掘资源？

无论是印度人自己赞同的还是他们认为中国人认同的，得票最多的都是"仁"，占样本的 64.87% 和 55.44%，而且对比排名第二的选项，处于绝超地位。这首先是因为，"仁"所体现的"爱"是人类共同的价值，儒家的仁爱，佛教和印度教的慈悲，基督教的博爱等，无论哪一种文明，哪一个社会，都有这一理念，区别只在形式。回答结果说明，传统中国文化的核心价值观"仁"具有普适意义，中国建构以"仁爱"为核心的软实力是必需的，也是可行的。鉴于这个调查结果，也许我们现在就可以对"仁"有所发挥，在"仁"上做足文章：国家的统治和世界的治理要"仁慈"，人与人之间要"仁爱""仁义"。"仁者爱人"，人的本质是"仁"，"以人为本"即"以仁为本"，"人类"就应当是"仁类"。"仁爱世界"（可能比"和谐世界"更具吸引力）等，以仁爱为核心的中国软实力，将是对以"强力"和"利益"为特点的今日国际秩序原理的有益补充，因而也必将有很大的吸引力。

如果我们选取的价值观能够代表中国文化价值观，那么还有一个问题：被调查者所理解的这些价值观是否准确？须知，我们的调查是采用英语在异国进行的，而且英语对于被调查者印度人来说也不是母语，这就有一个双重语境转换问题。对于被调查者的语境转换我们无法考察，在将中国传统价值观转换成问卷中的问题时，并不是原意的完全表达，而是对内容作了取舍：传统的 “孝” 含有 “绝对服从父母” 的含义，将 “孝” 译成 Filial Piety（It means respecting and being kind towards one's parents，尊敬和善待父母）应当说是对 “孝” 的新诠释。传统意义上的 “礼” 指一种 “君君、臣臣、父父、子子” 的社会秩序以及在此种秩序下人的行为规范，但它的确也包含 “礼貌、尊敬他人” Civility（It means the observance of rituals, rites and proprieties.）等成分。也就是说，在转换过程中，选取了具有普适性质、容易为被调查者理解的部分，舍去了与特定时代相关的、明显过时的成分。倘若把 “天下无不是的父母” 作为 “孝” 的内容，把旧时的君臣、父子之道作为 “礼” 的内容进行语境转换，恐怕被调查者很难理解，也难以得到如此高的认同。这也给我们一个重要提示：未来中国以一部分传统价值观为基础的中国软实力，不能是传统价值观的简单回归，而是需要经过一个重新建构过程，需要从传统价值观中提炼出全人类共享的部分，建构一种与独立、自由、平等、进步等价值观互补的新价值观作为未来中国软实力的基础。

三　对 “发展模式” 的认知：中国政治、经济制度及国际影响

所谓 “发展模式” 问题是指一系列带有明显特征的发展战略、制度和理念的复合体，是一国软实力的重要组成部分。有人把中国的发展道路称为 “北京共识”，与 “华盛顿共识” 形成鲜明对照。作为同为发展中家的大国以及中国在南亚方向上最大的邻国且也正在崛起中的国家印度，对中国的政治、经济发展道路是否认可，具有非常重要的意义，是中国软实力建构和传播必须考虑的。

通过表 4 我们可以直观地看出，认同 “促进” 和 “强烈促进” 两项者，占 40.52%，高于认同 “限制” 和 “强烈限制” 者的比例（22.91%），说明对中国政治制度与经济发展持正面看法的人占多数。其实第 49 题和第 49 - 1 题也印证了印度人这一立场。第 49 题要求回答 “最喜欢的国家”，回答者选择 “中国” 的最多，第 49 - 1 题要求回答 “您最喜欢该国的原因是什么”，结果选择 “经济发达” 的最多，排第一位。

表 4   受访者对中国政治制度与经济发展关系的认知

评　价	强烈限制	限　制	中　立	促　进	强烈促进	不知道
样本数（份）	109	129	303	260	161	77
比例（%）	10.49	12.42	29.16	25.02	15.50	7.49

　　这道题的设计回避了对中国发展模式优劣的直接判断。我们的考虑是，作为与中国同时崛起的大国印度，也有自己的发展模式，关于中国和印度发展模式的评论，争议很大，是一个"仁者见仁，智者见智"的问题①。印度人认可中国取得的经济成就，但未必认可中国的政治制度。从我们掌握的材料看，无论是印度普通民众还是知识和政治精英，更认可在西方民主体制下的经济发展模式，以自己国家的民主制度为骄傲。这一点也在第 49 题和第 49 - 1 题的回答中得到印证：在回答喜欢中国的原因时，"政治民主"排在倒数第二位。那些选择"促进"和"强烈促进"的人，并不意味着赞成中国的发展模式，因为发展模式还包括政治制度等其他因素。另外，有 29.16% 的被调查者选择了"中立"，所占比例最大。这说明，尽管中国的经济成就有目共睹，仍有相当一部分印度人对中国的政治制度是否促进了中国经济的发展持保留态度。

　　表 5 的统计说明，"根本不是"和"基本不是"两项加起来占33.59%，"部分威胁"和"最大威胁"两项加起来占 24.74%，超过三分之一的印度人并不认为中国的经济发展是对世界和平的威胁，超过认为是威胁的比例。考虑到中国和印度同为发展中国家，又面临同时崛起问题，相互之间存在竞争，这个结果可以谨慎乐观。但须注意，有高达 35.13% 的人无法在积极和消极评价之间作出选择，说明这部分被调查者的犹豫心态。

表 5   受访者对"当今中国的快速经济发展是对世界和平的威胁"的认知和态度

评　价	根本不是	基本不是	中　立	部分威胁	最大威胁	不知道
样本数（份）	117	232	365	179	78	68
比例（%）	11.26	22.33	35.13	17.23	7.51	6.4

---

①　对中国和印度的发展模式优劣利弊的讨论，似乎成为人们关注的一个热点。在因特网上，可以看到大量印度人对中国经济发展、政治制度的看法，有认可的，也有不认可的。较详细的中文报道可参见 http://overseas.cn.yahoo.com/ypen/20111128/723902_ 1.html。

表 6 是测量印度人对中国在国际舞台上的活动认知情况。由表 6 可以看出，印度对近 5 年中国正面影响世界的和平与发展普遍持赞同看法，"同意"和"很同意"加起来有 44.75%，而持否定意见的加起来还不到 20%。这个结果好于上一个问题。这说明相比经济发展，更多的印度人对中国在世界舞台上的活动影响持正面看法。

表 6　受访者对近 5 年中国是否正面影响了世界的和平与发展的认知和态度

	很不同意	不同意	中　立	同　意	很同意	不知道
样本数（%）	68	136	318	361	104	52
比例（%）	6.54	13.09	30.64	34.74	10.01	5.0

表 7 的问题涉及中国的政治制度，但并不要求对政治制度的优劣作出回答，要了解的是被调查者对中国政治制度的了解程度。问卷中有 13.86% 的人认为中国是资本主义制度，28.97% 的人认为是社会主义制度，而有 38.4% 的人认为中国是共产主义。这个认知与中国的事实情况出入较大，不能不说印度民众对中国社会制度非常缺乏了解。

表 7　受访者对中国社会制度的认知情况

	资本主义	社会主义	共产主义	封建主义	其　他	不知道
样本数（份）	144	301	399	36	42	117
比例（%）	13.86	28.97	38.40	3.46	4.04	11.26

对下面一题的回答（见表 8），说明印度民众对中国政党制度认知也存在非常严重的失真。

表 8　受访者对今天中国的政党制度认知情况

	两党制	多党制	一党制	共产党领导下的多党合作制	其他	不知道
样本数（份）	207	228	217	187	23	177
比例（%）	19.92	21.94	20.89	18.00	2.21	17.04

此问题涉及中国的政党制度，也不要求对政党制度作出优劣判断。结果显示，选择"共产党领导下的多党合作制"的只有 18.0%，连五分之一都不到。认为中国是两党制和多党制的，分别达到 19.92% 和 21.94%。

这说明中国的政党制度不仅不被人"认同",而且连最基本的认知都非常浅薄和模糊。

通过以上几项调查可知,总体上看,多数印度民众对中国模式的认知是复杂的。对中国的经济成就以及中国对世界的影响多持正面看法,但对中国社会制度和政党制度缺乏了解,并有相当一部分人不认同。对中国的经济成就和在国际舞台上的行为的认可主要是因为这些内容有目共睹,也容易评价,而对社会制度和政治制度不了解和不认同,一是因为这些内容从外部不易观察,也不易了解。像"中国特色的社会主义"或者"市场经济下的社会主义""共产党领导的多党合作制",若非中国问题专家,很难了解;二是政治和政党制度的优劣利弊问题涉及的问题太多,很难评价。问卷所反映的这种情况很可能也代表了世界多数国家对中国发展模式的认知现状。中印两种模式究竟哪一种更具有吸引力,还需要时间检验,但是至少在目前,我们的发展模式可以成为建构中国软实力的一部分,不需要从根本上改变,需要的是进一步完善,尤其是对政治制度的完善。在完善自身发展模式的过程中,如何向印度(也是向世界)说明中国的社会制度和政治制度的特点将是今后的艰巨任务。

四 思考与建议

第一,这次调查为中国建构软实力提供了基本肯定的结论。中印都是古老文明体,都曾是一个地区秩序(东亚秩序和南亚秩序)的中心行为体,这两种秩序与历史上西方世界秩序的最大不同之处是,它们都没有西方秩序中那样的大规模的殖民地,秩序的维持主要不是依靠武力征服和奴役,而是靠文化吸引力。中国的儒家文化、印度的佛教文化和印度教文化在周边地区的传播,都主要不是靠"硬实力"而是靠"软实力"。古代中国在强大硬实力的支撑下,强调德治,通过积极的对外交往,建构了以中国价值观为支撑的东亚朝贡体系,价值观和生活方式对周边民族和国家有强烈的吸引力和辐射力。古代南亚地区也存在以印度教的"大法"为主要理念的国际亚秩序,印度佛教在中国和亚洲国家的传播与中国儒家思想在东亚地区的传播具有相同的意义。这种传统带来中印两个行为体的相互敬佩、相互学习,这种独特的历史经验对世界的意义、新文明的创建具有启发意义。在人们对国际秩序中的道德原则呼唤渐高的今天，中印需要从地缘政治思维的束缚中跳出来，摆脱单拼硬实力的思路，继承重视自身文化吸引力的传统，走提升软实力的道路。硬实力的竞争会导致冲突乃至战争，倘若我们也像现在世界上的强国那样一味发展硬力量，不仅不会解决问题，还会给这个世界带来更大的麻烦。而软实力的竞争则不同，如果中国和印度都比着提高自己文化的吸引力，不是比谁更有强力而是比谁更有魅力，倘若中国功夫与印度瑜伽、中餐与印度 "宝莱坞" 电影、京剧与印度舞蹈争奇斗艳，那么，结果将是世界尽享多元文化之福，这种竞争也将是良性的，两个行为体将不是相互排斥而是相互吸引。软实力的竞争还可淡化敌对情绪，有利于中印关系中障碍的解决。

第二，印度民众的回答支持我们在与现代西方 "接轨" 的同时，充分发掘传统文化资源，保持自己独特的文化个性和文化魅力。一方面，中国接受且已经融入现有世界体系，如加入世贸组织、参与 G20 峰会、派兵参与联合国 "维和" 行动；另一方面，中国提倡多边主义、经济外交、睦邻外交，发展了适合自己的软实力。中国在充分参与现有国际机制的同时，试图以积极姿态影响和优化现有国际秩序，使其朝着更公平合理的方向发展。中国应认识到眼下国际秩序存在的问题，在接受现有国际秩序的同时，保留自己特有的经验，考虑对修正现有国际秩序的弊端作出贡献。我们应对自身的文明经验更具自信，复兴传统文化中的优秀部分，建构具有中国价值观支撑，并对包括印度在内的世界各国具有吸引力的软实力。

第三，本次调研对象的年龄主体分布在 18 ~ 34 岁（占 67.05%），其中 41.77% 的被调查者集中在 18 ~ 24 岁。相对来说这个群体思维活跃，接受信息快，而且随着印度的发展，青年人的文化程度也会越来越高，这次接受调查的就有 238 名在校大学生，占整个调查人数的 22.4%。这些青年人的看法相当重要，应该说他们对中国的了解和对中印关系的评价将极大地影响印度新生代的价值取向，此次调查反映的他们对中国形象、中国社会制度以及中印关系等理性、正面的认知，在一定程度上代表和引领着印度民意的未来走势，使我们有理由相信至少在今后一个时期内，在印度建构和传播中国软实力会有良好的预期。中国应设法通过英语办好网络等现代媒体，特别注意多做这部分人的工作，加强他们对中国的了解和对中国文化的热爱。

第四，问卷反映了印度民众对中国的认知是积极、正面的，但也应看到问卷反映的问题和此次调查的局限性。比如，问卷反映 64.70% 的人没有中国朋友或熟人，91.5% 的人没有来过中国，反映了两国民间交流的缺乏。而民间交流的缺乏，在公共外交越来越盛行的时代，必定是对软实力建设的制约，故应尽快弥补"民间交流"这块短板。此外，此次调查是网络调查，被调查者是通过网络回答问题的，而我们知道在印度能够使用英语和电脑上网的人，都是受过较好教育的人，与一般意义上的民众不同。这也是网络调查的局限性。

附录二　软实力的评估路径与中国软实力的吸引力[*]

软实力是美国学者约瑟夫·奈（Joseph Nye, Jr.）于 20 世纪 90 年代提出的概念，指的是价值观、文化、制度方面的吸引力[①]。2007 年中国共产党十七大报告中正式把"提高国家文化软实力"作为国家发展的基本方针，并确定了建设社会主义核心价值体系、加快发展文化事业和文化产业、提高文化传播能力、调动社会各方面力量参与支持文化建设等发展方向[②]。习近平出任中共总书记和国家主席后把提高国家文化软实力作为党和国家发展的重大战略任务。"提高国家文化软实力关系到'两个一百年'奋斗目标和中华民族伟大复兴中国梦的实现"，是习近平治国理政思想体系中的重要内容[③]。然而，国家软实力战略提出至今 10 年来，中国注重塑造、宣传国家形象，并利用 2008 年北京奥林匹克运动会、2010 年上海世界博览会、2016 年杭州 G20 峰会等机会和场合，向全世界展示中国的悠久历史和文化传统以及新发展成就。但是，中国软实力如今究竟处于什么水平，是已赶上欧美发达国家还是仍远远落后于它们？在一些权威机构公布的软实力指数调查中，中国的软实力不只落后欧美发达国家，甚

---

[*] 本文发表于《现代国际关系》，参见游国龙《软实力的评估路径与中国软实力的吸引力》，《现代国际关系》2017 年第 9 期。

[①] 〔美〕约瑟夫·奈著《软力量：世界政坛成功之道》，吴晓辉、钱程译，东方出版社，2005，第 6 页。

[②] 《党的十七大报告解读：提高国家的文化软实力》，http://big5.gov.cn/gate/big5/www.gov.cn/jrzg/2007-12/28/content_845741.htm，最后访问日期：2017 年 7 月 3 日。

[③] 《习近平谈国家文化软实力：增强做中国人的骨气和底气》，http://cpc.people.com.cn/xuexi/n/2015/0625/c385474-27204268.html，最后访问日期：2017 年 6 月 13 日。

至不及新加坡、韩国等亚洲小国。2017 年，在美国波特兰公关公司（Portland Communications）公布的软实力 30 强（soft power 30）中，中国排在倒数第 5 位[①]。然而，一些全球性的大规模问卷调查显示，中国越来越受到其他国家的喜爱。例如，2017 年美国皮尤研究中心（Pew Research Center）的调查数据显示，中国受喜爱的程度几乎与美国不相上下[②]。那么，为什么同样是软实力的调查，却呈现截然不同的结果？本文意在厘清这个问题，探讨软实力的评估路径和量化统计方式，以便恰当评估中国的软实力，并找到提升国家软实力的有效途径。

一　软实力的评估路径

软实力（soft power）与经济、军事那样的硬实力有很大不同，它看不见、摸不着。约瑟夫·奈给软实力下过几种定义，在国家层面，指的是一个国家造就一种情势、使其他国家仿效该国发展倾向并界定其利益的能力[③]；在人际关系层面，是影响他人喜好的能力[④]；在行为术语中，就是能吸引人的力量[⑤]。他曾指出若干软实力的潜在资源，如美国的跨国企业、奢侈品牌、世界一流大学、吸引外国移民数量、获得诺贝尔奖数量等[⑥]。但是，他并没有提出评估一个国家软实力水平的具体可行办法。许多人认为美国的软实力强于中国，但如果追问美国的软实力领先中国多少，则很少有人能给出确切的答案。这是因为软实力涉及了人的情感因素。学界一般认为，它无法量化，难以被测定和衡量[⑦]。然而，仍有一些学者不畏艰难，尝试对国家的软实力展开评估，目前大致有两个评估途

---

①　*The Soft Power* 30，http：//softpower30.com/，最后访问日期：2017 年 8 月 2 日。

②　Globally，"More Name U. S. Than China as World's Leading Economic Power"，http：//www.pewglobal.org/2017/07/13/more – name – u – s – than – china – as – worlds – leading – economic – power/，最后访问日期：2017 年 7 月 13 日。

③　〔美〕约瑟夫·奈：《硬权力与软权力》，门洪华译，北京大学出版社，2005，第107 ~ 108 页。

④　〔美〕约瑟夫·奈：《软力量：世界政坛成功之道》，第5 页。

⑤　〔美〕约瑟夫·奈：《软力量：世界政坛成功之道》，第6 页。

⑥　〔美〕约瑟夫·奈：《软力量：世界政坛成功之道》，第36 ~ 37 页。

⑦　张小明：《约瑟夫·奈的"软权力"思想分析》，《美国研究》2005 年第 1 期，第20 ~ 36 页；季玲、陈士平：《国际政治的变迁与软权力理论》，《外交评论》2007 年第 3 期，第97 ~ 105 页。

径。其一是对某一国家所具有的特点进行量化统计；其二是开展全球性的
大规模问卷调查，了解众人对某一国家的评价，并挖掘其软实力特点。前
者是假定已知某一国家的软实力特点，后者则是尝试挖掘其特点。两者的
着力点并不相同。

国际上量化统计软实力评估的机构数量不少，但较有影响和认可度的
不多，主要来自几个大国。在中国，清华大学阎学通团队 2008 年对中美
两国的软实力进行比较，这大概是最早的软实力量化统计尝试。他们的统
计指标包括国家模式吸引力、文化吸引力、友好关系、国际规则制定权、
对国内社会上层的动员力、对国内社会下层的动员力等 6 项，据此估算出
中国的软实力约为美国的 1/3[①]。在俄罗斯，斯科尔科沃—安永新兴市场
研究所（Skolkovo—E & Y Institute）2010 年曾根据全球性一流大学数量、
接纳移民人数、入境旅游人数、传媒产品出口数量、二氧化碳排放量、选
民参选率等指数，对中、美、英、法等 14 个国家进行估算，最后计算出
软实力分值，美国得 87 分、名列第 1，中国得 30.7 分、排名第 8[②]。在英
国，政府研究所（The Institute for Government）2010 年起进行过三次软实
力评估，评估对象包括数十个国家，量化统计指标包括文化、政府、教
育、企业创新、外交政策等五个方面，不过各次估算的国家总数和计算方
式都不同。2010 年，估算对象是 26 个国家，英、法均得 1.64 分，并列
第一，中国得 0.80 分、排名第 17[③]；2011 年，估算 30 个国家，美国得
7.41 分、排名从第 3 晋升到第 1，中国得 3.74 分、排名第 20[④]；2013 年，
估算 40 个国家，英国反超美国而得 7.289 分、排名第 1，中国得 4.237
分、排名第 22[⑤]。在美国，宏盟集团旗下波特兰公关公司从 2015 年起进

① 阎学通、徐进：《中美软实力比较》，《现代国际关系》2008 年第 1 期，第 24～29 页。
② 《比拼软实力中国居第八》，http://www.chinadaily.com.cn/hqcj/zgjj/2011-12-21/content_4748972.html，最后访问日期：2017 年 8 月 29 日。
③ "The New Persuaders", https://www.instituteforgovernment.org.uk/publications/new-persuaders，最后访问日期：2017 年 8 月 29 日。
④ "The New Persuaders II", https://www.instituteforgovernment.org.uk/publications/new-persuaders-ii，最后访问日期：2017 年 8 月 29 日。
⑤ "The New Persuaders III", https://www.instituteforgovernment.org.uk/publications/new-persuaders-iii，最后访问日期：2017 年 8 月 29 日。

行了三次软实力调研，公布"软实力 30 强"排名（soft power 30）①。它的评估涉及文化、数字化、教育、外交、企业、政府等六个方面，约有 70 个指标。在 2015 年公布的软实力 30 强中，英国以 75.61 分排名第一，中国只得 40.85 分、排名第 30；在 2016 年的软实力 30 强中，美国以 77.96 分排在第一，中国稍好于上年，得 45.04 分、排第 28；2017 年最新数据显示，法国以 75.75 分排在第一，中国以 50.50 分排在第 25②。

以上这些机构统计的数据略有差别，所估算的国家数量不一，但公布的软实力评估结果有一些共同的结论，在一定程度上和一定范围内可以作为参照标准。首先，欧美发达国家软实力排名遥遥领先于非西方国家。美国、英国、法国三个国家轮流占居第一名，属于全世界软实力最强的国家；德国、加拿大、澳大利亚、瑞士、瑞典、荷兰、丹麦、意大利、西班牙等国家软实力也不弱。其次，非西方国家中，日本软实力最强，表现不如美国、英国、法国，但与其他欧美国家并驾骑驱，排名约与瑞士、瑞典等国相当。再次，中国软实力表现很差。中国软实力排名有一两次挤到中间偏后，但总体上与巴西、墨西哥、阿根廷、印度、俄罗斯等国家属于同一档次，在世界排名中处于垫底的位置。最后，新加坡与韩国在文化上与中国同质，经济增长因儒家文化而得益，这两国的软实力都在中国之上。

问卷调查的评估重点是中国的国家形象。许多机构评估国家软实力时主要依据全球性大规模问卷调查。它们一方面尝试调查更多的对象，以提高国家软实力评估的信度，另一方面扩充调查内容以把握这些国家的软实力特点。中国外文局对外传播研究中心从 2012 年起连续四年发布"中国国家形象全球报告"，针对国家形象、国民形象、政治形象、经济形象、文化形象等问题进行大规模问卷调查。《中国国家形象全球报告 2012》中，调查了英国、美国、澳大利亚、南非、印度、马来西亚等 6 国 2359 位受访者。在怎么看待中国这个问题上，1/3 以上的受访者表示中国是一个很有魅力的国家；其中，"最喜欢中国"的受访者所占比例，以南非最

---

① 波特兰公关公司成立于 2001 年，创办人是曾担任英国前首相布莱尔的顾问艾伦（Tim Allan），2012 年被美国的宏盟公司（Omnicom Group Inc.）收购。目前宏盟公司是全球最大的广告商，市值超过 300 亿美元。

② *The Soft Power* 30，http：//softpower30.com/，最后访问日期：2017 年 8 月 2 日。

高、超过 50%，英国则有 46%，马来西亚、澳大利亚、美国皆在 40% 左右，印度为 32%①。该传播研究中心在其他三个年份的调查中未再问询这个问题，而是重点挖掘中国软实力的元素。

北京大学国家社会科学基金重大项目"我国对外传播文化软实力研究"课题组两次在全世界范围内展开大规模的民意调查②。2011 年，它设计了"中国文化印象调查"并委托美国的国际调查公司（Survey Sampling International）在美国、德国、俄罗斯、印度、日本 5 国进行调查，发放有效问卷共 6221 份③。在关于"最喜欢哪个国家"的调查中，中国排名第一，其次是美国、德国、日本、印度、俄罗斯。具体来看，美国人、印度人、俄罗人最喜欢的国家都是中国，德国人对中国有也不错的评价，但日本人不喜欢中国。而美国受到日本人的喜爱，但俄罗斯人对美国为"极不喜欢"。德国则受到美国人、日本人的喜爱，但不受印度人喜欢。印度普遍不受喜爱。最不受欢迎的国家则是俄罗斯，它在上述几国的评价中一致垫底。2017 年，北大课题组进行了深度研究，在美国、德国、日本、印度、俄罗斯 5 国 5046 个受访者中，美国得到 769 票、超过中国的 454 票而成为最受喜爱的国家，其后是德国 344 票、日本 307 票、印度 104 票、俄罗斯 86 票。在这次问卷中，最受喜爱的国家增加到 17 个，调查结果显示，中国受喜爱的程度并不低于欧洲国家，英国 534 票，稍微领先于中国，意大利 457 票、法国 392 票，均与中国不分伯仲；在拉丁美洲国家中，巴西 70 票、墨西哥 74 票、阿根廷 24 票，落后中国甚多；亚洲的韩国 96 票、印度尼西亚 40 票，与中国相距甚远。

美国的皮尤研究中心是全球范围内最富盛名的民意调查机构，长期就影响美国及世界的态度、潮流问题进行调查研究并发布有关信息资料。

① 《中国国家形象调查报告 2012》，http：//www. china. com. cn/international/txt/2012 - 12/20/content_ 27470693. htm，最后访问日期：2017 年 7 月 13 日。
② 北京大学新闻与传播学院跨文化交流与管理研究中心从 2011 年开始进行中华文化印象调查，并分别在 2011 年和 2013 年对美国、德国、俄罗斯、印度、日本、韩国、越南、印尼进行了调查。2017 年，研究中心进行了第三次七个国家的中华文化印象调查。三次调查皆委托北京益派市场咨询有限公司具体操作，该公司利用 Lightspeed 公司的样本库负责采集样本、调查获取数据。
③ 关世杰：《中华文化国际影响力调查研究》，北京大学出版社，2016，第 144 页。

2014、2015、2017 年三年，它公布了关于中国国家形象的大规模调查结果。就"是否喜欢中国"这个问题，该机构 2014 年对 44 个国家 4.8643 万受访者进行调查，结果显示，49% 的受访者喜欢中国，32% 不喜欢中国。从洲别看，喜欢中国的受访者所占比例，非洲国家高达 65%，然后依次是拉美 50%、中东 47%、亚洲 38%、西欧 38%、北美（美国）35%。该机构 2015 年调查了 40 个国家，受访者有 4.5435 万人，喜欢中国的占 55%，不喜欢中国有 34%。以洲别来看，喜欢中国的受访者所占比例，非洲国家 70%、拉美 56%、亚洲 51%、中东 42%、西欧 41%、北美 38%。2017 年 7 月，皮尤中心公布了 2011 年 2 月 16 日至 2017 年 5 月 8 日六年间调查 38 个国家的统计数据，受访者总数 41.5353 万人，比前两次多了约 10 倍，是历次调查中受访者数量最多的[①]。这次调查显示，47% 的人喜欢中国，37% 不喜欢中国。从洲别看，喜欢中国者所占比例，非洲国家为 59%[②]，然后依次是中东 53%[③]、拉丁美洲 51%[④]、北美 46%、欧洲 43%[⑤]、亚洲 34%[⑥]。就国别而言，喜欢中国的受访者在俄罗斯多达 70%。亚洲垫底的原因是越南与日本两国受访者极其不喜欢中国，其比例分别高达 88%、83%，这一结果与前两次调查差别不大。这次调查显示，喜欢美国者占 49%，喜欢中国者占 47%；但不喜欢美国者占 39%，不喜欢中国者占 37%[⑦]。换言之，中国的受欢迎程度，与美国旗鼓相当。

上述量化统计、问卷调查两个路径的中国软实力评估所得结果有很大差异。在量化统计中，中国的表现很差，连中间档都排不上；在问卷调查中，中国的表现却很好，可以与美国一较高下。软实力强大的国家，应该

---

① Globally, "More Name U. S. Than China as World's Leading Economic Power", http://www.pewglobal.org/2017/07/13/more-name-u-s-than-china-as-worlds-leading-economic-power/，最后访问日期：2017 年 7 月 13 日。

② 非洲包括尼日利亚、塞内加尔、坦桑尼亚、肯尼亚、加纳、南非。

③ 中东包括突尼斯、黎巴嫩、以色列、约旦、土耳其。

④ 南美洲包括秘鲁、巴西、委内瑞拉、智利、哥伦比亚、墨西哥、阿根廷。

⑤ 欧洲包括希腊、英国、法国、荷兰、西班牙、波兰、德国、意大利、瑞典、匈牙利。

⑥ 亚洲包括澳大利亚、菲律宾、印度尼西亚、南韩、印度、日本、越南。

⑦ 俄罗斯人中，喜欢中国的 70%，不喜欢的 24%；印度人、日本人不喜欢中国人。这个调查与北大课题组的调查结果相似。

会受到大多数人喜爱，二者之间应该是正相关关系，原本不应该出现受喜爱的国家在软实力的量化统计中表现很差的情况。在问卷调查中，中国的软实力并不比美国弱。尽管我们还不能确定两个国家究竟孰强孰弱，但不应出现量化统计时中国大幅落后于美国的情况。更不符合逻辑的是，中国甚至不如一些亚洲小国如新加坡、韩国。要知道，它们与中国同属儒家文化圈，在历史、文化上主要受中国的影响。而日本在近代曾发动战争、侵略东亚国家，造成数千万人死亡，中国是第二次世界大战期间同盟国在亚洲的主要力量，为最终战胜日本做出了重大牺牲和重要贡献。为什么软实力反而远不如日本？这些疑问需要深度研究去加以解释。这在一定程度上说明，量化统计作为软实力评估方式具有局限性和适时调整的必要性。

二　软实力的量化统计方式

软实力量化统计通常是不同机构根据对软实力概念的不同理解，找出一些相关数据进行统计。清华大学阎学通团队是从国际吸引力、国际动员力和政府国内动员力三个方面提出 6 个指标进行统计。英国政府研究中心是从文化、政府、教育、企业创新、外交政策等五个方面进行调查，2010年调查了 29 个指标的数据，2013 年为求全面，调查的指标数据增加到 50个。波特兰公司从文化、数字化、教育、外交、企业、政府六个方面进行量化统计，2015 年第一次公布的软实力 30 强统计了 70 个指标，后来两次统计维持在这个水平。这些机构调查的路径一脉相承，有时甚至选择同样的数据，如英国研究中心与波特兰公关公司的统计都选择了游客人数、游客消费总额。但是，统计所用数据越多，每个数据所占比重就越小，如果所选指标有误，对于软实力指数的计算结果影响也越小。因此，我们有理由认为，在软实力指数计算中，统计的数据越多、越全面，结果的可信度就越高。

波特兰公司公布的软实力 30 强，统计数据最多，而且调查的国家最多，它的量化统计获得的认可度相对较高。波特兰公司把"文化"界定为国家的文化产出，包括流行文化和高级文化的全球影响力、吸引力，对其进行量化统计评估依据的是国外游客人数、国外游客人均消费额、主要电影节参展影片数量、外国记者在国内的总人数、联合国教科文组织世界遗产的数量、全球前百名博物馆排名数量、音乐市场规模、在海外的十大音乐专辑排名数量、奥运奖牌数、国际足联世界杯男子排名、国营航空公司的载运质量等方面的数据。"数字化"则为国家的数字基础设施及其在数字外交中的能力，包括国家元首脸书（Facebook）的海外关注量、国家元首或政府脸书（Facebook）的海外参与度、外交部脸书海外关注总数、外交部脸书的海外参与度、国家元首的图片墙（Instagram）粉丝数量、每百居民的互联网用户数、每百万人的互联网安全服务、每百人手机数、互联网带宽、政府在线服务指数、电子政务参与指数、每百人的宽带用户数。"教育"为国家的人力资源水平、提供国外奖学金的力度以及对国际学生的吸引力，指标包括经合组织国际学生评估项目中的科学、数学和阅读的平均值、高等教育入学率、全球顶尖大学数量、学术期刊论文发表数量、国际留学生人数、教育经费占国内生产总值比重。"外交"是国家的外交网络力量及其对全球参与和发展的贡献，指标包括国家的外交网络力量及其对全球参与和发展的贡献、海外发展援助总额、海外发展援助/国民总收入、驻外使馆数量、国内外使馆数量、国外一般领事馆人数、常驻多边代表团数目、参与的国际组织数量、环境条约的签署数量、申请庇护人数、外交文化使团数量、免签证国家数量、国家电视台的海外收视人数。"企业"是国家经济模式的吸引力、吸引外资环境和企业创新能力，指标包括全球专利数量占 GDP 比例、世界经济论坛竞争力指数排名、外国直接投资额占 GDP 比例、传统经济自由指数排名、清廉指数排名、研发支出占 GDP 比例、全球创新指数得分、中小企业数量占中小企业劳动力的百分比、世界银行的做生意环境指数排名、失业率占劳动力比例、高科技出口占制成品出口比例、企业创业成本占人均国民总收入比例。"政府"为致力于自由、人权和民主以及政府机构的质量，指标包括人类发展指数得分、自由之家指数得分、国内智库总数、性别平等指数排名、民主指数排名、地下经济规模占 GDP 比例、犯罪率、世界银行的政府责任指数排名、死刑实行人数、基尼系数、世界经济论坛政府信任指数排名、新闻自由指数排名、世界银行政府治理效率指数排名、世界银行政府治理的监管质量排名、世界银行政府治理的法治排名。

　　以上六个方面的指标合计约有 70 个。波特兰公司在评估某些国家时，按照上述指标，从联合国教科文组织、联合国世界旅游组织、联合国电子政务调查、联合国开发计划署人类发展报告、世界银行、世界知识产权组织、世界经济论坛、经合组织、国际奥委会、国际足联、国际金融公司、国际电信联盟、QS 世界大学排名、联合国条约汇编等方面采集有关国家的数据。比如，海外的十大音乐专辑排名数量是根据国际唱片业协会（IFPI）公布的 2016 年数据，世界杯男子足球排名根据国际足联公布的数据，世界影片展的参展数量依据奥斯卡、法国戛纳的戛纳电影节进行计算，以此类推[①]。

那么，这些指标究竟存在什么问题呢？

首先，它所选择的统计数据主要是基于西方标准（western view），并不客观。例如，在数字化的指标中，它统计了国家元首在脸书（Facebook）上的海外关注总数量、海外参与度、外交部的脸书海外关注总数、海外参与度、国家元首的图片墙（Instagram）粉丝数量等。不可否认，这些社交软件的用户人数很多。脸书在 2011 年就突破了 8 亿，而图片墙在 2014 年就突破了 3 亿[②]，但它们都是美国人开发的软件，主要在欧美国家流行，中国的领导人和外交部并不使用这些软件，进行这方面的统计是不是应该考虑各个国家的社交软件使用习惯？在中国，使用微信、微博、QQ 的人更多，在韩国有本土开发的 Kakao Talk，在印度有 Hike、Orkut。统计这些不同软件的使用情况，才能客观反映这些数据。以 Facebook 的数据作为标准，对其他国家是不公平的。

在文化指标中，国际足联世界杯男子排名即用来评估国家体育竞技方面的表现。近 10 年来，中国足球的世界排名从未超过 70 名，常在 80 ~ 100 名徘徊[③]，2002 年得益于韩日联合主办因素才出线参加了一次世界杯

---

① 它还在全世界进行大规模的国际调查，对美食、欢迎外国游客程度、科技产品、奢侈品、处理全球事务的正义感、吸引观光就业和留学的程度、对全球文化的贡献等七个方面，分为 0 ~ 10 个等级进行评分，再从这七个方面计算出"好感度"（favourability）的总得分，最后进行加权平均。

② 《Instagram 的 3 亿用户量是如何统计的？》http://tech. qq. com/a/20141213/015570. htm，最后访问日期：2017 年 5 月 2 日（2017 年公布的软实力 30 强已不再统计这个数据。

③ 《2016 FIFA 年终排名：国足升至第 82 位 仍排亚洲第 8》，http://sports. 163. com/16/1222/17/C8TH5CEH00058780. html，最后访问日期：2017 年 4 月 12 日。

赛。欧洲与拉丁美洲是足球强国，足球领域的统计数据必然大大拉低中国的得分。奥林匹克运动会是综合体育项目的竞赛，共设 26 个大项、36 个分项、302 个小项的比赛，其参赛国家成绩能反映该国的体育水平。波特兰公司的确计算了这个数据，但没有任何理由额外统计男子足球的世界排名。中国在 2012 年伦敦奥运会获得 88 枚奖牌、世界排名第 2，2014 年冬季奥运会全球排名第 12，2016 年巴西奥运会共获得 70 枚奖牌、排名第 3；加入国际足联世界杯男子排名，使得中国在体育竞技方面的表现降到平均水平之下。换个角度来说，乒乓球是中国体育的传统强项，如果额外计算世界性比赛中乒乓球排名或者羽毛球排名，对其他国家同样是不利的。如果说统计国际足联排名是为了得出哪个国家的体育竞技在全世界有更大的影响力，也应该评估各个国家最具特色的运动，如欧洲的足球、中国的武术、印度的瑜伽、韩国的空手道，这样才是合理的。

在政府的指标方面，在统计智库数量时，取样又出现了不合理的现象。它选择日本研究促进研究所的世界智库目录（NWDTT）和美国宾州大学的"The Go to Think Tanks（2015）"公布的数据进行统计。日本研究促进研究所的世界智库目录中主要国家智库数是：美国 92 个，英国 34 个，德国 21 个，日本 34 个，韩国 12 个，中国仅 11 个①。而在宾州大学的数据中，主要国家智库数则是美国 1835 个，中国 435 个，英国 288 个，其后依次为德国 195 个、日本 109 个、韩国 35 个。②在这两组数据中，中国的智库数量相差很大。在日本的数据中，中国 11 个智库中还有 6 个是香港的，整个中国内地只有 5 个智库。人们耳熟能详且曾入选全球智库排名的中国许多机构，居然都没有入选上述智库数据。这个取样显然有问题。

类似的问题还有很多，如美国奥斯卡、法国戛纳影展的数据入选，而香港、台湾金马奖的数据未入选等等。

其次，中国具有影响力的指标都被忽视了。在文化的指标中，社交软

---

① *NIRA's World Directory of Think Tanks*，http：//www. nira. or. jp/past/ice/nwdtt/2005/IDX2/index8. html#UnitedStates，最后访问日期：2017 年 6 月 22 日。

② *Penn Libraries University of Pennsylvania*，http：//repository. upenn. edu/think_tanks/10/，最后访问日期：2017 年 6 月 12 日。

件的海外用户关注量并不能说明数字基础设施及其数字外交水平，只能说明该社交软件运用的普及程度而已。而且，海外用户关注数量主要取决于有多少人使用相同语言的社交软件。英语系的国家统计这个数据就比较有利，过去英国有许多殖民地，全世界有近 20 个国家以英语为官方语言，西班牙语系在这方面也有类似情况。中国开发的以支付宝、微信为代表的手机支付功能，实际上更能反映国家的数字化水平。目前，手机支付已经创造了一种新的生活方式。它能够提供线上支付，人们可以在买衣服、点餐、叫车时通过网站、手机 App 进行消费；它也支持线下支付，让人们可以在各种实体店面、或者与小商小贩交易，通过二维码将顾客的手机变成支付终端实现转账。它还可以缴水费、电费、燃气费及还信用卡等各种费用，无须再到银行、ATM 机存取款。简而言之，它可以在日常生活中支付各种费用，无须使用现金交易。因此，手机支付的发生金额或用户数量应该比社交软件的海外用户关注量更能体现国家的数字化水平。

同样的情况也出现在企业创新方面。中国企业不乏创新能力，已得到其他国家的认可与模仿。前文所提手机支付其实是企业创新的一种，但只是部分功能而已。例如，支付宝的母公司"蚂蚁金服"旗下还有余额宝、招财宝、蚂蚁聚宝、蚂蚁小贷、蚂蚁花呗、芝麻信用、蚂蚁金融云等产品，横跨基金、理财、保险、银行、征信、众筹、金融 IT 系统。它早已成为全球最大、业务最全的互联网金融公司，由于其杰出的创新能力[①]，已得到国外的认可。它 2015 年与印度 PAYTM 合作，现为 Paytm 母公司的最大股东；2016 年与泰国的 Ascend Money 合作，通过输出技术和经验，打造泰国版"支付宝"；2017 年与菲律宾的 Ayala 合作，同时与韩国互联网领军企业 Kakao 宣布达成战略合作、共同努力在韩国推进普惠金融服务等。它打造的中国企业"走出去"的新路径，不再是"造船出海"，而是出海造船，目标是全球收、全球付、全球汇，未来有可能影响 20 亿人的生活方式。此外，中国还有共享单车、互联网创新等企业创新，但现有量化统计软实力评估中都没有体现。

---

① 《蚂蚁金服海外支付版图：希望全球用户 20 亿》，http://dianzishangwu. juhangye. com/ 201704/news_17476580. html，最后访问日期：2017 年 7 月 2 日。

　　中国政府的效能也并非如前述统计中那么差。近些年，由于数字基础建设的推进，中国政府的效能有很大的提升，这在微信、微博、移动客户端的电子政务上均有体现。2016 年，中国政府网"两微一端"总阅读量近 10 亿。在微信公众号方面，根据《中国电子政务年鉴 2015》统计，截至 2015 年 8 月，全国开设的政务民生微信公众号已超过 8.3 万个，覆盖全国 31 个省份，省市级部门开通的政务微信总量占比 84.7%①。2016 年，中国政府网微信订阅号用户增长近 600%，总阅读量 1.77 亿，"10 万＋"稿件 369 条、平均每天 1 条，其中 146 条是原创产品②。在微博方面，2015 年政务微博发文量达到 2.5 亿条，阅读量达到 1117 亿。2015 年政务微博共收到网友私信 3.3 亿条，回复评论 1642 万条③。在客户端方面，以国务院客户端为例，它已将 1000 多个政务服务事项推向前台，满足国内外用户的需求，虽然上线时间不长但累计下载量已经与央视新闻、《光明日报》等同样进入千万量级。现今，许多地方性的电子政府建设大踏步发展，通过电子身份认证后，只要在网络上点一点，便能办理公积金、社保、医保等业务，一些非税收入网上缴费、考试缴费、行政审批缴费和行政处罚缴费等都可以在手机上进行。但是，由于微信、微博未在其他国家流行，它们的上述诸多功能都被忽略了。

　　最后，所选数据不能体现人的情感作用。量化统计并不考虑人们对这些指标的感受，统计结果与其说是国家的软实力，毋宁说是国家在某个方面的硬实力。在文化方面，国外游客人数、国外游客人均消费额只能反映旅游资源的硬实力；在数字化方面，手机用户数、宽带用户数只能说明通信基础设施的硬件实力；在教育方面，量化统计只能表明教育或者科研方面的硬实力；在企业方面，有许多发明是科技实力。进一步探究或可发现，一个美国人到印度留学，可能是因为没办法申请到其他国家的奖学金；一个伊斯兰原教旨主义者到美国旅游，可能是为了搞恐怖活动；一个

① 《电子政务年鉴：全国政务民生微信公众号超 8 万个》，http：//news. china. com. cn/live/ 2016 –07/12/content_36474656. htm，最后访问日期：上网时间：2017 年 7 月 2 日。

② 《国务院离你更近了 国务院客户端 2.0 版上线》，http：//www. gov. cn/xinwen/2017 –01/ 21/content_5161978. htm，最后访问日期：2017 年 7 月 2 日。

③ 《微博成为政民互动首选平台》，http：//paper. people. com. cn/rmrbhwb/html/2016 –01/ 29/content_1651298. htm，最后访问日期：2017 年 7 月 2 日。

中国旅行团在泰国花了很多钱，可能是因为团费过低被导游带去购物。这些背后因素值得考虑，而不能简单地挑选一些数据加总，用以说明不同国家的软实力强弱。软实力的研究主体是国家，但其受众却是国民，以人为例来考察和研究，或许更能说明问题。如同人们不会以一个人的房产、工作、银行存款、收藏品就判断他的吸引力，而是还会更多考虑他的长相、身高、谈吐、理念、才华以及做事的方法等。

三　中国软实力的吸引力

全球性的大规模问卷调查对了解一个国家的软实力更为有效。它可以直接判断受访者的态度，但它的问题在于样本采集数量。如前所述，美国皮尤公司在六七年间调查了41.5353万人，是所有调查中样本最多的，但平均到38个国家中每个国家的受访人数每年不过一两千人，这较之于一个国家的总人口数来说是很小的比例。当然，我们可以从代表性方面寻求方法论的解释。但它面临的更大挑战是纳入比较研究的国家总数。北大课题组比较了17个国家受欢迎程度，是所有调查中最多的，但仍然不到全世界近200个国家的1/10。而且，它只调查了五个国家民众的看法，其结论只反映那五个国家的情况。美国皮尤公司的调查指出，中国与美国受喜欢的程度不相上下，那也仅限于所调查的38个国家范围内。中国在全世界近200个国家受喜欢程度的总体水平难以甚至无法评估。然而，可以确定的是，中国的软实力总体上不比美国差，而且并非远远落后于欧美发达国家。中国之所以在许多国家受人喜欢，原因就在于中国具有诸多的软实力吸引力。

一是文化元素。中餐、中国功夫、中医普遍受到其他国家民众的喜爱。这些元素大都与提高个人的生存质量有关。人类的两大基本需要是维持自身生命与繁衍生命，中国人可以说是世界上在维持人的生命方面做得较好的。中国地少人多，为了在有限的耕地上养活大量人口，几乎所有的动植物都被作为食材，每一种食物都被试以煎、煮、蒸、炒、炸、卤等各种方式加以烹调，制作出合适的味道。本来外国人不食用的东西，传到中国后都有可能成为美味的食物，如原产于秘鲁、墨西哥且本来只用于生吃的西红柿。维持生命只需要填饱肚子，但中国人把这个过程提升到审美、养生的高度，使之成为一种味觉、视觉等方面的多重享受。中国功夫是传统的武术，兼具体育竞技与自我修炼的功能。它注重外在身体的力量、速度、柔韧、灵敏、平衡的锻炼，又强调心灵、情操等内在美的培养；修炼中国功夫可以满足现代人增强体魄、修养身心的追求。中医理论尽管存在适用性的争议，但在养生观念、按摩、针灸方面的功效可以切实帮忙人们预防疾病乃至延年益寿。这一切凸显中国吸引力的深刻性和持久性。相比之下，美国软实力的吸引力显得更具表面性、短暂性。美国的吸引力是在生命活力上。电影、电视剧、影视明星、体育明星等元素都是美国文化吸引力最直观的代表。好莱坞电影演绎的凄美爱情和正邪厮杀故事、电影明星的角色魅力、体育明星的人体美，相当程度上源自生物属性赋予人的强健体魄、性别魅力。这可以从足球明星贝克汉姆身上得到验证，有太多女性粉丝根本没有见过贝克汉姆踢球，也不了解他在足球竞技中的地位。

二是价值观元素。中国的传统价值中有一些具普世性，也就是在其他国家可见，如强调人与人之间的同情、友爱、互助。但与美国比较，中国突出的特点也许是"恕"道，即"己所不欲，勿施于人"。中国人素不愿意向其他民族推销儒家文化，不要求他们信服孔子的思想。在中国主导东亚国际秩序的历史时期，尽管中国文明发展水平高于其他国家，中国却并未尝试改变他们的生活方式。明朝时郑和率领当时全世界最大的舰队，途经爪哇、苏门答腊、苏禄、彭亨、真腊、古里、暹罗、榜葛剌、阿丹、天方、左法尔、忽鲁谟斯、木骨都束等地，最远到达东非，但中国没有在任何一个地方进行殖民活动，没有要求仿行中国的政治制度，没有试图移植中国文明。反而是暹罗、越南、朝鲜等国家不远千里派遣留学生或使节到中国，刻苦学习艺术、诗歌、文学、祖先崇拜、佛教、典章制度、道德、哲学、工艺、文字、文学、建筑和服饰甚至是礼仪，并且主动引进回国。到了现代，这体现为新中国外交方针中的"韬光养晦、有所作为"，以至于竟有西方国家批评中国为"未承担应有的国家责任大国"①。相较之下，美国在这方面表现出来的则是"己之所欲，亦施于人"。美国继承了其欧

---

① 《中国应在全球治理和区域合作中担负新兴大国责任》，http://www.cet.com.cn/ycpd/sdyd/1304419.shtml，最后访问日期：2017 年 7 月 13 日。

洲先民改变异民族信仰、对外征服的传统。20 世纪末，美国打着帮助遭受迫害的其他国家民众的旗号，提出了"人权高于主权"的说法。2003年美国人以藏有大规模杀伤性武器为由，发动侵略伊拉克的战争。在打倒萨达姆政权后，美国便在伊拉克主导制定宪法、建立西方式的政治制度①。从 2005 年至今，伊拉克已经过三次国会大选，换过两任总理，但国家形势、民生状况并未比萨达姆时代好多少，反而因教派冲突、恐怖分子横行而战乱不已。

应当说，"己之所欲，亦施于人"要比"己所不欲，勿施于人"具有更高的道德要求。中国人历史上常以天朝自许、看不起化外之民，但是主张尊重不同文化生活方式，倡导"和而不同""礼失求诸野"。因此，中国人极少干涉异民族的生活方式。美国是当今世界超级强国，科技发达、人民富足，美国政府对外强制推行西式民主、自由价值观，对他国进行"改造"，在少数国家如日本取得了明显的成绩，但在更多国家如中东、非洲国家遭到失败，引发不满。

三是制度元素。完善的政治社会制度是以美国为首的西方文明标榜的，约瑟夫·奈提出软实力概念的背景就是美国在世界上的制度优势及其吸引力。现代中国实行的政治制度、经济制度与社会制度大多是向西方学来的，这似乎就谈不上中国制度的吸引力，但中国在借鉴西方制度时也融入自身的特点。中国人重视社会稳定，在设计制度时主要考虑"维稳"因素，具体到政治方面就发展成为共产党领导的多党合作和政治协商制度。西方代议制政治的特点是政党之争，表现为不同政党轮流执政，在国会还设有不信任机制；当不同党派出现意见分歧时，政府首脑可以解散国会重新选举。但这种制度的缺点是，一旦多个党派都不占多数，可能导致政权频繁更替，政策难以持续甚至朝令夕改。而在中国，各党派私下进行协商，不会把分歧带到正式会议的议程中，比较容易出台重大的政策、法令和行动方案。自 1953 年制定第一个五年计划以来，至今已经出台 13 个计划，国家总体发展是在有序中前进。中国国内生产总值 1972 年突破千亿美元，26 年后的 1998 年达到 1 万亿美元，增长 10 倍，至 2014 年再增

---

① 刘月琴：《简评伊拉克临时宪法》，《西亚非洲》2004 年第 3 期，第 5～10 页。

长 10 倍而突破 10 万亿美元①，目前仅次于美国、居世界第 2 位。因此，否定中国制度的价值和意义，就等于否认中国崛起的事实和中国发展的巨大成就。毋庸置疑，美国的制度设计全面、运作时环环相接且相制。其总统制出自对宗主国英国君主立宪制的改良，终结了传统的贵族特权，实现了政治参与的平民化、大众化。美国的制度吸引力在于，激发了个人参与的积极性和自由竞争，契合了人类个体追求民主、自由的本性。但是，随着它的对外移植，其对人类个体本性的过度张扬在有关国家引发了社会失序和动荡。比如，少数拉丁美洲国家学习甚或照搬美国的制度而出现水土不服，结果导致领导人频繁更替、经济改革受挫、失业率飙高、犯罪率提高等诸多问题。相比之下，中国同时实现了社会政治稳定和经济高速发展，中国制度在其中发挥了基石作用，因而更加显示出吸引力。

四　结语

近些年尤其是进入 21 世纪以来，中国在提升国家软实力方面实际上已取得长足的进步。世界各国民众通过北京奥运会、上海世博会、杭州 G20 峰会等大型活动，深入了解了中国文化，也越来越多地感受到中国飞跃的发展。中国人口约占全世界 1/5，一个贫穷落后和治理不妥的中国不只是中国之殇，也是世界之害。因此，世界大多数国家乐见中国的发展。然而，由于软实力量化统计的偏差，国内外许多人仍无法全面、正确地认识中国的软实力问题。大多数人更是困扰于不同机构公布的调查结果。一会儿是中国与美国的影响力不相上下，一会儿是中国的软实力排名垫底。即便根据本文的研究中国的软实力不弱于美国，但此结论仍会受到许多人的质疑。这反映了近代以来西方中心主义对中国的影响，说明中国人亟待重建、加强文化自信，以消除软实力提升的最大障碍。美国人类学家博厄斯（Franz Boas）的"文化相对论"（cultural relativism）对我们有很大的启示意义。"文化相对论"主张，某一文化的行为不应该借由其他的文化观点来判断；只有从该文化本身的标准及价值出发，才能够了解该文

---

① 中国国家统计局：《国内生产总值》，http：//data.stats.gov.cn/ks.htm？cn＝C01&zb＝A0501，最后访问日期：2017 年 7 月 13 日。

化①。软实力涉及人的情感，它的影响力主要基于人们的主观判断；软实力评估中的量化统计虽然科学、精确，但不能反应人的内心感受。一个国家的民众认为有吸引力的东西，在另一个国家民众看来可能完全相反。对于软实力的这一特性有所了解之后，或许无须再纠结中国在世界上的软实力排名，而应把重点放在提升中国人的文化自信上。费孝通先生生前就强调"文化自觉"，认为国人对自身的文化要有"自知之明"，明白它的来历、形成的过程、所具特色和发展趋向②。这才是正确评估中国文化的合适路径。

---

① 〔美〕弗兰兹·博厄斯著《原始人的心智》，项龙、王星译，国际文化出版公司，1989。
② 费孝通：《论文化与文化自觉》，群言出版社，2007，第295页。

图书在版编目(CIP)数据

中国文化的印度影响力调查／游国龙，尚会鹏，关
世杰著. -- 北京：社会科学文献出版社，2019.12
（华侨大学哲学社会科学文库. 法学系列）
ISBN 978 - 7 - 5201 - 5366 - 9

Ⅰ.①中…　Ⅱ.①游…②尚…③关…　Ⅲ.①中华文
化 - 文化传播 - 调查研究 - 印度　Ⅳ.①G125

中国版本图书馆 CIP 数据核字（2019）第 171837 号

华侨大学哲学社会科学文库·法学系列
中国文化的印度影响力调查

著　者／游国龙　尚会鹏　关世杰

出 版 人／谢寿光
责任编辑／曹长香

出　　版／社会科学文献出版社·社会政法分社（010）59367156
　　　　　地址：北京市北三环中路甲 29 号院华龙大厦　邮编：100029
　　　　　网址：www.ssap.com.cn
发　　行／市场营销中心（010）59367081　59367083
印　　装／三河市龙林印务有限公司

规　　格／开本：787mm×1092mm　1/16
　　　　　印张：19.5　字数：309 千字
版　　次／2019 年 12 月第 1 版　2019 年 12 月第 1 次印刷
书　　号／ISBN 978 - 7 - 5201 - 5366 - 9
定　　价／89.00 元